综合交通规划设计丛书

交通运输行业全面预算管理手册
——以深圳为例

罗　玲　陈建军　黄　静　编著

U0406472

人民交通出版社股份有限公司
北　京

内 容 提 要

本书旨在引导交通运输行业政府各级财务管理人员树立全面预算管理理念，从资金范围上覆盖行业内涉及的所有预算内容，包括一般性经费、专项资金、政府性基金、政府投资项目；从流程上覆盖编制、控制、评价、档案的各环节，统一业务流转、表格模板、控制要求等内容，促进规范化管理。

本书通过理论与实践的完美结合，以预算管理的各流程为主线，分组织体系、制度体系、预算编制、执行监控、预算调整、绩效管理、档案管理等内容，涉及相关内容对应的预算表格模板、制度、流程讲解，是指导交通运输行业政府财务管理人员开展工作的有效工具和实用指南。

本书可供交通运输研究咨询相关从业人员参考，也可作为相关院校师生的参考图书。

图书在版编目(CIP)数据

交通运输行业全面预算管理手册：以深圳为例/罗玲，陈建军，黄静编著．—北京：人民交通出版社股份有限公司，2022.8

ISBN 978-7-114-18054-5

Ⅰ.①交… Ⅱ.①罗… ②陈… ③黄… Ⅲ.①交通运输业—预算管理—深圳—手册 Ⅳ.①F572.886.53-62

中国版本图书馆 CIP 数据核字(2022)第 105248 号

综合交通规划设计丛书

书　　名：交通运输行业全面预算管理手册——以深圳为例

著 作 者：罗　玲　陈建军　黄　静

责任编辑：袁　方

责任校对：席少楠　卢　弦

责任印制：张　凯

出版发行：人民交通出版社股份有限公司

地　　址：(100011)北京市朝阳区安定门外外馆斜街 3 号

网　　址：http://www.ccpcl.com.cn

销售电话：(010)59757973

总 经 销：人民交通出版社股份有限公司发行部

经　　销：各地新华书店

印　　刷：北京交通印务有限公司

开　　本：787×1092　1/16

印　　张：22.5

字　　数：527 千

版　　次：2022 年 8 月　第 1 版

印　　次：2022 年 8 月　第 1 次印刷

书　　号：ISBN 978-7-114-18054-5

定　　价：89.00 元

本书编写委员会

编　　　著：罗　玲　陈建军　黄　静

参加编写人员：张鹍鹏　黄方贞　李　毅

付　望　谢勇利　葛宏伟

郑天尧　何丹妮　陈　慧

编 写 单 位：深圳市综合交通与市政工程设计研究总院有限公司

Preface

前 言

党的十八大以来，在以习近平同志为核心的党中央正确领导下，全国交通运输行业紧紧围绕当好发展“先行官”的职责与使命，认真贯彻和落实新发展理念，不断深化供给侧结构性改革，着力推进综合交通、智慧交通、绿色交通、平安交通建设，交通运输事业发展取得重大成就，为实现“两个一百年”奋斗目标奠定了坚实的基础。

经济社会发展，交通运输先行。习近平总书记指出，“交通基础设施建设具有很强的先导作用”“‘要想富，先修路’不过时”，等等。这些重要论述深刻地阐明了交通运输在国民经济中先导性、基础性、战略性和服务性的功能属性，赋予了交通运输发展“先行官”的历史新定位。这既是对交通运输功能属性的高度概括，也是对经济社会发展规律的深刻总结。当好发展“先行官”，既要在行动上先行一步，又要在能力作风上过得硬，进而为经济社会发展提供先决条件，发挥引领作用。

交通运输是兴国之器、强国之基。从世界大国崛起的历史进程来看，国家要强盛，交通须先行。站在世界交通大国的新起点上，必须进一步深入落实习近平总书记对交通运输重要指示批示精神，瞄准建设交通强国奋斗目标，奋力从交通大国向交通强国迈进。

在开启交通强国建设新征程背景下，需要更加优质、全面的预算管理服务，为发展提供坚实的资金保障，推动交通运输高质量发展。预算管理环节复杂，从编制审核、控制分析到考核评价，其中任何一个环节都需要从制度上、组织上、操作上、标准上进行约束，避免各环节预算流于形式，强化预算编制和执行刚性，建立预算执行监控制度，完善预算考核体系，最终形成系统的、规范的、有针对性的、可操作的体制机制，实现预算管理的“全员参与、全过程跟踪、全岗位落实、全内控管控和全方位覆盖”。

在制度体系方面，实现全面预算管理必须重视预算管理制度体系的建立与完善，交通运输行业的预算管理工作，不仅要遵循财政部门的相关制度，还要遵循省(区、市)政府、交通运输部门、物价部门等发布的制度，这些制度是预算管理实现有规可依、有章可循的重要来源。

在组织体系方面，一个健全有效的预算管理组织体系要求从顶层设计入手强化全面预算的组织领导，通常包括三个层次的工作架构，即预算管理委员会、预算管理办公室和具体预算单位，分别负责重大事宜、工作组织和具体落实，通过明确各层次的工作规则和职责，避免出现漏洞、多头管理和推诿扯皮现象。

在定额标准方面，推行预算定额标准能够有效地提高预算编制效率，强化预算编制刚性，规范化和标准化报表格式、填报规则、预算定额等，提高预算编制的效率和科学性。

在分析控制方面，通过加强预算执行监控(包括建立预算执行监控制度、建立定期预算执行分析制度及重大事项应急分析制度、完善预算控制责任制度以及制定预算执行审批制度等)，切实发挥预算约束控制作用，实现全流程的分析、跟踪与控制。

在预算考评方面，通过完善预算考核体系(包括科学设计预算考核指标体系、完善预算考核结果的运用，最大限度地督促各级单位积极主动地推动工作，以充分发挥资金的效用)，调动实现预算管理目标的积极性。

本书充分结合交通运输行业预算的特点，充分借鉴领域内科学方法和技术以及深圳交通运输行业管理的实践经验，对交通运输行业预算管理的每一个环节进行规范化的设计，确定了各个环节工作的流程和主要内容。本书是作者多年理论研究成果和丰富实践经验的总结与归纳，内容丰富、条理清晰，具有实际的指导意义。

衷心的希望从事交通运输行业预算管理方面实际工作的读者，能够通过本书更好地将理论与实际相结合，进一步提升工作能力和效率；衷心的希望本书能够带动更多的人关注和思考如何加强交通运输行业预算管理工作，为量化预算管理、完善预算管理机制提供准确、可靠的信息和决策依据，促进整体的管理效率和服务质量，为不断提升交通运输事业做出应有的贡献。

本书编写委会
2021 年 10 月

Contents
目　录

第 1 章　交通运输全面预算管理概述 …… 1

第 1.1 节　交通运输全面预算管理的概念 …… 1

第 1.2 节　交通运输全面预算管理的必要性 …… 2

第 1.3 节　交通运输全面预算管理的内容 …… 3

第 1.4 节　交通运输全面预算编制原则 …… 6

第 1.5 节　交通运输全面预算收支分类 …… 8

第 2 章　交通运输全面预算组织体系 …… 13

第 2.1 节　管理模式 …… 13

第 2.2 节　组织体系 …… 13

第 3 章　交通运输预算管理制度体系 …… 16

第 3.1 节　全面预算管理组织结构的岗位设置及岗位职责 …… 16

第 3.2 节　全面预算管理时间要求 …… 18

第 4 章　交通运输全面预算管理工作总流程 …… 23

第 5 章　中期财政规划编制 …… 25

第 5.1 节　财务主管部门关于编报三年中期财政规划的要求 …… 25

第 5.2 节　交通运输部门关于三年中期财政规划编制工作的要求 …… 34

第 6 章　交通运输预算编制审核 …… 39

第 6.1 节　全面预算管理的编制程序及编制内容 …… 39

第 6.2 节　全面预算管理的编制方法和科目设定 …… 42

第 6.3 节　预算编制文件构成 …… 43

第 6.4 节　分资金类型预算编制及表格 …… 50

第 6.5 节　分业务板块预算编制及表格 …… 160

第 6.6 节　预算草案格式编制 …… 202

第 6.7 节　预算报告信息化指南 …… 225

第 7 章　交通运输预算执行监控 …… 233
第 8 章　交通运输预算调整 …… 253
第 8.1 节　年度预算追加 …… 253
第 8.2 节　年度预算调整 …… 255
第 8.3 节　年度预算调减 …… 257
第 9 章　交通运输预算绩效管理 …… 259
第 9.1 节　编制要求 …… 259
第 9.2 节　编制流程 …… 259
第 9.3 节　编制表格 …… 260
第 9.4 节　范例样表 …… 263
第 10 章　交通运输预算档案管理 …… 270
第 11 章　预算编制科目体系 …… 272
附录 1　交通场站(含枢纽)运营管理费用标准 …… 294
附录 2　公交综合车场运营管理费用标准 …… 302
附录 3　名词解释 …… 309
附录 4　费用标准 …… 311
附录 5　国内差旅住宿费限额标准表 …… 339
附录 6　各国家和地区住宿费、伙食费、公杂费开支标准 …… 341
附录 7　因公临时出国住宿费标准调整表 …… 350

第1章 交通运输全面预算管理概述

第1.1节 交通运输全面预算管理的概念

1.1.1 预算

概括而言,预算就是描述特定期间内对财务资源和经营资源运用的详细计划。预算的核心是如何配置资源。简单地说,预算是指以货币和数字形式对企业生产经营和财务活动所做的具体安排。交通运输预算是指交通运输行业为了实现预定期内的战略规划和经营目标,按照一定程序编制、审查、批准的,交通运输行业在预定期内经营活动的总体安排。交通运输预算是交通运输行业在对历史的运营成果进行充分分析、论证的基础上,对未来的经营活动进行量化表述;是根据事业发展计划和目标编制的预算期内资金的取得和使用、各项收入和支出、运营成果与分配等资金运作所做的统筹安排。

1.1.2 交通运输全面预算管理

从理论上讲,全面预算管理既是集金融经济学、组织管理学、会计学、数学及社会学等多门学科精髓为一体的管理科学,又是一门重要的实用科学。著名管理学家戴维·奥利认为,全面预算是为数不多的几个能把企业的所有关键问题融于一个体系之中的管理控制方法之一。全面预算是以企业战略为依据,集计划、控制、协调、激励和评价于一体,贯穿企业生产、供、销各环节,涉及人、财、物各个方面的现代化企业管理系统。交通运输全面预算构成体系如图1-1所示。

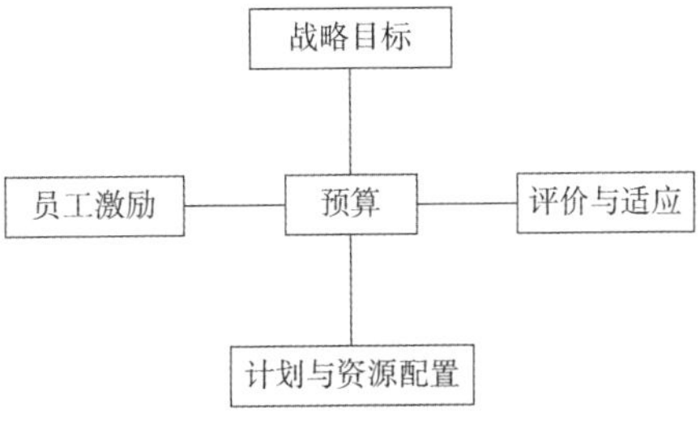

图1-1 交通运输全面预算构成体系

交通运输全面预算是由一系列预算构成的体系,是交通运输行业根据战略规划、经营目标和资源状况,运用系统方法编制的交通运输行业整体经营、投资、筹资等一系列业务管理标准和行动计划。交通运输全面预算是对一定期间的经营活动、投资活动、财务活动等所做的预算安排,以交通运输行业战略目标为出发点,以市场需求为导向,全体员工参与,涉及行业生产经营全部内容的预算体系。全面预算作为一种全方位、全过程、全员参与编制与实施的预算管理模式,凭借其计划、协调、控制、激励、评价等综合管理功能,整合和优化配置行业资源,提升运行效率,成为促进行业内企业发展战略的重要抓手。

第1.2节　交通运输全面预算管理的必要性

实行交通运输全面预算管理的必要性如下:

(1)实行全面预算管理可以提高交通运输行业的市场竞争能力。

随着交通运输市场竞争的日益加剧,交通运输行业传统的管理观念已不能完全适应市场经济发展需求。因此,必须改变经营决策和控制活动的管理方式,坚持系统化的管理战略,注重经营行为的整体性,通过全面预算管理的实施,保证行业所有部门在行业总目标的指引下,提高经济效益,提高行业的市场竞争能力。

(2)实行全面预算管理可以促进交通运输行业现代企业制度的建立。

预算管理是一种与企业治理结构相适应,通过企业内部各个管理层次的权利和责任安排以及相应的利益分配来实施的管理机制。一个健全的企业预算制度是完善的法人治理结构的体现,良好、有效的预算管理必须以产权清晰、权责明确、政企分开、管理科学的现代企业制度为条件,以规范的法人治理结构为前提。在合理配置资源、进行资产重组的基础上,对客、货、网实行分账核算,运输实施主、辅分离,生产布局进行统一、规范的调整,修程、修制改革配套开展。体制改革必须与管理创新协同推进。交通运输行业实行全面预算管理,不仅是管理方法的革新,更是管理思想、管理原则和基本理念的根本转变,是提高自身经营管理水平的需求。交通运输行业只有将各项经济活动纳入科学管理的轨道,才能实现全员、全过程的规范管理,达到生产和经营部门相互协调、紧密结合。

(3)实行全面预算管理可以协调各部门之间的关系,使各部门的经济活动协调一致。

交通运输行业是一个庞大的组织,部门之间具有相对独立性,但又必须协调一致,以保证运输目标的实现。在实现同一目标的过程中,其中各个经营主体的利益取向是不完全一样的,各系统、部门效率或效益最大化不能保证总体效率和效益最优化,因此如何搞好各个经营主体之间的协调就显得尤为重要。全面预算管理以目标利润代表整体的最佳经营方案,使各部门都能了解本部门在全局中所处地位和作用,通过企业预算,各部门可经常对比、分析自身的业务活动与目标的差距,协调本部门活动与其他各部门之间的关系,从而达到经济活动的协调一致。

(4)实行全面预算管理可以强化交通运输行业的监管。

目前的监管仍是事后监管、报表监管、财务部门自我监管,游离于企业的生产经营之外,监管效果不明显是必然的。此外,信息不对称,监管者无法掌握被监管者的信息,不能及时、有针对性地发现问题和解决问题。全面预算管理则实现了事前预算、事中控制、及时调控、事后评价,把监管的重心从事后移至事中、事前,被监管者信息透明,企业的生产经营活动都纳入全面预算管理体系,使企业各种形态资本的运动和周转处于受控状态。全面预算管理是一种整合性管理系统,具有全面控制的能力,企业预算体现出经营者与其下属员工之间的权力、责任安排,即在实现整体利益的目标下,明确各单位的权利与责任区间。预算使各责任单位的权力得以通过表格化的形式体现,这种分权以不失去控制为最低限度。因此,实施全面预算管理是企业综合全面的管理,是具有全面控制约束力的机制。

第1.3节　交通运输全面预算管理的内容

交通运输全面预算管理的内容包括一般性经费预算、专项资金预算、政府性基金预算和政府投资项目计划。以深圳市交通运输局总预算为例，其架构图如图1-2所示。

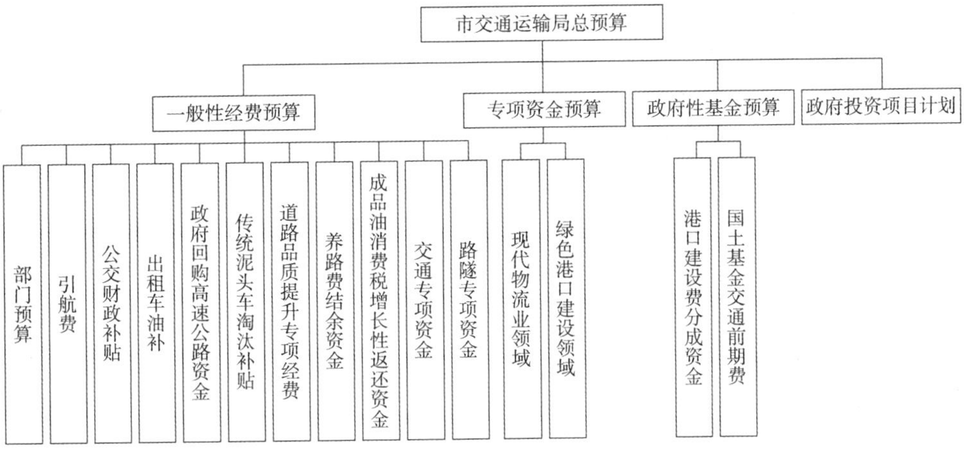

图1-2　深圳市交通运输局总预算架构图

1.3.1　一般性经费预算

一般性经费预算是指各部门进行业务活动的各项事业费开支。交通运输管理部门的一般性经费预算包括部门预算、引航费、公交财政补贴、出租车油补、政府回购高速公路资金、传统泥头车淘汰补贴、道路品质提升专项经费、养路费结余资金、成品油消费税增长性返还资金、交通专项资金、路隧专项资金等。

1）部门预算

部门预算是指按部门编制的政府预算，是部门依据国家有关政策规定及其行使职能的需要由基层预算单位编制，逐级上报、审核、汇总，经财政根据部门审核后提交立法机关依法批准的，涵盖部门各项收支的综合财政计划。

部门预算包括收入预算和支出预算。收入预算涵盖各单位负责组织的行政性收费收入、罚没收入、政府性基金收入以及其他预算外收入；支出预算分为基本支出预算和项目支出预算，其中基本支出预算包括人员经费和日常公用经费，项目支出预算是行政事业单位为完成其特定的工作任务或事业发展目标，在基本支出预算之外编制的年度项目支出计划。

2）引航费

港口城市一般都需要引航费。引航费是指引航机构为船舶提供引航技术服务，依照国家港口收费规则所收取的费用，以及在提供引航服务过程中相应收取的引航速遣费、拖轮费等。

引航费预算包括收入预算和支出预算。引航费收入是指引航站按照交通运输部港口收费规则收取引航费；引航费支出包括引航站人员经费、公用经费、引航和港航事业项目经费。

引航费主要用于9个方面：①引航站的日常开支，包括人员经费、员工福利、后勤保障、设备购置、教育培训、学习交流、运营管理、行业协会会费以及其他改善引航服务环境的支出等；②按照税法应当缴纳的引航收入税费；③引航装备更新 及科技创新费用；④港口城市引航设施的建设、购置和维护经费；⑤港航管理、发展、建设等方面的经费；⑥港口城市公共基础设施维护经费；⑦承担港口城市引航系统培训教育费用；⑧按有关规定可以提取的事业单位修购基金；⑨经地方政府和交通运输部批准的其他开支。

3）公交财政补贴

按照一般的地方性要求，公交财政补贴资金主要包括公共交通运营定额补贴和燃油补贴。

（1）公共交通运营定额补贴。政府按照补贴额度核定公交特许经营企业公交服务规模及标准，运营定额补贴资金发放与地方交通运输局对公交特许经营企业的运营指标以及服务质量考核等调节因素挂钩。

（2）燃油补贴。燃油补贴指按国家和地方燃油补贴政策，发放给公交特许经营企业的专项燃油补贴。

4）出租车油补

依据《城乡道路客运成品油价格补助专项资金管理暂行办法》（财建〔2009〕1008 号），出租车油补是指中央财政预算安排的，用于补助出租汽车经营者，因成品油价格调整增加的成品油消耗成本而设立的补贴资金。当国家确定的成品油分品种出厂价高于 2006 年成品油价格改革时的分品种成品油出厂价（汽油 4400 元/t、柴油 3870 元/t）时，启动补贴机制；若低于上述价格时，停止补贴。

依据《财政部 交通运输部 农业部 国家林业局关于调整农村客运、出租车、远洋渔业、林业等行业油价补贴政策的通知》（财建〔2016〕133 号）第三条规定：“调整后的农村客运、出租车油价补助资金继续拨付地方，由地方统筹用于支持公共交通发展，新能源出租车、农村客运补助，水路客运行业结构调整等。”

5）政府回购高速公路资金

政府回购高速公路资金是为取消高速公路收费、实现高速公路免费通行，地方政府可以出资提前回购，对高速公路企业予以经济补偿的资金。

6）传统泥头车淘汰补贴

传统泥头车淘汰补贴包括退市补贴和提前淘汰激励补贴。

（1）退市补贴。退市补贴是指将传统泥头车通过报废和转出的方式自行处置而获得的补贴。报废是指将传统泥头车交售给有资质的报废机动车回收企业进行拆解报废处理。转出是指将传统泥头车迁移出本地行政区域，车辆办理转出手续，并在异地公安交管部门登记注册。

（2）提前淘汰激励补贴。提前淘汰激励补贴是指为鼓励传统泥头车淘汰，在按地方标准补贴的基础上，对报废和转出时间越早的车辆给予一定的奖励补贴。

7）道路品质提升专项经费

道路品质提升专项经费分为市财政列支类资金和市财政支持类资金。

（1）市财政列支类资金。该类资金项目包括重要路段桥梁刷新（含普速铁路、高铁桥梁刷新）提升项目和高速公路品质提升代建项目。

（2）市财政支持类资金。该类资金项目包括地方组织实施的精品示范路工程项目、道路整治提升项目、道路片区整治提升项目和市城市轨道交通集团实施的地铁桥梁刷新项目。

8）养路费结余资金

养路费结余资金是指使用公路养路费形成的结余资金，其按用途主要分为养护工程费、养护事业发展费和养护其他费。

9）成品油消费税增长性返还资金

成品油消费税增长性返还资金是中央财政对各省（区、市）成品油价格和税费改革增量转移支付收入，是由各省（区、市）再分配给辖区市、县的资金。

该资金应严格按照规定，全部用于发展交通事业，不得提取任何其他经费，不得安排用于其他支出。

10）交通专项资金

交通专项资金是指除行政事业性收费以外，由交通主管部门根据有关法规和政策有偿出让政府资源而收取的交通行业各种专项资金。交通专项资金主要包括车牌拍卖基金、交通发展基金和跨省（区、市）线路有偿使用费结余资金等。

交通专项资金主要用于8个方面：①交通行业发展规划、交通行业科技开发与应用；②公共交通场站规划、建设及维护，公共交通场站配套设施及其他公共交通基础设施建设及维护；③营运市场综合整治及秩序维护的专项经费；④出租小汽车行业管理设施与装备建设；⑤出租车行业的文明创建活动和行业从业人员素质教育、培训的必要经费；⑥出租车行业因政策调整而产生的相关补贴费用；⑦出租车应急维稳经费；⑧交通专项资金征收、监督过程中产生的相关费用，但仅限于市场调查、组织拍卖（招标）及审计等必要项目。

11）路隧专项资金

路隧专项资金的全称是路隧项目偿还及发展专项资金，是指每年由市/区两级财政、国土基金、公路车辆通行费等渠道筹集注入，用于偿还非经营性收费路隧的债务、经营性路隧的补偿及其养护费用，以及未来10年全市新建公路、隧道投资等的专项资金。

路隧专项资金主要用于6个方面：①偿还非经营性公路和隧道建设所承担的债务；②经营性公路和隧道的补偿费用；③用于经市政府批准的路隧收费改革和新建公路所涉及的融资本息偿还；④未来10年新建公路和隧道的建设投资；⑤受让的原经营性、非经营性以及新建公路和隧道的养护和管理费用；⑥经市政府批准的与公路和隧道收费改革相关的其他支出。

1.3.2　专项资金预算

交通运输专项资金包括现代物流业领域和绿色港口建设领域。

1）现代物流业领域

现代物流业领域主要包括物流产业、航空产业、港航产业以及地方市政府批准的其他项目。

（1）物流产业。物流产业的资助范围包括重点物流企业贴息资助项目、重点物流企业一次性奖励项目、物流公共信息服务平台一次性资助项目、纯电动物流配送车辆运营资助项目、智能快件箱资助项目、物博会展位费资助项目。

（2）航空产业。航空产业的资助范围包括基地航空公司开通的货运航线资助项目、非基地航空公司及包机人开通的货运航线资助项目、需进行特殊处理的进口货物进港货量资助项目、基地航空公司开通的机场国内客运新航点资助项目、非基地航空公司及包机人开通的机场国内客运新航点资助项目、运营国内客运航线双通道宽体客机资助项目、航空货运代理企业处理货量排名资助项目、旅客出行服务及宣传推介资助项目、航空公司开通的机场国际客运航点资助项目。

(3)港航产业。港航产业的资助范围包括绿色港口类(包含水水中转资助项目、海铁联运资助项目、组合港运营资助项目)、国际航运枢纽类(包含国际班轮公司资助项目、国际货运代理资助项目、水路运输企业资助项目)和水上客运类(包含邮轮运营资助项目、国内客运资助项目)三大类。

(4)地方市政府批准的其他项目。

2)绿色港口建设领域

绿色港口建设领域的补贴资金主要用于支持:

(1)港口岸电设施建设、船舶岸电受电设施改造。该类资金包括港口岸电设施建设费用、船舶岸电受电设施改造费用、港口岸电设施供电需量费、岸电测试费、岸电电价、岸电设施维护费以及船舶岸电使用补贴。

(2)新增天然气、电力等清洁能源动力船舶。

(3)船舶安装使用尾气净化设施。

(4)船舶安装使用排气污染物在线监测设备。

(5)新增电动堆高机、电动拖车。

(6)船舶进入沿海排放控制区使用低硫燃油。

1.3.3 政府性基金预算

政府性基金预算包括港口建设费分成资金和国土基金交通前期费。

1)港口建设费分成资金

港口建设费分成资金是指按港口建设费征收总额的一定比例返还(20%返还地方)给有关港口和省级交通主管部门,按照国家规定安排使用的专项资金。港口建设费分成资金主要用于以下两个方面:

(1)扶持地方港口公共基础设施(包括港口公用航道、防波堤、锚地等)的建设和维护,重点扶持维护项目。

(2)扶持地方港航保障系统建设和维护,包括:航运公共信息服务平台建设、省市视频监控系统、港口危险货物重大危险源监控管理信息系统建设;港口调度及港政管理基地建设;引导绿色港口发展的技改项目、陆岛运输公共服务项目。

2)国土基金交通前期费

有的城市设有国土基金。国土基金是指按照一定比例从国有土地使用权出让收入提取的专项政府性基金,其中交通前期费主要用于交通行业发展规划及研究。

第1.4节 交通运输全面预算编制原则

1.4.1 依法编制原则

预算编制符合《中华人民共和国预算法》等有关法律、法规的要求,充分体现国家有关方针、政策，并在法律赋予政府部门的职能范围内编制。具体包括：

(1)部门组织收入要合法合规。各种行政事业性收费要按国家有关部门核定的收费项标准测算，政府性基金收入要符合国家法律、法规的规定。

(2)部门各项支安排要体现国家的方针政策，要结合本部门的事业发展计划、职责和工作任务测算，人员工资福利支出要符合各项政策规定，项目和投资支出方向要符合国家产业政策，支出安排要体现厉行节约，勤俭办事的方针。

1.4.2 事权与财权相匹配，权责一致原则

预算的编制过程就是对预算年度部门收支规模和结构的预计和测算过程，必须以社会经济发展和实现政府部门职能为依据，在预测时尽可能保持技术上的先进性和指标的合理性，使预算结果与客观实际尽可能吻合。

各单位(部门)应根据本单位(部门)的职能范围，依照有关标准，科学地考虑年度职责履行需要，依法合理编制预算，做到不越位、不缺位。各单位(部门)为预算编制的责任主体，对本单位(部门)预算编制的真实性、完整性、合规性、有效性负责，对年度审计中反映的问题承担相应责任。

1.4.3 统筹兼顾、保障重点原则

围绕地方交通运输局年度中心工作，合理安排各项支出，按照轻重缓急进行排序，重点优先保障基本支出和本单位(部门)涉及民生与稳定的项目，切实优化资源配置，提高资金使用的效率和效果。各种非税资要严格控制执行“收支两条线”管理，单位一切收支全部纳入预算，对各项资金统一管理、统筹安排，实行综合预算。对少数部门的债务性资金也应纳入预算，以完整地反映部门债务资金的规模和资金流向，以控制政府财政风险。

1.4.4 可执行原则

预算编制应尽可能细化，简洁明了，通俗易懂，以执行为导向，编细、编实年度预算。除预留的应急抢险类资金和财政准备金外，所编制的预算还要求细化到具体项目和使用单位(部门)。对于事后兑现补助类资金，则实行跨年错配，即上一年度受理补助申请，下一年度上半年办理支付。

预算收支预测必须依据国家社会经济发展计划和部门履行其职能的需要，对每一项收支项目的数字指标力求真实准确。部门编制、人员、工资福利支出、资产等预算基础数据资料要按实填报。部门支出预算要按各种政策标准和真实可靠的依据进行测算。

1.4.5 厉行节约原则

除法律法规规定的增长支出、政策性支出及重点支出按规定予以保障外，其他一般性支出从严从紧控制，集中财力用于民生事项。严格控制“三公”经费、会议费和差旅费支出；严控以党政机关名义主办的庆典、晚会、研讨会、论坛、展览、纪念会等大型活动；严格按照规定的标准配置家具和办公设备等资产。基本支出是保证部门正常运行和完成部门职责任务所必需支出，应优先安排，不留缺口；项目支出预算要量力而行，有多少钱办多少事，分轻重缓

急,优先安排符合国民经济和社会发展计划和符合国家财政政策产业政策的项目。

第1.5节 交通运输全面预算收支分类

政府收支分类是指按照一定的原则、方法对政府收入与支出项目进行类别和层次划分,以便客观、全面、准确地反映政府活动。政府收支分类是一项财政基础性工作,不仅涉及预算编制、执行、决算和财政监督等环节,还涉及众多政府收支管理部门。它对科学合理地编制预算、预算执行和对政府宏观决策、人大和社会各界有效实施财政监督等方面具有十分重要的意义。

1.5.1 政府收支分类的基本原则

政府收支分类应适应市场经济条件下政府职能转变,建立既符合公共财政体系的总要求,又符合国际通行做法的较为规范合理的政府收支分类体系。政府收支分类必须满足基层预算单位进行明细会计核算和编报单位预算的需要,满足政府部门编报预算和人大审批预算的需要,满足预算编制、执行与调整以及决算等各个环节财政管理与改革的需要,满足经济财政统计分析和国际交流研究的需要。科学的政府收支分类体系为进一步深化财政改革、增加预算透明度、强化财政监督提供条件。政府收支分类应遵循以下基本原则:

(1)要有利于公共财政体系的建立,准确、全面地反映政府收支活动。

(2)要有利于预算的公正、公开、细化、透明。

(3)要有利于加强财政经济分析与决策。

(4)要有利于国际比较与交流。

1.5.2 政府收支分类的主要内容

政府收支分类体系由收入分类、支出功能分类和支出经济分类三部分构成。其中,收入分类反映政府收入的来源和性质;支出功能分类反映政府各项职能活动,即政府究竟做了什么,如国防、教育、农业、社会保障等;支出经济分类明细反映政府支出的具体用途,即政府的钱究竟是怎么花出去的,是支付了人员工资、会议费,还是购买了办公设备等。支出功能分类和支出经济分类从不同侧面、以不同方式反映政府支出活动。它们既是两个相对独立的分类体系,二者又互相联系。

政府收支分类主要内容包括以下三方面:

(1)确立政府收入分类,全面、规范、明细地反映政府各项收入。收入分类的特点包括:①政府预算收入科目包括一般预算收入、基金预算收入、债务预算收入等,从而形成了完整、统一的政府收入分类。②采用国际货币基金组织收入分类标准和国家统计局公布的最新行业划分标准对收入进行划分。③对增值税、消费税等主要收入按行业和税目设置明细科目,为强化经济税源分析创造了更为有利的条件。

(2)确立政府支出功能分类,清晰地反映政府职能活动的支出总量、结构与方向。支出功能分类特点包括:①涵盖财政预算内外、社会保险基金等所有政府支出,从而改变财政预算外资金长期游离于政府预算收支科目之外的状况。②统一按支出功能分类,集中、直观地反映政府职能活动。例如,205 类“教育”反映的是全部政府教育支出,而不仅仅是原来的教育事业费支出。③充分体现预算细化、透明的要求。比如,210 类“医疗卫生”下设置了“医疗服务”“疾病预防控制”“妇幼保健”“农村卫生”等款级科目,在这些款级科目下又设置了“重大疾病预防控制”“突发公共卫生事件应急处理”等社会各方面普遍关注的支出事项。④支出功能分类应尽可能与国际通行做法和国民经济统计分类标准保持一致,以便相关统计口径可比。⑤科目设置充分体现预算管理的实际需要。比如,适应科教兴国战略要求,同时考虑目前我国科技经费管理的特殊需单设“科学技术”类科目。再如,将国际货币基金组织进行总括反映的“经济事务”科目拆分为“交通运输”“农林水事务”“工业商业金融等事务”三个大类,以便更好地反映我国政府经济活动。这些特殊处理虽会带来一些统计口径上的调整问题,但确实能给有关方面的管理与改革提供较大便利。

(3)确立政府支出经济分类,反映政府各项支出的具体用途。新的支出经济分类主要有三个特点:①将原来一个粗略反映政府部分支出性质的附属科目表,转变成一个可按支出具体用途独立地反映全部政府支出活动的分类系统。②科目充分细化,按预算管理要求分设90 多个款级科目,可充分满足细化预算和强化经济分析的要求。③原支出目级科目只能反映预算单位行政事业经费自开支情况,而新的经济分类可以明细地反映包括基建在内的所有政府支出情况。

新的政府收支分类基本实现“体系完整、反映全面、分类明细、口径可比、便于操作”的具体改革目标。该体系与部门分类编码和基本支出预算、项目支出预算配合,在财政信息管理系统的有力支持下,可对任何一项财政收支进行“多维”定位,清清楚楚地说明政府收入是怎么来的,最终用到了什么地方。这样,政府收支分类体系就能充分发挥其“数据辞典”的作用,为预算管理、统计分析、宏观决策的财政监督等提供全面、真实、准确的经济信息。从现阶段财政管理与改革的角度来讲,构建新的政府收支分类的重要意义还在于它为尽快建立科学、民主的现代预算制度,进一步完善公共财政体系提供了十分必要的基础条件。

1.5.3　政府收支分类主要科目

1)收入分类

收入分类主要反映政府收入的来源和性质。根据目前我国政府收入构成情况,结合国际通行的分类方法,将政府收入分为类、款、项、目四级。其中,类、款两级科目设置情况如下:

(1)税收收入。分设 20 款:增值税、消费税、营业税、企业所得税、企业所得税退税、个人所得税、资源税、固定资产投资方向调节税、城市维护建设税、房产税、印花税、城镇土地使用税、土地增值税、车船使用和牌照税、船舶吨税、车辆购置税、关税、耕地占用税、契税、其他税收收入。

(2)社会保险基金收入。分设 6 款:基本养老保险基金收入、失业保险基金收入、基本医疗保险基金收入、工伤保险基金收入、生育保险基金收入、其他社会保险基金收入。

(3)非税收入。分设 8 款:政府性基金收入、专项收入、彩票资金收入、行事业性收费收入、罚没收入、国有资本经营收入、国有资源(资产)有偿使用收入、其他收入。

(4)贷款转贷回收本金收入。分设 4 款:国内贷款回收本金收入、国外贷款回收本金收入、国内转贷回收本金收入、国外转贷回收本金收入。

(5)债务收入。分设2款:国内债务收入、国外债务收入。

(6)转移性收入。分设8款:返还性收入、财力性转移支付收入、专项转移支付收入、政府性基金转移收入、彩票公益金转移收入、预算外转移收入、上年结余收入、调入资金。

2)支出功能分类

支出功能分类主要反映政府活动的不同功能和政策目标。根据社会主义市场件下政府职能活动情况及国际通行做法,将政府支出分为类、款、项三级。其中,类、款两级科目设置情况如下:

(1)一般公共服务。分设32款:人大事务、政协事务、政府办公厅(室)及机构事务、发展与改革事务、统计信息事务、财政事务、税收事务、审计事务、海关事务、人事事务、纪检监察事务、人口与计划生育事务、商贸事务、知识产权事务、工商行政管理事务、食品和药品监督管理事务、质量技术监督与检验检疫事务、国土资源事务、海洋管理事务、测绘事务、地震事务、气象事务、民族事务、宗教事务、港澳台侨事务、档案事务、共产党事务、民主党派及工商联事务、群众团体事务、彩票事务、国债事务、其他一般公共服务支出。

(2)外交。分设8款:外交管理事务、驻外机构、对外援助、国际组织、对外合作与交流、对外宣传、边界勘界联检、其他外交支出。

(3)国防。分设3款:现役部队及国防后备力量、国防动员、其他国防支出。

(4)公共安全。分设10款:武装警察、公安、国家安全、检察、法院、司法、监狱、劳教、国家保密、其他公共安全支出。

(5)教育。分设10款:教育管理事务、普通教育、职业教育、成人教育、广播电视教育、留学教育、特殊教育、教师进修及干部继续教育、教育附加及基金支出、其他教育支出。

(6)科学技术。分设9款:科学技术管理事务、基础研究、应用研究、技术研究与开发、科技条件与服务、社会科学、科学技术普及、科技交流与合作、其他科学技术支出。

(7)文化体育与传媒。分设6款:文化、文物、体育、广播影视、新闻出版、其他文化体育与传媒支出。

(8)社会保障和就业。分设17款:社会保障和就业管理事务、民政管理事务、财政对社会保险基金的补助、补充全国社会保障基金、行政事业单位离退休、企业关闭破产补助、就业补助、抚恤、退役安置、社会福利、残疾人事业、居民最低生活保障、其他城镇社会救济、农村社会救济、自然灾害生活救助、红十字事业、其他社会保障和就业支出。

(9)社会保险基金支出。分设6款:基本养老保险基金支出、失业保险基金出、基本医疗保险基金支出、工伤保险基金支出、生育保险基金支出、其他社会保险基金支出。

(10)医疗卫生。分设10款:医疗卫生管理事务、医疗服务、社区卫生服务、医疗保障、疾病预防控制、卫生监督、妇幼保健、农村卫生、中医药、其他医疗卫生支出。

(11)环境保护。分设10款:环境保护管理事务、环境监测与监察、污染防治、自然生态保护、天然林保护、退耕还林、风沙荒漠治理、退牧还草、已垦原退耕还草、其他环境保护支出。

(12)城乡社区事务。分设10款:城乡社区管理事务、城乡社区规划与管理、城乡社区公共设施、城乡社区住宅、城乡社区环境卫生、建设市场管理与监督、政府住房基金支出、国有土地使用权出让金支出、城镇公用事业附加支出、其他城乡社区事务支出。

(13)农林水事务。分设7款:农业、林业、水利、南水北调、扶贫、农业综合开发、其他农林水事务支出。

(14)交通运输。分设4款:公路水路运输、铁路运输、民用航空运输、其他交通运输支出。

(15)工业商业金融等事务。分设18款:采掘业、制造业、建筑业、电力、信息产业、旅游业、涉外发展、粮油事务、商业流通事务、物资储备、金融业、烟草事务、安全生产、国有资产监管、中小企业事务、可再生能源、能源节约利用、其他工业商业金融等事务支出。

(16)其他支出。分设4款:预备费、年初预留、住房改革支出、其他支出。

(17)转移性支出。分设8款:返还性支出、财力性转移支付、专项转移支付、政性基金转移支付、彩票公益金转移支付、预算外转移支出、调出资金、年终结余。

3)支出经济分类

支出经济分类主要反映政府支出的经济性质和具体用途。支出经济分类设类、款两级,其科目设置情况如下:

(1)工资福利支出。分设7款:基本工资、津贴补贴、奖金、社会保障缴费、伙食费、伙食补助费、其他工资福利支出。

(2)商品和服务支出。分设30款:办公费、印刷费、咨询费、手续费、水电费、邮电费、取暖费、物业管理费、交通费、差旅费、出国费、维修费、租赁费、会议费、培训费、招待费、专用材料费、装备购置费、工程建设费、作战费、军用油料费、军队其他运行维护费、被装购置费、专用燃料费、劳务费、委托业务费、工会经费、福利费、其他商品和服务支出。

(3)个人和家庭的补助。分设14款:离休费、退休费、退职(役)费、抚恤金、生活补助、救济费、医疗费、助学金、奖励金、生产补贴、住房公积金、提租补贴、购房补贴、其他对个人和家庭的补助支出。

(4)对企事业单位的补贴。分设4款:企业政策性补贴、事业单行补贴、财政贴息、其他对企事业单位的补贴支出。

(5)转移性支出。分设2款:不同级政府间转移性支出、同级政府间转移性支出。

(6)赠予。分设2款:对国内的赠予、对国外的赠予。

(7)债务利息支出。分设6款:国库券付息、向国家银行借款付息、其他国款付息、向国外政府借款付息、向国际组织借款付息、其他国外借款付息。

(8)债务还本支出。分设2款:国内债务还本、国外债务还本。

(9)基本建设支出。分设9款:房屋建筑物购建、办公设备购置、专用设备购置、交通工具购置、基础设施建设、大型修缮、信息网络购建、物资储备、其他基本建设支出。

(10)其他资本性支出。分设9款:房屋建筑物购建、办公设备购置、专用设备购置、交通工具购置、基础设施建设、大型修缮、信息网络购建、物资储备、其他资本性支出。

(11)贷款转贷及产权参股。分设6款:国内贷款、国外贷款、国内转贷、国外转贷、产权参股、其他贷款转贷及产权参股支出。

(12)其他支出。分设5款:预备费、预留、补充全国社会保障基金、未划分的项目支出、其他支出。

1.5.4 政府支出分类体系的重要性

政府支出分类对制定政策和在政府各部门之间分配公共财政资金至关重要。政府支出分类有助开展下列工作：

(1)确定政府各项活动及在何种水平上评估业绩。

(2)建立责任，使有关机构遵守立法机构批准的预算、政策规定和业绩指标。

(3)经济分析以及日常预算管理。

政府支出分类体系为政策决策和责任制提供了框架。最著名的支出分系是联合国设计的“政府职能分类”体系和国际货币基金组织设计的“政府财政统计手册”分类体系。支出必须按不同用途进行分类，能够编制符合政策制定者、社会公众、预算管理者要求的报告，并向立法机构提交预算。

政府支出需要一种统一的经济分类法，这种经济分类法既包括基本支出预算又包括项目支出预算。这种经济分类法对于经常性预算或资本预算而言是具体的，应符合政府财政统计手册的要求；同时，资本预算应严格按照国民账户体系标准确定。

为了明确有关各方在公共支出管理和预算日常管理中的职责，有必要对政府支出职能进行分类。就政府部门内部而言，支出必须分解为单独的各个部分。支出按政府职能分类，显然需要根据公共支出管理的特定安排进行调整，而且应按照不同等级的责任制进行组织。对于特殊的交叉问题，可以制订跨部门计划。如果只是为了把少数跨部门计划考虑进来，没有必要对整个预算分类体系重组。例如，对于基本建设支出统计问题，在支出经济分类中加上标注，说明这些部门计划包括哪些活动，就足以进行决策并开展后续计划实施工作。

从预算管理的角度来看，对支出分类的另一重要用途是为了记录拨款用途使账簿条理化，对业务进行编码等，政府必须规定一种支出分类法，这种支出分类法至少应包括职能分类、支出用途分类法。

因此，在建立预算数据库时，信息专家的首要任务是详细说明层级，以建立各种表格并通过各种关系把这些表格联系起来。预算表格对应预算分类体系的不同类型，每张表格、每种类型的代码均应单独确定。

改革政府支出分类体系，并不能解决由制度安排引致的报告缺陷，也不能解决恶意和系统性报告失实问题。无论采用何种支出分类法，劣质信息都是毫无作用的。

第2章 交通运输全面预算组织体系

预算管理是财务管理的重要组成部分，包括预算政策制定、预算编制、预算执行、预算控制及预算评价等。预算管理的基本目标是科学、合理地编制预算，有效地完成预算收支任务和提高预算资金使用绩效。

第2.1节 管理模式

交通运输管理部门实行“统筹预算、统一标准、归口审核、分级管理”的预算管理模式。

1）统筹预算

交通运输管理部门的预算盘子由管理部门进行统筹。

2）统一标准

交通运输管理部门使用统一标准。通用类标准由财务主管部门负责牵头制定；专用类标准由归口统筹单位（部门）牵头制定。

3）归口审核

交通运输管理部门应发挥专业部门统筹把关作用。按照板块分工，由相关单位（部门）依据职责权限归口审核，统筹本板块预算，对预算项目的必要性、可行性、技术性以及费用的合理性进行审核。

4）分级管理

交通运输管理部门按管理等级分为一级预算单位和二级预算单位两级管理。

第2.2节 组织体系

根据交通运输部门管理模式的要求，其组织体系具体划分为预算决策、组织编制、归口审核、编制与执行四个层次的组织体系。对于交通运输局预算管理组织体系架构，以深圳市交通运输局预算管理组织体系架构为例，其架构图如图2-1所示。

1）预算决策

决策会议是交通运输预算管理的最高决策机构，审议决定交通运输部门预算管理政策、年度预算草案、年度预算调整及追加方案和中期财政规划等重大事项。

2）组织编制

交通运输预算编审由财务主管部门负责。具体负责如下工作：①交通运输的预算管理日常工作；②拟订交通运输预算管理制度及相关政策、标准；③设计预算编制科目；④提出年度预算编制要求和工作方案；⑤汇总编制年度预算草案；⑥提出年度预算调整及追加方案。

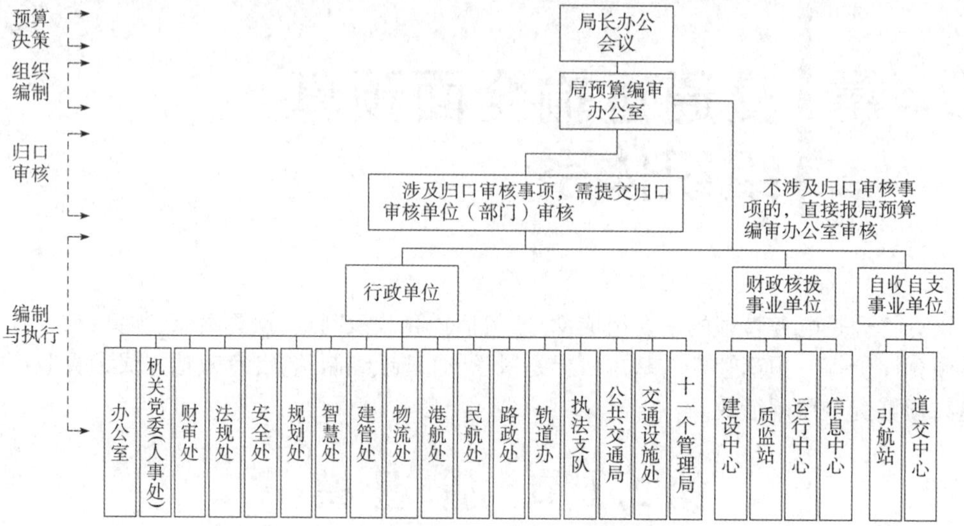

图 2-1　深圳市交通运输局预算管理组织体系架构图

3）归口审核

涉及归口审核事项的预算，按照"谁支配使用谁编制预算，按业务职责分工归口管理"预算编制规则，提交归口审核单位（部门）审核。

4）编制与执行

交通运输管理部门是预算管理工作的执行机构。具体负责如下工作：①提出本单位（部门）的年度预算需求；②编制年度预算项目绩效目标；③组织实施经批复的年度预算；④撰写并提交年度预算执行分析报告；⑤提出年度预算调整、追加建议。

按照《中华人民共和国预算法》有关规定，预算编制主体为资金支配使用的单位（部门），交通运输管理实行"谁支配使用谁编制预算，按业务职责分工归口管理"的预算编制规则。

各单位（部门）按照机构改革后的职能分工及年度工作安排，负责编制本单位（部门）预算需求。涉及归口统筹事项的，提交归口统筹单位（部门）汇总审核。各归口统筹单位（部门）应制订本板块预算编报方案，组织相关单位（部门）及时开展预算编报工作。预算编报工作具体分工见表 2-1。

预算编报工作具体分工　　表 2-1

资金类型	预算项目名称	归口统筹单位（部门）	编制单位（部门）
一般性经费	物业管理费、物业修缮费	办公主管单位（部门）	相关单位（部门）
	全局性职工培训费、出国（境）经费	人事主管单位（部门）	相关单位（部门）
	智能信息化运维项目经费预算	信息主管单位（部门）	相关单位（部门）
	政府回购高速公路预算	路政管理单位（部门）	相关单位（部门）
	路隧改革相关经费预算	路政管理单位（部门）	相关单位（部门）
	公交补贴、出租车油补	公共交通管理单位（部门）	各辖区相关单位（部门）

续上表

<table>
<tr><th colspan="2">资 金 类 型</th><th>预算项目名称</th><th>归口统筹单位(部门)</th><th>编制单位(部门)</th></tr>
<tr><td colspan="2" rowspan="8">一般性经费</td><td>公交停靠站、公交车停车泊位及排队换乘标志标线维护经费预算</td><td>公共交通管理单位(部门)</td><td>各辖区相关单位(部门)</td></tr>
<tr><td>机场、口岸的士场站管理经费预算</td><td>公共交通管理单位(部门)</td><td>各辖区相关单位(部门)</td></tr>
<tr><td>春运临时雨棚建设预算、出租车行业管理费预算、出租车应急维稳经费预算</td><td>公共交通管理单位(部门)</td><td>相关单位(部门)</td></tr>
<tr><td>道路管养经费预算</td><td>交通设施管理单位(部门)</td><td>各辖区管理单位(部门)</td></tr>
<tr><td>交通安全设施维护经费预算</td><td>交通设施管理单位(部门)</td><td>各辖区管理单位(部门)</td></tr>
<tr><td>道路品质提升专项经费预算</td><td>交通设施管理单位(部门)</td><td>各辖区管理单位(部门)</td></tr>
<tr><td>交通综合枢纽及公交场站维护经费预算</td><td>交通设施管理单位(部门)</td><td>交通设施管理单位(部门)</td></tr>
<tr><td>的士充电站运营管理经费预算</td><td>交通设施管理单位(部门)</td><td>交通设施管理单位(部门)</td></tr>
<tr><td rowspan="4">专项资金</td><td rowspan="3">现代物流业发展领域</td><td>物流业子项(含物博会展位费补贴)预算</td><td rowspan="3">财务主管单位(部门)</td><td>物流发展管理单位(部门)</td></tr>
<tr><td>港航业子项预算</td><td>港航管理单位(部门)</td></tr>
<tr><td>航空业子项预算</td><td>民航管理单位(部门)</td></tr>
<tr><td>绿色港口建设领域</td><td>港口岸电设施建设、船舶岸电受电设施改造;新增天然气、电力等清洁能源动力船舶;船舶安装使用尾气净化设施;船舶安装使用排气污染物在线监测设备;新增电动堆高机、电动拖车;船舶进入沿海排放控制区使用低硫燃油</td><td>港航管理单位(部门)</td><td>港航管理单位(部门)</td></tr>
<tr><td rowspan="3">政府性基金</td><td rowspan="2">港口建设费分成资金</td><td>港口公共基础设施(包括港口公用航道、防波堤、锚地等)的建设和维护,重点扶持维护项目预算</td><td>港航管理单位(部门)</td><td>交通设施管理单位(部门)</td></tr>
<tr><td>港航保障系统建设和维护项目预算</td><td>港航管理单位(部门)</td><td>交通设施管理单位(部门)</td></tr>
<tr><td>国土基金交通前期费</td><td>交通行业发展规划及研究项目预算</td><td>规划管理单位(部门)</td><td>相关单位(部门)</td></tr>
<tr><td colspan="3">政府投资项目计划</td><td>各地方单位按相关要求组织编制</td><td>相关单位(部门)</td></tr>
<tr><td colspan="3">交通规划及课题研究项目预算</td><td colspan="2">实行“二上二下、按需申报、分板块汇审、综合平衡、第三方评审费用”预算编报模式。具体按交通运输管理部门关于报送当年规划及课题研究项目预算的相关通知执行</td></tr>
</table>

第3章 交通运输预算管理制度体系

第3.1节 全面预算管理组织结构的岗位设置及岗位职责

3.1.1 全面预算管理组织结构的岗位设置

《中华人民共和国公司法》(以下简称"《公司法》")规定,公司董事会负责制定财务预算,公司股东大会负责审定财务预算。

公司财务预算是在经营预算、长期投资预算和筹资预算的基础上形成的,因此,《公司法》规定董事会、股东大会分别制定、审定财务预算,相当于规定董事会、股东大会分别制定、审定公司的全面预算。也就是说,根据《公司法》的规定,公司董事会、股东大会是全面预算管理的决策机构,根据公司战略,审议,批准各公司上报的年度全面预算方案和调整方案。

全面预算委员会作为全面预算管理的专门机构,主要对公司董事会负责,是董事会职责在预算管理方面的延伸和具体化。预算委员会的主要工作方式是定期或不定期地召开预算工作会议。预算委员会指定、审议的有关全面预算管理的重大事项,如年度经营目标、年度预算方案、年度决算方案、预算考评与奖惩方案等,必须报公司董事会或股东大会审批。

全面预算管理委员会负责与各预算主体协调、沟通。

3.1.2 全面预算管理组织结构的岗位职责

1)公司股东大会在全面预算管理中的主要职责

(1)审议决定公司经营方针和投资计划。

(2)审议批准公司年度全面预算方案。

(3)审议批准公司年度全面决算方案。

(4)审议批准公司债券发行预算。

(5)其他需要审议批准的事项。

2)公司董事会在全面预算管理中的主要职责

(1)决定公司经营计划和投资方案。

(2)制定公司年度经营目标。

(3)制定公司全面预算方案。

(4)制定公司年度全面决算方案。

(5)决定公司全面预算考评与奖惩方案。

(6)其他需要决定及制定的事项。

3)预算委员会的主要职责

(1)根据公司战略规划和经营目标,制定公司年度预算指标。

(2)制定全面预算管理的政策、规定、制度等相关文件。

(3)制定全面预算编制的方针、程序和要求。

(4)审查公司总预算草案和各部门编制的预算草案,并提出修改意见。

(5)将经过审查的预算提交公司最高决策机构(如股东大会、董事会)审议,通过后下达正式预算。

(6)仲裁和协调全面预算管理中出现的冲突纠纷。

(7)审批预算调整事项和在必要时对预算执行过程进行干预。

(8)接受预算与实际比较的定期预算报告,审定年度决算。

(9)审议预算奖惩办法和兑现方案。

(10)其他全面预算管理。

4)预算管理常务机构的主要职责

(1)负责公司预算管理制度的起草和报批工作。

(2)编制公司全面预算管理编制大纲。

(3)组织公司开展各项定额管理、价格管理等预算基础工作。

(4)为各项预算单位的预算管理提供咨询。

(5)根据公司预算目标,分解、制定各部门的责任预算指标草案。

(6)预审下属二级预算单位预算草案,并提出修改意见和建议。

(7)汇总编制公司全面预算草案,编制预算委员会提出审批重点和建议。

(8)负责检查落实公司管理制度的执行。

(9)对预算执行过程进行管理和控制,并定期进行预算分析。

(10)结合预算运行的实际情况,提出调整预算指标的建议方案。

(11)定期向预算委员会提交预算反馈报告,反映预算执行中的问题,并为预算委员会进一步采取行动拟订备选方案。

(12)负责预算管理的其他日常工作。

5)预算管理监控机构的主要职责

(1)组织协调预算管理的监控工作。

(2)汇总监控结果,对出现的重大差异及时处理或召开协调会。

(3)监督、审计公司各责任部门的预算执行情况。

(4)定期撰写审计报告。

(5)对预算执行过程的资金流动进行监控。

(6)对预算执行过程的会计核算进行监控。

(7)对责任单位的人力资源、劳动生产率进行监控。
(8)对工资、奖金及奖惩兑现情况进行监控。
(9)对各部门的工作质量进行考核、监控。
(10)对责任单位的产品质量、品种结构进行监控。
(11)对公司制定计划执行情况进行监控。
(12)对企业产供销各个环节的质量情况进行监控。
(13)对外购材料、设备、物资的价格、质量、数量进行监控。
(14)对产品质量、数量、结构进行监控。
6)预算管理考评机构的主要职责
(1)负责预算管理考评工作的组织与领导工作。
(2)负责对预算考评及奖惩兑现方案的审计。
(3)负责对预算执行过程和结果进行责任核算,并提供考评依据。
(4)负责组织对各项预算执行部门的综合考评,并根据考评结果测算奖惩兑现方案。
7)预算管理核算机构的主要职责
(1)明确各责任主体,建立责任会计账簿和报表体系。
(2)建立责任会计核算所需的原始凭证制度。
(3)建立内部转让价格制度。
(4)建立企业内部结算制度。
(5)分解落实各责任中心预算目标。
(6)核算各责任中心的预算执行情况和经营业绩。
(7)分析、评价和考核各责任中心工作业绩。
(8)编制责任会计报告。

第3.2节 全面预算管理时间要求

3.2.1 工作重要时间节点

1)1月份
(1)地方人大审议年度预算草案,做好人大问(质)询相关准备工作。
(2)做好年度预算指标,在交通运输管理部门资金管控系统下达准备工作。
(3)在年度预算正式批复前向地方财政部门申请预下达支付指标。
2)2月份
(1)地方财政部门批复交通运输管理部门年度预算。
(2)按照要求在地方财政部门批复年度预算20日内进行预算公开,并做好舆情应对相关准备工作。
(3)在地方财政部门批复年度预算15日内局分解下达二级预算单位年度预算。
3)3月份
(1)启动下一年度预算编制工作。

(2)归档整理上一年度预算编制资料。

4)4 月份

(1)编制下一年度预算方案。

(2)部署下一年度预算编制工作。

5)5 月份

(1)开展预算编制培训。

(2)编制下一年度预算“一上”(各基层单位根据一级管理一级的原则据以制定本单位的预算方案,呈报预算委员会)数。

6)6 月份

(1)启动年度预算中期调整工作。

(2)各单位(部门)编制下一年度预算“一上”数,并提交财务主管部门;财务主管部门组织汇审并形成交通运输管理部门“一上”预算草案。

(3)“一上”预算草案经交通运输管理部门审定后,报送地方财政部门(在财政项目库中编制并提交)。

7)7 月份

(1)汇审形成年度预算中期调整方案,经交通运输管理部门审定后报送地方财政部门。

(2)与地方财政部门沟通年度预算中期调整方案及下一年度预算“一上”数(新增因素),并根据地方财政部门意见补充提供相关说明和佐证材料。

8)8 月份

(1)地方财政部门下达交通运输管理部门“一下”(预算委员会审查各分部预算草案拟订整个组织的预算方案下达各部门)控制数,交通运输管理部门对其进行分解并下达二级预算单位“一下”控制数。

(2)组织开展“二上”(各基层单位根据经调整过的预算方案重新上报本部门经调整过的预算)及预算项目绩效目标编制培训。

(3)根据地方财政部门中期预算调整批复意见在交通运输管理部门资金管控系统进行下达。

(4)启动中期财政规划的编制工作,制定相关编制方案。

9)9 月份

(1)编制下一年度预算“二上”数及预算项目绩效目标。

(2)编制中期财政规划。

10)10 月份

(1)根据地方财政部门要求及下达的政府投资计划控制数编制下一年度政府投资项目预算。

(2)各二级预算单位编制“二上”数及预算绩效目标申报表并提交财务主管部门,财务主管部门组织汇审并形成交通运输管理部门“二上”预算草案。

(3)“二上”预算草案经局审定后,报送地方财政部门(在地方财政项目库中编制“二上”数及预算项目绩效目标并提交)。

(4)编制中期财政规划。

11)11 月份

(1)与地方财政部门沟通“二上”预算数。

(2)编制中期财政规划,汇审形成交通运输管理部门中期财政规划数,经交通运输管理部门审定后报送地方财政部门。

(3)编制下一年度人大格式预算草案,经交通运输管理部门审定后报送地方财政部门。

(4)启动申请提前下达下一年度政府采购指标工作并汇总报地方财政部门。

12)12 月份

(1)与地方财政部门沟通下一年度预算草案、中期财政规划,提前下达采购指标事宜。

(2)做好预算草案提交市人大审议相关准备工作。

3.2.2 工作总体流程

1)“二上二下”编制流程

(1)“一上”。

交通运输管理部门预算编审办公室根据地方财政部门预算编制的要求,提出年度预算编制方案,部署交通运输管理部门预算申报工作;各单位(部门)根据编制要求及下一年度工作安排,提出年度预算需求,申报基础数据以及下年度新增项目和测算依据等资料;涉及归口事项的,需先提交归口统筹单位(部门)审核;交通运输管理部门预算编审办公室对各单位(部门)申报材料进行审核,经综合平衡后,汇编形成全局“一上”预算草案;经交通运输管理部门财务主管领导审核、决策会议审议同意报送地方财政部门。

(2)“一下”。

“一下”是指预算审批单位向预算申报单位下达预算控制数。

地方财政部门审核交通运输管理部门“一上”预算草案并下达“一下”控制数;根据地方财政部门下达的“一下”控制数,结合交通运输管理部门实际,由局交通运输管理部门预算编审办公室提出年度预算控制数分解方案,经交通运输管理部门财务主管领导审核,下达至各预算单位(部门)。

(3)“二上”。

各单位(部门)依照“一下”预算控制数,对“一上”预算进行调整、细化,预算细化到具体执行项目,编制“二上”预算明细报送交通运输管理部门预算编审办公室;涉及归口审核事项的,需先提交归口统筹单位(部门)审核;经局预算编审办公室综合平衡,汇编形成全局“二上”预算草案送审稿;经局分管财审处领导审核、局长办公会议审议同意后报送财政部门,同时编制人大格式部门预算草案报送财政部门。

(4)“二下”。

年度预算草案经市人大审议通过,由财政部门在 1 个月内批复下达各单位。

接到财政部门下达的预算批复后,局预算编审办公室在 15 个工作日内,分解并起草年度预算批复文件,经局分管财审处领导审核同意后,批复下达各单位(部门)执行。

2)预算编制流程图

以深圳市预算编制流程为例,其预算编制流程图如图 3-1 所示。

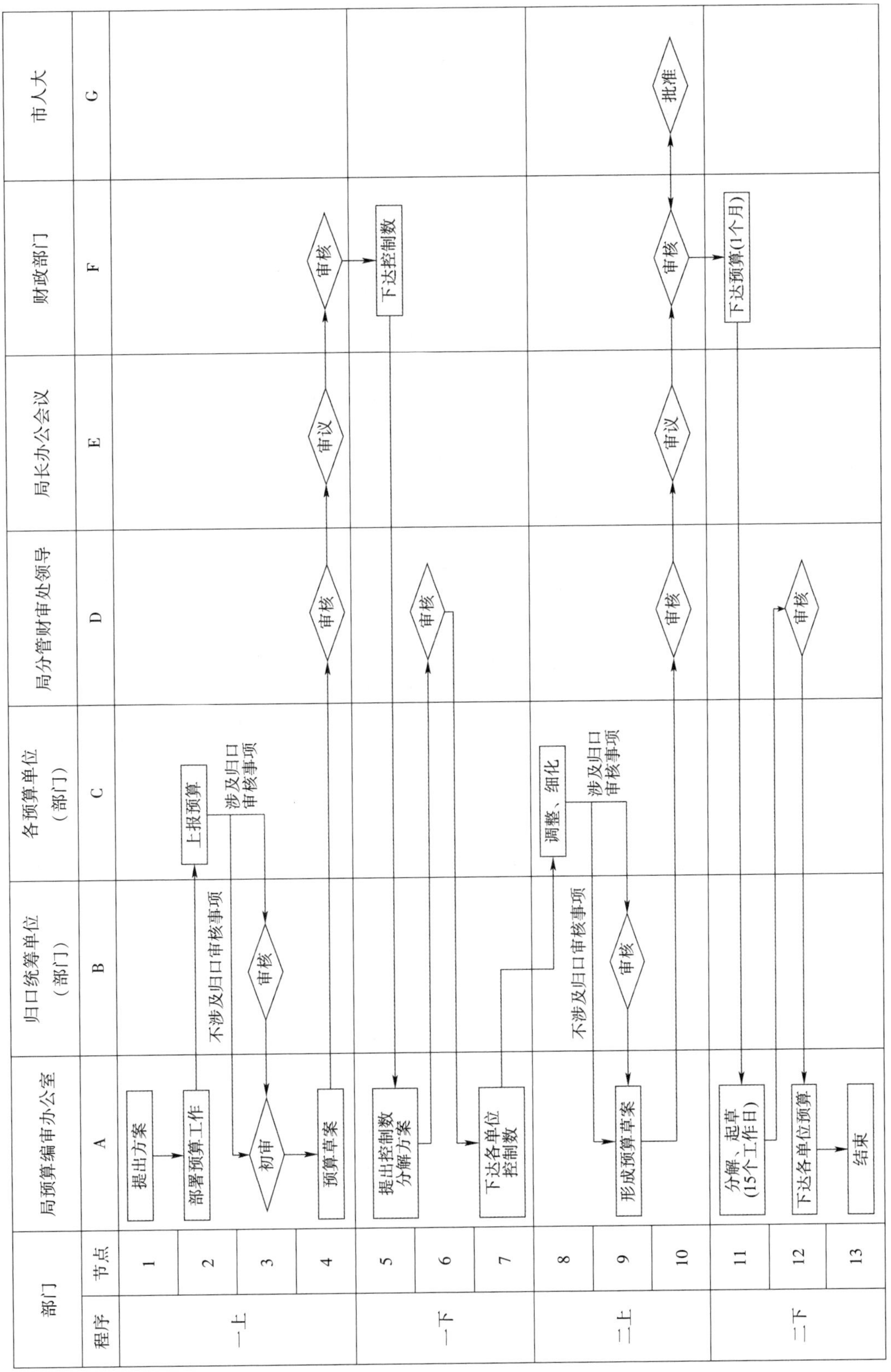
部门
程序
节点
局预算编审办公室
A
归口统筹单位（部门）
B
各预算单位（部门）
C
局分管财审处领导
D
局长办公会议
E
财政部门
F
市人大
G
一上
一下
二上
二下
1
2
3
4
5
6
7
8
9
10
11
12
13
提出方案
部署预算工作
上报预算
不涉及归口审核事项
涉及归口审核事项
审核
初审
预算草案
审核
审议
审核
下达控制数
提出控制数分解方案
审核
下达各单位控制数
调整、细化
不涉及归口审核事项
涉及归口审核事项
审核
形成预算草案
审核
审议
审核
批准
下达预算(1个月)
分解、起草（15个工作日）
审核
下达各单位预算
结束

图 3-1

程序	节点	流程说明	节点	流程说明	节点	流程说明
一上	A1	局预算编审办公室根据财政部门预算编制的要求，提出年度预算编制方案	A2	局预算编审办公室部署全局预算申报工作	C2	各单位(部门)根据编制要求及下一年度工作安排，提出年度预算需求
	B3	涉及归口事项的，需先提交归口统筹单位(部门)审核	A3	局预算编审办公室对各单位(部门)申报材料进行审核	A4	经综合平衡后，汇编形成全局“一上”预算草案
	D4	局分管财审处领导审核	E4	局长办公会议审议	F4	财政部门审核
一下	F5	财政部门下达预算控制数	A5	局预算编审办公室提出年度预算控制数分解方案	D6	局分管财审处领导审核
	A7	下达各预算单位的预算控制数				
二上	C8	各单位(部门)依照“一下”预算控制数，对“一上”预算进行调整、细化	B9	涉及归口审核事项的，需先提交归口统筹单位(部门)审核	A9	经局预算编审办公室综合平衡，汇编形成全局“二上”预算草案送审稿
	D10	局分管财审处领导审核	E10	局长办公会议审议	F10	财政部门审核
	G10	由市人大审议通过				
二下	F11	财政部门在1个月内批复下达我局	A11	局预算编审办公室在15个工作日内，分解并起草年度预算批复文件	D12	局分管财审处领导审核
	A12	局预算编审办公室批复下达各单位(部门)执行				

注：各环节通过纸质材料及电子文档一并进行流转。

图3-1　深圳市预算编制流程图

第4章 交通运输全面预算管理工作总流程

预算管理工作总流程主要包括预算申报、预算审核上报、预算批复下达、预算执行分析、预算调整、预算档案管理、预算管理考核等七大流程，体现了“事前规划”“事中调整”“事后记录”的预算管理过程。

1. 预算申报

预算编制是交通预算委员会预算管理活动的起点，各预算单位应按预算编审办公室的部署和要求，依据本单位行政管理职责及工作规划，合理安排本单位业务活动，提出预算建议数，并填报基础数据资料，提交预算编审办公室。

预算编制的作用：

(1)加强计划管理，通过预算编制活动，各单位提前规划下一年度的工作安排。

(2)提供基础数据，通过各单位提交预算建议数及基础数据资料，有助于交通预算委员会预算管理部门掌握各单位的实际情况，为预算后续审核及批复提供依据。

2. 预算审核上报

预算审核是指由预算编审办公室对各单位提交的预算建议数及基础数据资料进行审核，并汇总形成交通预算委员会整体预算建议数的过程。

预算审核的作用：

(1)通过预算审核，可保证各单位提交预算建议数及基础数据资料真实、准确，并且符合交通预算委员会预算编制的要求。

(2)通过预算审核，可以预算管理部门掌握各单位业务活动的信息，为后续预算管理活动奠定基础。

3. 预算批复下达

预算批复是指在财政控制数的基础上，结合交通预算委员会实际业务特点，按照内部预算批复规则，进行预算批复，实现事权和财权的合理匹配。

4. 预算执行分析

预算执行分析是指按月统计月度预算执行分析报告，内容包括预算执行总体情况和预算执行分项情况。

预算执行总体情况包括预算支出完成率和采购项目完成率；预算执行分项情况包括一般性经费、专项资金(含交通专项资金、路隧专项资金、物流产业专项资金、循环经济与节能减排专项资金)、政府性基金(港口建设费分成资金、国土基金交通前期费)和政府投资项目的预算支出完成率及采购项目完成率。

5. 预算调整

预算一经批复,各单位须严格执行,非经规定的追加调整程序不得调整。对于无预算事项或超预算事项原则上不得执行;对于确需执行的,须按规定的追加调整流程,审核批准后方可执行;对于跨类项目,不允许调剂,而同类项目间可以调剂,须按规定的追加调整流程,审核批准后方可执行;对于预算准备金,各单位不得直接使用,必须按规定的追加调整程序,经过审核批准后,方可以使用。

6. 预算档案管理

设置“预算档案管理岗”,负责信息收集、文件录入、数据管理、定期更新,以保障电子文件的真实性、完整性、有效性和安全性。

7. 预算管理考核

预算管理考核在每年一季度进行,对上一年度预算管理项目进行考核。按照预算管理总体流程设置考核一级指标,包括预算申报、预算审核上报、预算批复下达、预算执行分析、预算追加调整、预算档案管理等。

第5章 中期财政规划编制

第5.1节 财务主管部门关于编报三年中期财政规划的要求

各单位应认真研究并编制中期财政规划,以重大项目为突破口,重点放在“新增项目”申报和“到期项目”清理上,对现有专项资金、专项经费及大额资金项目,以项目清单方式由各主管单位责任编报。进一步强化中期财政规划对年度预算的约束作用,未列入三年支出规划的项目原则上不得纳入当年预算安排。本单位规划期内主要工作应与三年支出规划紧密衔接,规划期内需财政资金保障的重点支出和重大项目需全部反映在支出规划中,切实推动各项工作早启动、早谋划、早安排。

5.1.1 编报内容及步骤

三年中期财政规划应分步完成:

(1)申报规划期内新增项目和实行清单式管理的专项资金(经费)规模。各单位需要结合本单位工作计划,将规划期内除经常性项目外所有需财政资金保障的新增项目进行申报,主要是填报“三年中期财政规划新增项目表”和“三年中期财政规划专项资金(经费)情况表”。

(2)报送中期财政规划报告及报表。在完成规划期内新增项目和实行清单式管理的专项资金(经费)规模申报后,结合各单位当年“一下”控制数中基本支出和存量项目(A类项目)安排情况,汇总生成一般公共预算部门中期财政规划报表。

(3)其他事项。政府性基金预算三年中期财政规划内容由各主管部门负责编制,按规定格式上报。各部门结合一般公共预算部门中期财政规划报表、政府性基金预算三年中期财政规划内容报送本部门中期财政规划报告。

5.1.2 编报方式及时间安排

(1)“三年中期财政规划新增项目表”和“三年中期财政规划专项资金(经费)情况表”通过“金财系统”填报。

(2)政府性基金预算三年中期财政规划以线下方式填报,政府投资项目三年中期财政规划以地方发展和改革委计划报表为准。

(3)部门中期财政规划报告文本格式由财务主管部门印发,各单位按照格式及时间要求完成本单位部门中期财政规划报告的报送工作。

5.1.3 填报注意事项

1)三年中期财政规划新增项目表

(1)该表为一般公共预算的新增项目部分,包含部门履职的一般性项目和落实地方政府重大战略发展规划资金项目,已在项目库中列入专项资金(经费)模块施行清单化管理的项目不在此表反映,此表不包含政府投资、政府性基金项目。

(2)当年预算数为财政"一下"审核通过的项目数,应与年度预算保持一致,未审核通过的项目不得填报三年中期财政规划数据。

(3)如属后两年新增项目,不在当年预算数中填报。

(4)所填资金需求不包含基本支出内容。如项目属常年开展,则在"是否一次性"选择"否";如为当年一次性项目或阶段性跨年一次性项目,则均选择"是"。

2)三年中期财政规划专项资金(经费)情况表

(1)该表所列项目取自当年项目库专项资金(经费)模块,若规划期内为落实地方政府重大战略发展规划资金项目不在此范围,则在"三年中期财政规划新增项目表"填报。

(2)所填内容按清单管理,不得擅自删减或增加专项资金(经费)条目。

(3)主管部门负责填报所管理资金的全部规模(含已分配到使用单位部分),当年数据须与当年部门预算"一下"审核数保持一致。

(4)上、下年资金规模变化幅度超过20%以上的,须填列增减变化原因。

5.1.4 附件

附件5-1:深圳市三年中期财政规划新增项目表(表5-1)。

附件5-2:深圳市三年中期财政规划专项资金(经费)情况表(表5-2)。

附件5-3:深圳市三年地方政府性基金收支规划表(表5-3)。

附件 5-1：

深圳市三年中期财政规划新增项目表

表 5-1

单位名称：　　　　　　　　　　　　　　　　　　　　　　　　　　　　单位：万元

预算单位	项目名称	主要内容及政策依据	科目编码（功能科目至项级）	科目名称（功能科目编列至项级）	是否一次性	合计	当年预算数	第二年规划数	第三年规划数
市交通运输部门									

注：1. 所有数据取整。

2. 该表为一般公共预算的新增项目部分，包含部门履职的一般性项目和落实地方政府重大战略发展规划资金项目，已在项目库中列入专项资金（经费）模块施行清单化管理的项目不在此表反映，此表不包含政府投资、政府性基金项目。

3. 当年预算数为财政“一下”审核通过的项目数，未审核通过的项目不得填报三年数据。

4. 如属下两年新增项目，当年预算数不填报。

5. 所填资金需求不包含基本支出内容。如果项目属常年开展，则在“是否一次性”选择“否”；如果项目为当年一次性项目或阶段性跨年一次性项目，则均选择“是”。

附件 5-2：

深圳市三年中期财政规划专项资金（经费）情况表

表 5-2

单位：万元

序号	专项资金（经费）名称	主管部门	对口财政部门管理处	功能科目编码（项级）	功能科目名称（项级）	合计	当年预算数	第二年规划数	第三年规划数	上、下年增减变化原因
1	促进科技发展资金									
2	大气环境质量提升补贴专项									
3	高层次人才专项资金									
4	工程院院士基地									
5	经济贸易和信息化发展专项资金（农业发展领域）									
6	经济贸易和信息化发展专项资金（对口帮扶）									
7	经济贸易和信息化发展专项资金（工信发展领域）									
8	经济贸易和信息化发展专项资金（商贸发展领域）									
9	经济贸易和信息化发展专项资金（商贸发展领域-公平贸易署）									
10	经济贸易和信息化发展专项资金（工信发展领域-中小署）									
11	文化创意产业									
12	中央引导地方科技发展专项资金									
13	安全生产专项经费									
14	博士后资助									
15	保障性住房专项资金									
16	环卫处餐厨垃圾清运处置									

续上表

序号	专项资金(经费)名称	主管部门	对口财政部门管理处	功能科目编码(项级)	功能科目名称(项级)	合计	当年预算数	第二年规划数	第三年规划数	上、下年增减变化原因
17	产业发展与创新人才奖									
18	路灯电费									
19	残疾人就业保障金									
20	促进科技创新资金									
21	创客专项资金									
22	创客基金									
23	城市公共安全专项资金									
24	地面坍塌防治项目经费(其中的应急预防项目)									
25	高新技术重大项目									
26	国家重大科技计划项目地方配套资金									
27	环保专项资金									
28	环境科研课题资金									
29	海域使用金									
30	绿色低碳									
31	金融业发展专项资金									
32	节水专项资金									
33	交通专项									
34	就业专项资金									
35	教育费附加									
36	城镇居民基本医疗保险补助资金									
37	见义勇为专项资金									

续上表

序号	专项资金(经费)名称	主管部门	对口财政部门管理处	功能科目编码(项级)	功能科目名称(项级)	合计	当年预算数	第二年规划数	第三年规划数	上、下年增减变化原因
38	军转干部职务补贴和生活困难补助、过节费、体检费									
39	建筑节能发展资金									
40	军转随军家属安置补贴									
41	科技研发资金									
42	科学奖励									
43	留学人员创业前期费用补贴资金									
44	路隧专项									
45	民办技工教育发展专项									
46	企业早期退休人员专项补助资金									
47	人才安居工程经费(领军人才部分)									
48	燃气特许经营权使用费									
49	新引进人才租房补贴									
50	行政事业单位离退休经费									
51	三代手续费									
52	生态公益林补偿经费									
53	机关事业单位家属统筹医疗费用									
54	医疗补助资金									
55	事业单位转企退休人员计提费用									
56	水务发展专项资金									
57	战略性新兴产业(生物医药)									
58	城镇居民社会养老保险专项补助资金									
59	体育发展专项资金									

续上表

序号	专项资金(经费)名称	主管部门	对口财政部门管理处	功能科目编码(项级)	功能科目名称(项级)	合计	当年预算数	第二年规划数	第三年规划数	上、下年增减变化原因
60	拓展海外市场发展专项资金									
61	战略性新兴产业(文化创意)									
62	无主管部门离退休经费									
63	战略性新兴产业(新材料)									
64	循环经济									
65	新能源汽车发展									
66	现代物流业发展专项资金									
67	引进国境外技术人才项目配套资金									
68	院士基地资助经费									
69	总部经济发展									
70	再担保平台风险补偿资金									
71	住房公积金支出(住房货币化改革经费)									
72	转企事业单位补缴企业年金									
73	知识产权专项资金									
74	自主择业军转干部经费									
75	打造深圳标准专项资金									
76	深圳超算中心资助资金									
77	深圳报业集团、广电集团财政补贴									
总计										

注:1. 所有数据取整。

2. 该表所列项目取自×年项目库专项资金(经费)模块,若规划期内为落实地方政府重大战略发展规划资金项目不在此范围,则在表一填报。

3. 所填内容按清单管理,不得擅自删减或增加专项资金(经费)条目。

4. 主管部门负责填报所管理资金的全部规模(含已分配到使用单位部分),当年数据须与当年部门预算"一下"审核数保持一致。

5. 上、下年资金规模变化幅度超过20%以上的,须填列增减变化原因。

附件 5-3：

深圳市三年地方政府性基金收支规划表

表 5-3

单位名称：　　　　　　　　　　　　　　　　　　单位：万元

收入					支出				
项目	上年	当年	第二年	第三年	项目	上年	当年	第二年	第三年
	预计执行数	预算数	规划数	规划数		预计执行数	预算数	规划数	规划数
一、地方政府性基金收入					一、地方政府性基金支出				
小型水库移民扶持基金收入					小型水库移民扶持基金支出				
大、中型水库库区基金收入					国有土地出让收入安排的支出				
国有土地使用权出让金收入					新增建设用地有偿使用费安排的支出				
新增建设用地有偿使用费收入					水上保持补偿费支出				
南水北调地方配套工程基金收入					大、中型水库水库库区基金支出				
车辆通行费收入					南水北调地方配套工程基金支出				
彩票公益金收入					车辆通行费安排的支出				
无线电频率占用费收入					无线电频率占用费安排的支出				
水土保持补偿费收入					彩票公益金安排的支出				
彩票发行销售机构业务费收入					彩票发行销售机构业务费安排的支出				
……					……				
二、中央专项转移支付补助收入					二、对相关区政府性基金补助支出				
三、相关区政府性基金上解收入					三、调出资金				
四、地方政府专项债务收入					四、地方政府专项债务还本支出				

续上表

收入					支出				
项目	上年	当年	第二年	第三年	项目	上年	当年	第二年	第三年
	预计执行数	预算数	规划数	规划数		预计执行数	预算数	规划数	规划数
五、上年结余收入					五、年终结余				
六、调入资金									
收入总计					支出总计				

注:1. 仅政府性基金主管单位填报。

2. 所有数据取整。

3. 字体统一为“宋体”、10 号字。(正式上报时请删除下划线内容)

第5.2节　交通运输部门关于三年中期财政规划编制工作的要求

5.2.1　编制范围

其与当年预算编制一致,包括一般性经费、专项资金、政府性基金和政府投资项目计划。

5.2.2　预算和财政规划编制主体及分工

其与当年预算编制一致。

5.2.3　工作安排

三年支出规划应与当年预算同步编报:

(1)一般性经费(不含公交补贴、出租车油补)。

各单位(部门)将本单位(部门)新增项目预算报送财务主管部门;涉及归口统筹项目预算的,由归口统筹单位(部门)汇审后报送。

(2)专项资金、政府性基金、公交补贴、出租车油补。

各单位(部门)将本单位(部门)项目支出明细预算报送财务主管部门;涉及归口统筹项目预算的,由归口统筹单位(部门)汇审后报送。

(3)涉及政府投资项目预算,按照职责分工,由建设管理部门按照发展改革委相关工作要求统筹编制。

5.2.4　编制要求

单位三年支出规划内容应与综合交通规划、各专项规划以及本单位规划期内的主要工作有机衔接,规划期内需财政资金保障的重点支出和重大项目应全部反映在三年支出规划中,未列入三年支出规划的项目原则上不予纳入当年预算安排。

5.2.5　附件

附件5-4:三年一般性经费预算项目支出申报表(表5-4)。

附件5-5:深圳市三年港建费分成资金预算总表(表5-5)。

附件5-6:三年交通运输专项资金预算总表(表5-6)。

附件 5-4：

三年一般性经费预算项目支出申报表

表 5-4

单位：万元

部门名称（盖章）：

序号	项目名称	申报依据	本年度预算					费用测算	第二年支出预算	第三年支出预算
			政府采购预算		非政府采购预算	合计				
			招标规模（虚拟指标）（A）	年度支出预算（B）	年度支出预算（C）	年度总预算（A+C）	年度支出预算（B+C）			
1										
2										
3										
4										
5										
6										
合计										

制表人：　　　　制表时间：

附件 5-5：

深圳市三年港建费分成资金预算总表

表 5-5

单位：万元

项目名称	上年批复金额	年度预算					第二年支出预算	第三年支出预算	实施背景及依据	费用组成	是否增量项目	备注
		政府采购预算		非政府采购预算	合计							
		招标规模（虚拟指标）（A）	年度支出预算（B）	年度支出预算（C）	年度总预算（A+C）	年度支出预算（B+C）						
一、深圳港铜鼓航道及西部港区公共航道疏浚维护经费												
二、深圳港铜鼓航道及西部港区公共航道管理费												
三、盐田港区公共航道拓宽疏浚经费												
四、内伶仃洋雷达站维护管理费												
……												
六、待支付以前年度采购项目												
合计												

制表人：　　　　制表时间：

附件 5-6：

三年交通运输专项资金预算总表

表 5-6

编制单位：　　　　　　　　　　单位：万元

序号	类　别	资助项目	上年批复数	当年支出预算	第二年支出预算	第三年支出预算	备　注
一	现代物流业领域						
(一)	物流业子项						
		小计					
(二)	航空业子项						
		小计					
(三)	港航业子项						
		小计					
现代物流业领域合计							
二	港口建设领域						
(一)	深圳市港口岸电设施建设、船舶岸电受电设施改造						
		小计					
(二)	新增天然气、电力等清洁能源动力船舶						
		小计					
(三)	船舶安装使用尾气净化设施						
		小计					

续上表

序号	类　别	资 助 项 目	上年批复数	当年支出预算	第二年支出预算	第三年支出预算	备　注
（四）	船舶安装使用排气污染物在线监测设备						
		小计					
（五）	新增电动堆高机、电动拖车						
		小计					
（六）	船舶进入沿海排放控制区使用低硫燃油						
		小计					
港口建设领域合计							
总计（一、二）							

制表人：　　　　　　　　　　　　制表时间：

第6章 交通运输预算编制审核

第6.1节 全面预算管理的编制程序及编制内容

6.1.1 全面预算管理的编制程序

全面预算管理的编制程序如下:

(1)战略提报。

编制集团公司管理总部向董事会提交战略规划书,提报董事会审核确定。

(2)确定目标。

编制集团公司董事会审批确定公司中、长期发展战略,各公司负责人确定各自经营目标,并向董事会提报下一年度预算目标。

(3)下达目标。

编制集团公司全面预算管理委员会根据董事会确定的战略目标和经营目标,下达各预算主体的预算目标和编制政策。

(4)编制上报。

编制集团公司全面预算管理委员会下达下年度预算目标,各预算主体结合实际情况进行预算执行情况分析,研究预算总目标和编制政策;分析影响预算各种因素;提出预算目标及确定依据,并编制各自预算;上报预算方案。

(5)审查平衡。

编制集团公司预算监管部分析、审查、汇总、平衡各部门预算,提出调整建议;组织召开预算评审会议,由全面预算管理委员会讨论、修改预算方案,然后汇总上报。

(6)审议批准。

全面预算管理委员会审核通过的年度预算,上报编制集团公司董事会审议批准。

(7)下达执行。

编制集团公司预算监管部接受全面预算管理委员会的通知,将集团公司董事会审核通过的年度预算下达各预算主体,严格按预算考核指标执行。

6.1.2 全面预算管理的编制内容

全面预算管理的编制内容包括:

（1）全面预算管理的编制流程（图 6-1）。

图 6-1　全面预算管理的编制流程

（2）年度计划与预算的管理体系框架（图 6-2）。

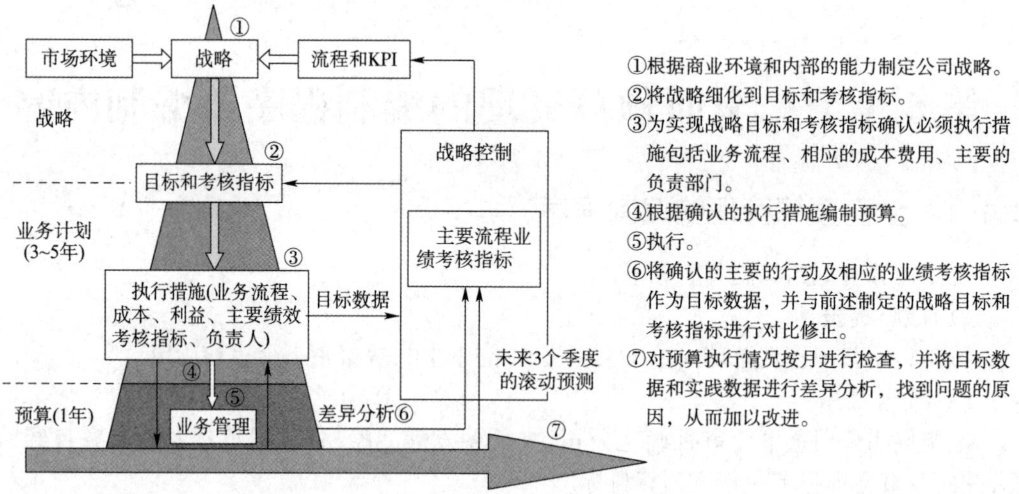

图 6-2　年度计划与预算的管理体系框架

（3）全面预算管理的编制时间表（图 6-3）。

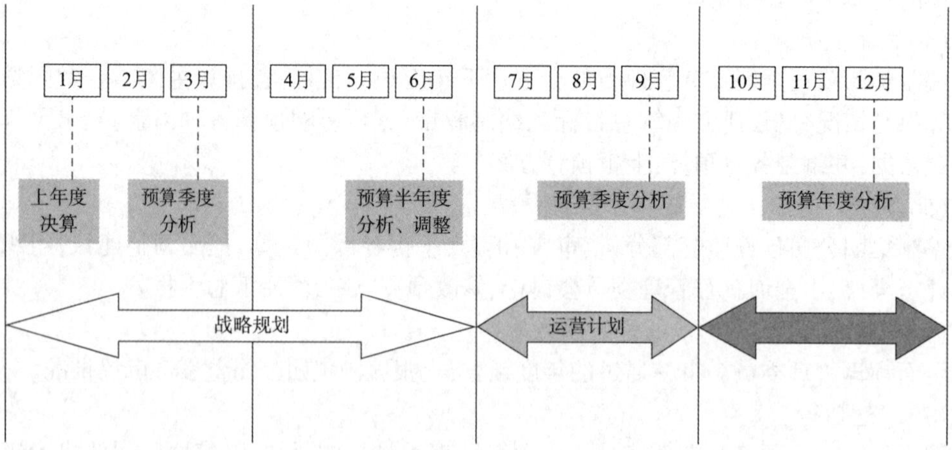

图 6-3　全面预算管理的编制时间表

（4）全面预算管理的编制过程（图 6-4）。

（5）全面预算管理的制定步骤（图 6-5）。

（6）年度全面预算管理的编制流程表（图 6-6）。

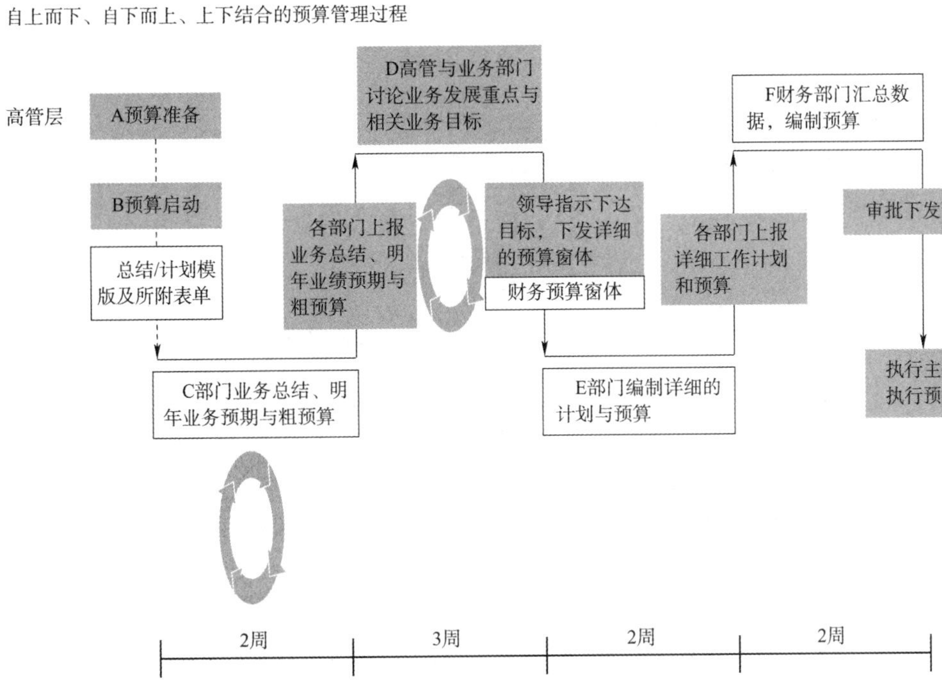

图 6-4　全面预算管理的编制过程

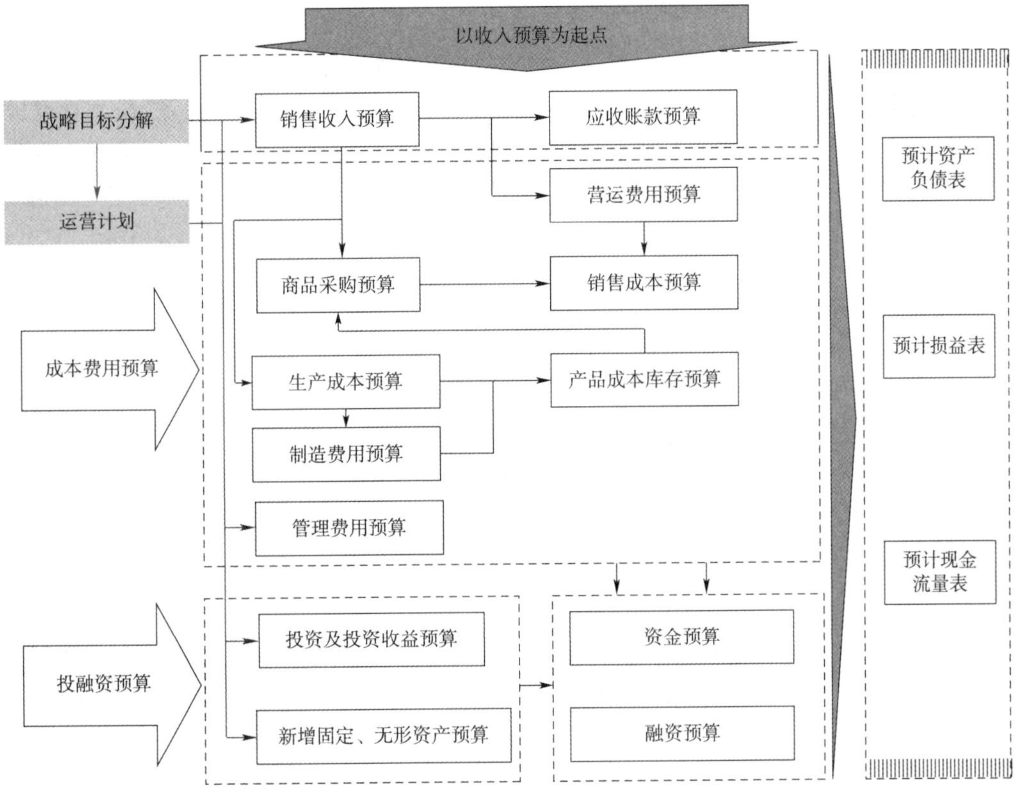

图 6-5　全面预算管理的制定步骤

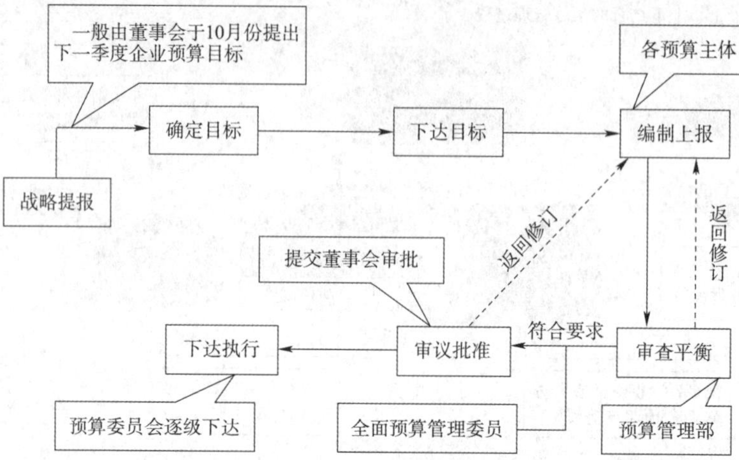

图6-6　年度全面预算管理的编制流程表

注：经修订与评审的预算，最终由编制集团公司董事会批准，集团公司全面预算管理委员会主任将审批意见知会集团公司预算监管部，由集团公司预算监管部下达各公司，并将全面预算存档。

第6.2节　全面预算管理的编制方法和科目设定

6.2.1　全面预算管理的编制方法

全面预算管理通常以企业目标利润为预算目标，以销售前景为编制基础，综合考虑市场和企业生产营销等因素，按照目标明确的原则，由企业最高权力机构或专门的预算管理机构讨论通过的企业未来一定时期的财务目标说明以及经济责任的约束依据。为了适应企业的管理，公司在编制全面预算的过程中按收付实现制的原则进行编制。编制方法有增量法、零基法、比率法、比重法、定额法、标准法、滚动预算法等，一般公司都选用综合的编制方法。

1）增量法

增量法是指以基期成本费用水平为基础，结合预算期业务量水平及有关降低成本的措施，通过调整有关费用项目而编制预算的方法。增量法以过去的费用发生水平为基础，主张不需在预算内容上做较大的调整。其基本计算公式如下：

$$\text{本期预算指标} = \text{基期该指标实际数} \times (1 \pm X\%) \tag{6-1}$$

2）零基法

零基法是指在编制预算时，对预算支出均以零为基础，从实际需要与可能出发，逐项审核各项费用开支的必要性、合理性及数额大小，从而确定预算的方法。

3）比率法

比率法是指按照预算期某项指标（如销售收入）的一定比率计算预算指标。比率法适用于变动费用预算的编制。其基本计算公式如下：

$$\text{本期预算指标} = \text{预算期某项指标} \times X\% \tag{6-2}$$

4）比重法

比重法是指按预算期某个项目指标占该项指标总额的比重计算预算指标。其基本计算公式如下：

本期某项目预算指标 = 预算期该项指标总额 × 某个项目指标占该项指标总额的比重 (6-3)

5)定额法

定额法是指按预算期某项业务量和核定的单位业务量消耗定额计算预算指标。其基本计算公式如下：

本期预算指标 = 预算期某项业务量 × 单位业务量消耗定额 (6-4)

6)标准法

标准法是指按预算期国家或企业有关规定的标准计算预算指标。

7)滚动预算法

滚动预算法是指为了使预算期始终保持一个固定的期间而连续进行预算编制的方法。滚动预算法可以保持预算管理的连续性和完整性。其特点是：每过去一个期间（年度或季度或月份便及时补充一个期间的预算），滚动预算是对定期预算的改进。

6.2.2 全面预算管理的科目设定

1)核心指标的设定

全面预算管理的核心指标是依据企业战略和发展规划制定的企业业务年度量化目标，企业预算年度的工作必须为完成核心指标而努力。财务预算体系中的核心指标分为静态指标和动态指标。静态指标有以下两类，共 8 个：第一类是财务指标，共 5 个，包括销售额、投资额、利润额、销售利润率和投资利润率；第二类是管理指标，共 3 个，包括费用额、销售率和费用利润率。动态指标有现金净流量增加额。

2)预算科目的设定

预算科目是核心指标的分解计算指标，各科目的归集按照收付实现制执行。

预算科目是企业对未来需要完成的经济事项的具体内容进行分类核算和管理的项目。预算管理涉及企业经营活动的各方面信息，通过预算科目进行层层归集和汇总，用于计算核心指标，并与计划目标进行比照，实施控制。按照会计信息归集的程度，预算科目可划分为一级、二级、三级、四级科目，各公司也可按项目实际需要增设下一级预算科目。其中，一级科目是指我们提供的标准预算表中第三列的项目，包括经营收入、经营成本、管理费用、销售费用、财务费用、各项税金、投资、筹资等科目。二级科目是指标准预算表中第四列的各项目，经过汇总可计算出一级科目的数值，基本上是按照公司的具体子项进行归集。

第 6.3 节 预算编制文件构成

预算编制文件由封面和目录、预算编制说明、预算表格以及相关依据文件构成。

6.3.1 封面和目录

预算编制文件的封面包括编制单位（部门）名称、资金类型及编制年度、单位（部门）负责人、分管领导、经办部门、经办人、报送日期等信息。封面格式如图 6-7 所示。

预算编制文件的目录应按照先总后分,先编制说明后预算编制表格的顺序编列。目录格式如图 6-8 所示。

6.3.2 预算编制说明

预算编制完成后,应按规定格式撰写预算编制说明,文字内容力求简明扼要。预算编制说明应包括单位(部门)整体编制说明和分项编制说明。按资金类型,属于较大项目、重大支出项目以及需重点说明的年单位(部门)整体预算编制总体说明模板如图 6-9 所示,分项预算编制说明(提纲)如图 6-10 所示。

6.3.3 预算表格

预算表格由汇总表、明细表、信息表、各项基础数据表构成。

6.3.4 相关依据材料

相关依据材料包括国家省市政策性文件,地方政府批件、会议纪要,决策会议纪要及相关领导批示等预算编制依据材料。

年交通运输部门预算编报文件

编制单位(部门):

报送时间:

单位(部门)主要负责人:

分管领导:

经办部门负责人:

经　办　人:

联系电话:

图6-7　封面格式

目　　录

一、预算编制说明

二、基础数据表

（一）人员信息表

（二）车辆信息表

（三）物业信息表

（四）道路桥梁设施信息表

（五）交通场站（枢纽）信息表

……

三、预算表格

（一）总表

（二）明细表

（三）测算表

……

图6-8　目录格式

年单位(部门)整体预算编制说明(模板)

根据《中华人民共和国预算法》等法律法规的规定,按照________年预算编制指导思想和原则,结合本单位(部门)________年工作实际,编制本单位(部门)预算草案。

第一部分　单位(部门)基本概况

一、单位(部门)主要职责

根据________文件规定,主要职责是:____。

二、单位(部门)________年主要工作任务

年主要工作任务是:____。

三、单位(部门)机构设置和人员情况

本单位(部门)本年度机构和人员见下表。

本单位(部门)本年度机构和人员　　单位:人

项　　目	合　　计	行 政 单 位	纳入预算管理的事业单位		编外聘用人员
			财政核拨	经费自给	
编制数					
在职人数					
其中:在岗人数					
离退休人数					
其中:离休人数					
退休人数					

图　6-9

第二部分　以前年度预算执行情况

一、上一年度预算执行情况

二、本年度预算执行情况

第三部分　单位(部门)预算安排情况及增减变化情况

一、总体情况

预算总体安排情况,重点说明与上年对比增减情况。

二、分项情况

(一)一般性经费安排情况

预算安排情况,与上年对比增减情况。

(二)专项资金安排情况

预算安排情况,与上年对比增减情况。

(三)政府性基金安排情况

预算安排情况,与上年对比增减情况。

三、其他需重点说明的事项

图6-9　年单位(部门)整体预算编制总体说明(模板)

分项预算编制说明(提纲)

一、基本情况

分项预算编制说明的基本情况包括预算安排的背景及依据等。

二、工作方案

分项预算编制说明的工作方案包含工作目标、工作内容、工作开展计划等。

三、预算安排情况

分项预算编制说明的预算安排情况包括预算的测算情况等。

四、绩效目标

(略)

图6-10　分项预算编制说明(提纲)

第6.4节　分资金类型预算编制及表格

6.4.1　一般性经费的预算编制

1. 预算编制范围

一般性经费包括部门预算、引航费、公交财政补贴、出租车油补、政府回购高速公路资金、道路品质提升专项经费、养路费结余资金、成品油消费税增长性返还资金等。交通专项资金、路隧专项资金涉及的预算事项纳入一般性经费预算编制。

2. 编制主体及分工

按照《中华人民共和国预算法》有关规定,预算编制主体为资金支配使用的单位,实行"谁支配使用谁编制预算,按业务职责分工归口管理"的预算编制规则。

各单位(部门)按照机构改革后的职能分工及年度工作安排,负责编制本单位(部门)经费预算并提交财务主管部门。涉及归口统筹事项,报送相关归口统筹单位(部门)汇审后提交财务主管部门。各归口统筹单位(部门)应制定本板块预算编报方案,组织相关单位(部门)及时开展预算编报工作。具体分工表见表6-1。

具体分工表　表6-1

序号	预算项目名称	归口统筹单位(部门)	编制单位(部门)
1	物业管理费、物业修缮费	办公主管部门	相关单位(部门)
2	全局性职工培训费、出国(境)经费	人事主管部门	相关单位(部门)
3	智能信息化运维项目经费预算	信息主管部门	相关单位(部门)
4	政府回购高速公路预算	建筑管理部门	相关单位(部门)
5	路隧改革相关经费预算	路政管理部门	相关单位(部门)
6	公交补贴、出租车油补	公共交通管理部门	公共交通管理部门
7	公交停靠站、公交车停车泊位及排队换乘标志标线维护经费预算	公共交通管理部门	地方管理局
8	机场、口岸的士站管理经费预算	公共交通管理部门	地方管理局等相关单位
9	春运临时雨棚建设预算、出租车行业管理费预算、出租车应急维稳经费预算	公共交通管理部门	相关单位(部门)
10	道路管养经费预算	交通设施管理部门	地方管理局
11	交通安全设施维护经费预算	交通设施管理部门	地方管理局
12	道路品质提升专项经费预算	交通设施管理部门	地方管理局
13	交通综合枢纽及公交场站维护经费预算	交通设施管理部门	交通设施管理部门
14	的士充电站运营管理经费预算	交通设施管理部门	交通设施管理部门
15	交通规划及课题研究项目预算	实行"二上二下、按需申报、分板块汇审、综合平衡、第三方评审费用"预算编报模式。具体按地方关于报送当年规划及课题研究项目预算的相关通知执行	

3. 编制方法及内容

1）部门预算

（1）部门预算支出方向。

部门预算支出分为人员支出、公用支出和项目支出。其中，人员支出包括在编人员工资、离退休人员经费及计生奖等支出；公用支出包括公用定额、公务接待费、福利费、工会经费、公务交通补贴、车改保留车辆交通费、物业管理费以及水电费支出；项目支出包括道路养护、交通安全设施、公交专用道、交通运输执法、智能信息化运维、规划及课题研究和综合交通运输管理等支出。

（2）二级预算单位编制模式。

①单位人员支出及定额公用支出根据人员情况和标准据实编报。

②非定额公用支出根据单位物业和水电费开支情况测算编报，并参照上年预算安排数，对于超出部分由单位项目支出弥补，节约部分补充单位项目支出。

③项目支出采用“基数＋增减因素”的管理模式，单位或业务板块上年预算基数扣减一次性因素后得到存量盘子，各单位或业务板块存量盘子数，根据财务主管部门下达的全局存量盘子数进行分配并下达至对应单位或归口处室。

纳入存量盘子的项目称为存量项目（存量盘子不得突破），存量盘子外的项目称为增量项目（需满足新增条件方可安排）。存量项目和增量项目均需通过财务主管部门项目库系统编报，在系统内对应的项目属性分别为“上年延续”和“新增项目”。

④待支付以前年度采购项目编制要点：

a. 往年政府采购项目，不含往年非政府采购项目未支付款项。非政府采购项目预算原则上应在年度内完成支付，确实无法完成支付的，在下一年度单位存量盘子中消化，即占用单位的存量盘子。

b. 编制的金额为×年需支付的款项。

c. 要求细化到单位和具体项目，没细化到具体项目的一律不予安排。

（3）地方机关预算编制模式及分工。

地方机关预算分为行政经费预算和专项业务经费预算。

①地方机关行政经费预算由办公主管部门负责，主要包括工作人员经费、离退休人员经费、办公费、物业管理费、物业修缮费、水电费、宣传费、印刷费、会议费、接待费、差旅费、交通费、书刊费和刊物编纂费等。上述经费中包括单位（部门）宣传、印刷、会议、接待、差旅、简报制作等事项涉及的预算。

具体项目编制模式与二级预算单位一致。

②地方机关专项业务经费预算由财务主管部门负责，主要是指除行政经费之外的专项业务项目预算。对于年度延续合同项目和待支付以前年度采购项目，由各单位（部门）向财务主管部门申报并纳入财政项目库编报。

2）引航费

（1）预算执行主体为引航站的，其编制模式与部门预算二级单位编制模式一致。

（2）预算执行主体为其他单位的项目支出，按照项目支出编报方法和待支付以前年度采购项目编制要点编制，并报送财务主管部门。

3)其他资金

其他资金主要是编制项目支出和待支付以前年度采购项目,按照项目支出编报方法和待支付以前年度采购项目编制要点编制。

项目支出编报方法如下:

(1)确定项目名称及经济科目。

编制项目支出预算时需按照单位(部门)预算项目结构确定项目名称及对应经济科目。单位要全面、科学地预计×年各类工作事项及工作开展的具体方式,在细化测算各项经费构成的基础上不断提高编列支出经济科目的准确性。

(2)确定政府采购属性及采购品目,涉及购买服务事项要编报政府购买服务项目表。

①各单位(部门)在编报预算项目时,应根据财政政府集中采购目录相关规定执行,明确项目的采购属性,即是否政府集中采购。

②在编报政府采购预算时,应根据项目的具体实施内容,注意选择正确的政府采购品目。同时,同一项目的不同采购品目在财政项目库系统中应单独编列,采购品目选择错误将导致下达的预算指标无法实施采购。

③涉及政府购买服务事项,在财政项目库要编报“政府购买服务项目表”。其中属于政府采购目录以内或集中采购限额标准以上的政府购买服务项目应同时反映在政府采购预算中。

(3)确定项目总预算及年度支付预算数。

①对于非政府集中采购类项目,原则上项目总预算与支付预算数相等。

②对于政府集中采购类项目,项目总预算(虚拟指标)对应项目采购计划,即单位在×年用于办理项目采购或延续合同的预算规模;项目支付预算数包括对应上年采购计划的支付预算数和对应当年采购计划的支付预算数,分别列为待支付以前年度采购项目结转支付预算和当年项目支付预算。

【例】

某道路养护项目标底价110万元,2018年9月中标,合同起止日期为2018年9月至2019年9月,合同总额100万元,截至2018年12月31日,共支付30万元。假设该项目合同到期后仍需开展。

那么该项目应按照以下方式编制2019年预算:

①由于该项目上年合同到2019年9月到期,因此,2019预算中应包括2019年9月至2020年9月的采购计划(虚拟指标)110万元,用于办理2019年9月至2020年9月项目的采购手续。

②由于上年采购计划对应的合同已完成支付30万元,尚有70万元未完成支付,因此,2019年预算中应包括上年合同在2018年的支付预算,列为“待支付以前年度采购项目”。

③2019年新签订的合同,其合同期限为2019年9月至2020年9月,因此应将2019年9月至12月支付预算数列为当年项目支付预算。同时,应将2020年1月至9月支付预算数列为“待支付以前年度采购项目”项目编入2020年预算。

(4)增量项目的申报条件。

年度新增项目应满足以下条件之一:

①依据人事主管部门文件,因新增职能或机构需增加的经费支出。

②市政府或上级主管部门明确需开展的新增业务事项产生的支出(包含新接养的道路管养经费、交通安全设施维护经费等)。

③因发展需要并经批准增加办公面积、固定资产(设备)涉及的水电物业和资产后续等经费支出。

各单位(部门)申报的新增项目必须符合国家有关规定,以及地方政府和相关主管部门的总体工作部署,具备明确的项目绩效目标、项目实施方案及资金使用计划,并经过充分研究论证。

(5)编制绩效目标表。

编制绩效目标表格时,应做到目标明确、定性定量结合、合理可行。在绩效目标内容设定方面,应包含投入、产出、效益三个方面。

按照地方政府、地方财务主管部门对绩效管理的要求,各预算单位全预算口径纳入绩效管理,各预算单位绩效目标编报按照“谁申请资金,谁编报目标”的原则进行。项目绩效目标表与预算项目申报提交同步进行。

4. 工作安排

当年预算与三年支出规划同步编报,具体时间安排如下:

(1)“一上”数据申报。

①各单位(部门)在金财预算系统中更新维护本单位(部门)截至5月底的人员信息等基础数据,同时将本单位(部门)公务交通补贴、办公物业、水电以及车改后的公务车辆基础数据和经费预算正式发文报送财务主管部门。

②各单位(部门)将本单位(部门)新增项目正式发文报送财务主管部门;涉及归口审核事项的,由归口统筹单位(部门)汇审后报送;新增项目需同步由实施单位(部门)录入财政项目库。

③各单位(部门)按照上年预算批复对存量项目进行全面梳理,并与新增项目同步录入财政项目库。

(2)“一下”数据下达。

财务主管部门下达“一下”控制数,相关单位(部门)对其进行分解下达二级预算单位“一下”控制数。

(3)“二上”数据申报。

各单位(部门)根据控制数细化项目预算,正式发文报送财务主管部门;涉及归口审核事项的,由归口统筹单位(部门)汇审后报送。预算经审定后,各单位(部门)在财政项目库中录入并提交。

5. 工作要求

(1)切实加强重视部门预算编制工作。

预算是各项工作的基础保障,各单位(部门)要切实重视预算工作,注重资源投入,确保预算管理工作有序高效运行。预算管理总体向精细化、科学化和规范化发展,客观上提高了预算管理工作的难度和工作量。

(2)严格执行预算编制规则。

各单位(部门)严格执行预算编制规则,对未按照既定预算规则编制的预算事项,将作出退回处理。

(3)提高项目库入库项目质量。

各预算单位(部门)在财政项目库系统录入时应细化充实项目信息,清晰地反映项目内容,合理测算经费需求。

6. 预算表格

以下预算表格以深圳市预算表格为例。

1)"一上"表

(1)基础数据表。

附件6-1:单位人员基础信息一览表(表6-2)。

附件6-2:单位车辆基础信息一览表(表6-3)。

附件6-3:道路设施情况汇总表(表6-4)。

附件6-4:公交车辆汇总表(表6-5)。

附件6-5:出租车辆汇总表(表6-6)。

(2)部门预算基本支出表。

附件6-6:一般性经费预算基本支出明细表(表6-7)。

附件6-7:公务车辆经费预算表(表6-8)。

附件6-8:公务交通补贴经费预算表(表6-9)。

附件6-9:办公物业经费预算表(表6-10)。

附件6-10:水电经费预算表(表6-11)。

(3)部门预算项目支出表。

附件6-11:部门预算增量项目支出申报表(表6-12)。

附件6-12:×年一般性预算项目预算"一上"数申报表(表6-13)。

附件6-13:待支付以前年度采购项目预算申报表(除道路管养外)(表6-14)。

附件6-14:一般性经费道路管养年度预算支出总表(表6-15)。

附件6-15:一般性经费道路管养项目预算汇总表(表6-16)。

附件6-16:一般性经费道路设施日常养护项目预算表(表6-17)。

附件6-17:一般性经费道路设施养护日常养护管理费预算表(表6-18)。

附件6-18:一般性经费道路设施养护专项管理项目预算表(表6-19)。

附件6-19:一般性经费道路大中修工程预算明细表(表6-20)。

附件6-20:一般性经费道路大中修工程维修工程投资估算表(表6-21)。

附件6-21:一般性经费交通安全设施维护费预算明细表(表6-22)。

附件6-22:一般性经费××项目预算明细表(表6-23)。

附件6-23:一般性经费待支付以前年度采购项目预算申报表(道路管养)(表6-24)。

附件6-24:公交补贴资金预算总表(表6-25)。

附件6-25:出租车油补资金预算总表(表6-26)。

(4)交通专项资金附表。

附件6-26:公交设施基础信息一览表(表6-27)。

附件6-27:综合交通枢纽基础信息一览表(表6-28)。

附件6-28:政府产权公交场站基础信息一览表(表6-29)。
附件6-29:经营服务性枢纽、公交场站收入预算表(表6-30)。
附件6-30:交通专项资金年度预算支出总表(表6-31)。
附件6-31:公交场站维护经费预算明细表(表6-32)。
附件6-32:综合交通枢纽维护经费预算明细表(表6-33)。
附件6-33:的士充电站运营管理经费预算明细表(表6-34)。
附件6-34:公交停靠站设施维护经费预算明细表(表6-35)。
附件6-35:公交停靠站专项改造经费统计总表(表6-36)。
附件6-36:公交停靠站专项改造经费明细表(表6-37)。
附件6-37:机场、枢纽、口岸的士站管理经费统计总表(表6-38)。
附件6-38:机场、枢纽、口岸的士站管理经费预算明细表(表6-39)。
附件6-39:交通专项资金××项目预算明细表(表6-40)。
附件6-40:交通专项资金待支付以前年度采购项目预算申报表(表6-41)。
附件6-41:交通场站(枢纽)维护费预算支出总表(表6-42)。
附件6-42:综合交通枢纽运营管理费用测算表(表6-43)。
附件6-43:政府产权公交场站运营管理费用测算表(表6-44)。
附件6-44:公交综合车场运营管理费用测算表(表6-45)。
(5)路隧专项资金附表。
附件6-45:路隧资金管养路段基础信息一览表(表6-46)。
附件6-46:路隧专项资金年度预算支出总表(表6-47)。
附件6-47:路隧专项资金公路隧道管养项目预算汇总表(表6-48)。
附件6-48:路隧专项资金道路设施日常养护项目预算表(表6-49)。
附件6-49:路隧专项资金道路设施养护日常养护管理费预算表(表6-50)。
附件6-50:路隧专项资金道路设施养护专项管理项目预算表(表6-51)。
附件6-51:路隧专项资金道路大中修工程预算明细表(表6-52)。
附件6-52:道路大中修工程维修工程投资估算表(表6-53)。
附件6-53:路隧专项资金交通安全设施维护费预算明细表(表6-54)。
附件6-54:路隧专项资金××项目预算明细表(表6-55)。
附件6-55:路隧专项资金待支付以前年度采购项目预算申报表(表6-56)。
附件6-56:路内停车泊位汇总表(表6-57)。

"一上"表——附件6-1：

单位人员基础信息一览表

表6-2

填报基准日：　　年　月　日

单位名称		合计	单位编制数	在编人员				临聘人员		离退休人员	编外职工	备注
				小计	公务员	职员	雇员	员额人数	实际在岗人数			
合计												
行政单位	地方机关											
	公共交通管理部门											
	交通设施管理部门											
	……											

续上表

单位名称		合计	单位编制数	在编人员				临聘人员		离退休人员	编外职工	备注
				小计	公务员	职员	雇员	员额人数	实际在岗人数			
财政核拨事业单位	建设管理部门											
	质量监督管理部门											
	运行管理部门											
	信息管理部门											
经费自理事业单位	道路交通管理部门											
	引航站											

注:各单位(部门)需填制本单位(部门)信息。

制表人:　　　　制表时间:

“一上”表——附件6-2：

单位车辆基础信息一览表

表6-3

填报基准日：　　年　月　日　　　　单位：辆

单位名称		车辆数		
		合计	定编车辆	非定编车辆
合计				
行政单位	地方机关			
	公共交通管理部门			
	交通设施管理部门			
	……			
财政核拨事业单位	建设管理部门			
	质量监督部门			
	运行管理部门			
	信息管理部门			
经费自理事业单位	道路交通管理部门			
	引航站			

注：各单位(部门)需填制本单位(部门)信息。

制表人：　　　　　　　　　　制表时间：

"一上"表——附件6-3：

道路设施情况汇总表

表6-4

填报基准日：　　年　月　日

序号	单位	道路			桥梁			隧道			挡墙边坡		隔音屏		连廊	自动扶梯（含人行天桥和地下通道）
		数量（条）	长度（km）	面积（万 m^2）	数量（座）	长度（m）	面积（万 m^2）	数量（座）	长度（m）	面积（万 m^2）	数量（处）	面积（万 m^2）	长度（m）	面积（m^2）	面积（m^2）	电梯数量（座）
1	地方管理部门															
2	……															
3																
4																
5																
6																
7																
合计																

注：该表由交通设施管理部门填制。

制表人：　　　　制表时间：

"一上"表——附件6-4：

公交车辆汇总表

表6-5

填报基准日：　　年　月　日

单位：辆

序号	运输企业	柴油车	天然气车	纯电动车	混合动力车	其他
1						
2						
3						
4						
6						
7						
8						
9						
10						
合计						

注：此表由公共交通管理部门填制。

制表人：　　　　　　制表时间：

"一上"表——附件6-5：

出租车辆汇总表

表6-6

填报基准日：　　年　月　日　　　　单位：辆

序号	运输企业名称	车辆数			
		A类型出租车	无障碍出租车	B类型出租车	纯电动出租车
1					
2					
3					
4					
5					
6					
7					
合计					

注：此表由公共交通管理部门填制。

制表人：　　　　制表时间：

"一上"表——附件 6-6：

一般性经费预算基本支出明细表

表 6-7

部门名称(盖章)：

单位:万元

项目一级	项目二级	项目三级	项目四级	年度预算					第二年支出预算	第三年支出预算
				政府采购预算		非政府采购预算	合计			
				招标规模(虚拟指标)(A)	年度支出预算(B)	年度支出预算(C)	年度总预算(A+C)	年度支出预算(B+C)		
基本支出	人员支出	工资福利支出	在编人员工资							
			工资增资预测							
			养老临时补贴							
			在编人员社保							
			在编人员年金							
			住房维修金和物业补贴							
			住房公积金及购房补贴							
	对个人和家庭的补助	对个人和家庭的补助	离退休经费							
			改革性补贴							
			离退休人员综合定额							
			住房维修金和物业补贴							
			生活补助							
			计生奖及其他生活补助							

续上表

项目一级	项目二级	项目三级	项目四级	年度预算					第二年支出预算	第三年支出预算
				政府采购预算		非政府采购预算	合计			
				招标规模（虚拟指标）(A)	年度支出预算（B）	年度支出预算（C）	年度总预算（A+C）	年度支出预算（B+C）		
基本支出	小计									
	公用支出	定额公用支出	综合定额（除公务接待费）							
			公务接待							
			福利费							
			工会经费							
			公务车辆交通费							
			公务交通补贴							
		非定额公用支出	物业管理费							
			水费							
			电费							
	小计									

制表人：　　　　　　　　　　　　制表时间：

"一上"表——附件 6-7：

公务车辆经费预算表

表 6-8

部门名称(盖章)：

单位：万元

公务车辆数	交通费定额	公务车交通费

注：交通费定额按照行政单位和事业单位相关规定执行。

制表人：　　　　制表时间：

"一上"表——附件 6-8：

公务交通补贴经费预算表

表 6-9

填报基准日：　　年　月　日

部门名称(盖章)：

单位：万元

序号	单位名称	主管单位名称	单位性质	正局级	副局级	正处级	副处级	正科级	副科级	科员	办事员	一级执法员	二级执法员	三级执法员	四级执法员	五级执法员	六级执法员	七级执法员	助理执法员	见习执法员	机关老工勤人员	机关雇员	未定级人员	合计
标准																								
小计(每月)																								
合计(×年 1—12 月)																								
共计 12 个月的费用																								

注：此表参公管理人员人数为市直车改单位在职在岗公务员(含参公管理人员)、老工勤人员、雇员，不含机关中使用事业编制人员。

制表人：　　　　制表时间：

“一上”表——附件 6-9：

表 6-10

办公物业经费预算表

部门名称（盖章）：

序号	物业名称（地址）	物业面积（m^2）	×年		下 一 年			增减情况及原因，是否有审批文件等依据
			预算金额（万元）	是否集中采购	预算金额（万元）	是否集中采购	招标单位	
1							填本单位或办公室	
2								
3								
4								
…								
合计								

制表人：　　　　　　制表时间：

“一上”表——附件 6-10：

表 6-11

水电经费预算表

部门名称（盖章）：　　　　　　单位：万元

项目名称	×年		下 一 年	增减情况及原因说明
	年度预算数	1—5 月支出数	年度预算数	
水费				
电费				
合计				

制表人：　　　　　　制表时间：

"一上"表——附件6-11：

部门预算增量项目支出申报表

表6-12

部门名称（盖章）：　　单位：万元

序号	项目名称	申报依据	本年度预算					费用测算	第二年支出预算	第三年支出预算
			政府采购预算		非政府采购预算	合计				
			招标规模（虚拟指标）（A）	年度支出预算（B）	年度支出预算（C）	年度总预算（A+C）	年度支出预算（B+C）			
1										
2										
3										
4										
5										
6										
合计										

制表人：　　制表时间：

"一上"表——附件 6-12：

×年一般性预算项目预算"一上"数申报表

表 6-13

部门名称（盖章）：　　　　　　　　　　单位：万元

功能科目	履职分类（一级）	履职分类（二级）	项目名称		本年度预算					上年预算批复数（对应年度总预算数）	第二年支出预算	第三年支出预算
					政府采购预算		非政府采购预算	合计				
					招标规模（虚拟指标）（A）	年度支出预算（B）	年度支出预算（C）	年度总预算（A+C）	年度支出预算（B+C）			
公路运输管理（2140112）	交通运输综合管理	综合文秘支出	宣传费									
			物业修缮费									
			综合档案管理经费									
			会议费									
			统计工作经费									
			信访工作经费									
			其他综合文秘经费									
		人事党务纪检支出	培训费									
			出国费									
			组织人事工作经费									
			外事工作经费									
			老干部管理工作经费									
			纪检监察工作经费									
			党务工青妇及精神文明建设经费									
			其他人事党务纪检经费									

续上表

功能科目	履职分类（一级）	履职分类（二级）	项目名称		本年度预算					上年预算批复数（对应年度总预算数）	第二年支出预算	第三年支出预算
					政府采购预算		非政府采购预算	合计				
					招标规模（虚拟指标）（A）	年度支出预算（B）	年度支出预算（C）	年度总预算（A＋C）	年度支出预算（B＋C）			
公路运输管理（2140112）	交通运输综合管理	财务审计支出	审计专项经费									
			财务内控业务经费									
			采购管理经费									
			预算管理经费									
			会计辅助业务经费									
			财务档案管理经费									
			其他财审经费									
		综合法律支出	法律顾问费									
			专项法律事务费									
			普法专项经费									
			其他法律经费									
公路养护（2140106）	道路及设施管养	道路设施管养支出	日常养护经费									
			日常养护小修监理经费									
			道路设施检测经费									
			道路设施养护工程管理费									
			大、中修工程建安费									
			大、中修工程其他费									
			大、中修工程预备费									

续上表

功能科目	履职分类（一级）	履职分类（二级）	项 目 名 称		本年度预算					上年预算批复数（对应年度总预算数）	第二年支出预算	第三年支出预算
					政府采购预算		非政府采购预算	合计				
					招标规模（虚拟指标）（A）	年度支出预算（B）	年度支出预算（C）	年度总预算（A+C）	年度支出预算（B+C）			
公路养护（2140106）	道路及设施管养	道路设施管养支出	交通抢险工程费									
			养护预备费									
			其他道路设施管养经费									
		交通安全设施维护支出	交通安全设施养护建安费									
			交通安全设施养护其他费									
			交通安全设施养护预备费									
			公交专用道施划建安费									
			公交专用道施划其他费									
			公交专用道施划预备费									
			其他交通安全设施维护经费									
公路运输管理（2140112）	交通运输执法管理	交通运输执法支出	路政执法管理经费	路政日常巡查费								
				路政宣传费								
				路政执法经费								

续上表

功能科目	履职分类（一级）	履职分类（二级）	项目名称		本年度预算					上年预算批复数（对应年度总预算数）	第二年支出预算	第三年支出预算
					政府采购预算		非政府采购预算	合计				
					招标规模（虚拟指标）（A）	年度支出预算（B）	年度支出预算（C）	年度总预算（A+C）	年度支出预算（B+C）			
公路运输管理（2140112）	交通运输执法管理	交通运输执法支出	路政执法管理经费	公路路产赔偿返还修复经费								
				道路占用挖掘修复费								
				基层管理单元费用								
				派驻路政中队经费								
				交通协查费其他（路政人员）								
				其他路政执法管理经费								
			运政执法管理经费	打击非法营运奖								
				办案费								
				交通运输执法经费								

续上表

功能科目	履职分类（一级）	履职分类（二级）	项目名称		本年度预算					上年预算批复数（对应年度总预算数）	第二年支出预算	第三年支出预算
					政府采购预算		非政府采购预算	合计				
					招标规模（虚拟指标）（A）	年度支出预算（B）	年度支出预算（C）	年度总预算（A+C）	年度支出预算（B+C）			
公路运输管理（2140112）	交通运输执法管理	交通运输执法支出	运政执法管理经费	交通基层单元管理经费								
				派驻执法大队经费								
				执法辅助人员经费								
				交通协查费其他（运政执法人员）								
				其他运政执法管理经费								
			公路治超和联合整治经费	治超专项经费								
				打击非法营运联合整治工作经费								

续上表

功能科目	履职分类（一级）	履职分类（二级）	项目名称		本年度预算					上年预算批复数（对应年度总预算数）	第二年支出预算	第三年支出预算
					政府采购预算		非政府采购预算	合计				
					招标规模（虚拟指标）（A）	年度支出预算（B）	年度支出预算（C）	年度总预算（A+C）	年度支出预算（B+C）			
公路运输管理（2140112）	交通运输执法管理	交通运输执法支出	查扣车停车场管理经费	查扣车停车场管理费								
			执法装备购置及维护经费	交通运输执法装备购置费								
				交通运输执法装备设备维护经费								
			其他交通运输执法经费	其他交通运输执法经费								
交通运输信息化建设（2140109）	交通智能信息化运行管理	交通智能信息化运行管理支出	信息化系统运维体系支撑经费	智能交通日常顾问费								
				信息安全风险评估与等级保护经费								

续上表

<table>
<tr><th rowspan="3">功能科目</th><th rowspan="3">履职分类（一级）</th><th rowspan="3">履职分类（二级）</th><th rowspan="3" colspan="2">项目名称</th><th colspan="5">本年度预算</th><th rowspan="3">上年预算批复数（对应年度总预算数）</th><th rowspan="3">第二年支出预算</th><th rowspan="3">第三年支出预算</th></tr>
<tr><th colspan="2">政府采购预算</th><th>非政府采购预算</th><th colspan="2">合计</th></tr>
<tr><th>招标规模（虚拟指标）（A）</th><th>年度支出预算（B）</th><th>年度支出预算（C）</th><th>年度总预算（A+C）</th><th>年度支出预算（B+C）</th></tr>
<tr><td rowspan="7">交通运输信息化建设（2140109）</td><td rowspan="7">交通智能信息化运行管理</td><td rowspan="7">交通智能信息化运行管理支出</td><td rowspan="3">信息化系统运维体系支撑经费</td><td>市交通智能标准化委员会工作经费</td><td></td><td></td><td></td><td></td><td></td><td></td><td></td><td></td></tr>
<tr><td>与交警、城管等部门系统对接经费</td><td></td><td></td><td></td><td></td><td></td><td></td><td></td><td></td></tr>
<tr><td>其他信息化系统维护体系支撑经费</td><td></td><td></td><td></td><td></td><td></td><td></td><td></td><td></td></tr>
<tr><td rowspan="4">信息化系统维护经费</td><td>软件维护经费</td><td></td><td></td><td></td><td></td><td></td><td></td><td></td><td></td></tr>
<tr><td>硬件维护经费</td><td></td><td></td><td></td><td></td><td></td><td></td><td></td><td></td></tr>
<tr><td>网络链路租用费</td><td></td><td></td><td></td><td></td><td></td><td></td><td></td><td></td></tr>
<tr><td>与维护相关的硬件购置费</td><td></td><td></td><td></td><td></td><td></td><td></td><td></td><td></td></tr>
</table>

续上表

功能科目	履职分类（一级）	履职分类（二级）	项目名称		本年度预算					上年预算批复数（对应年度总预算数）	第二年支出预算	第三年支出预算
					政府采购预算		非政府采购预算	合计				
					招标规模（虚拟指标）（A）	年度支出预算（B）	年度支出预算（C）	年度总预算（A+C）	年度支出预算（B+C）			
交通运输信息化建设（2140109）	交通智能信息化运行管理	交通智能信息化运行管理支出	信息化系统维护经费	与维护相关的系统软件购置费								
				其他信息化系统维护经费								
			技术服务购买经费	技术服务购买经费								
			信息化业务管理经费	技术交流经费								
				项目推广经费								
				其他信息化业务管理经费								
			智能交通规划及标准编制经费	智能交通规划及标准编制经费								

续上表

功能科目	履职分类（一级）	履职分类（二级）	项目名称		本年度预算					上年预算批复数（对应年度总预算数）	第二年支出预算	第三年支出预算
					政府采购预算		非政府采购预算	合计				
					招标规模（虚拟指标）（A）	年度支出预算（B）	年度支出预算（C）	年度总预算（A+C）	年度支出预算（B+C）			
交通运输信息化建设（2140109）	交通智能信息化运行管理	交通智能信息化运行管理支出	智能交通平台与项目建设管理经费	智能交通平台与项目建设管理经费								
			深圳港信息化建设管理经费	深圳港信息化建设管理经费								
			综合交通运行监测经费	综合交通运行监测经费								
			智能交通研究应用经费	智能交通研究应用经费								
			数据信息集成管理经费	数据信息集成管理经费								
			综合交通信息发布经费	综合交通信息发布经费								

续上表

功能科目	履职分类（一级）	履职分类（二级）	项目名称		本年度预算					上年预算批复数（对应年度总预算数）	第二年支出预算	第三年支出预算
					政府采购预算		非政府采购预算	合计				
					招标规模（虚拟指标）（A）	年度支出预算（B）	年度支出预算（C）	年度总预算（A+C）	年度支出预算（B+C）			
交通运输信息化建设（2140109）	交通智能信息化运行管理	交通智能信息化运行管理支出	智能交通行业评估经费	智能交通行业评估经费								
			其他智能信息化运行管理经费	其他智能信息化运行管理经费								
公路和运输安全	交通安全应急管理	交通安全应急管理支出	交通安全管理经费	安全政策法规宣传经费								
				安全生产检查经费								
				安全教育培训组织费								
				安全生产事故调查处置经费								
				重大事故隐患整治经费								
				安全标准化工作经费								

续上表

功能科目	履职分类（一级）	履职分类（二级）	项目名称		本年度预算					上年预算批复数（对应年度总预算数）	第二年支出预算	第三年支出预算
					政府采购预算		非政府采购预算	合计				
					招标规模（虚拟指标）（A）	年度支出预算（B）	年度支出预算（C）	年度总预算（A+C）	年度支出预算（B+C）			
公路和运输安全	交通安全应急管理	交通安全应急管理支出	交通安全管理经费	其他交通安全监管经费								
			交通应急与值守管理经费	应急业务培训组织费								
				交通应急演练经费								
				轨道交通应急经费								
				应急预案编制经费								
				应急值守经费								
				其他交通应急与值守管理经费								
			交通应急设备、物资购置及维护经费	应急设备及物资购置经费								

续上表

功能科目	履职分类（一级）	履职分类（二级）	项目名称		本年度预算					上年预算批复数（对应年度总预算数）	第二年支出预算	第三年支出预算
					政府采购预算		非政府采购预算	合计				
					招标规模（虚拟指标）（A）	年度支出预算（B）	年度支出预算（C）	年度总预算（A+C）	年度支出预算（B+C）			
公路和运输安全	交通安全应急管理	交通安全应急管理支出	交通应急设备、物资购置及维护经费	应急设备及物资维护经费								
			交通战备管理经费	交通战备演练经费								
				交通战备汽车吊管养经费								
				交通战备工作经费								
				其他交通战备管理经费								
			安全生产月活动经费	安全生产月活动经费								
			其他交通安全应急管理经费	其他交通安全应急管理经费								
公路运输管理	路政管理	路政管理支出	占用挖掘道路管理经费									

续上表

功能科目	履职分类（一级）	履职分类（二级）	项目名称		本年度预算					上年预算批复数（对应年度总预算数）	第二年支出预算	第三年支出预算
					政府采购预算		非政府采购预算	合计				
					招标规模（虚拟指标）（A）	年度支出预算（B）	年度支出预算（C）	年度总预算（A+C）	年度支出预算（B+C）			
公路运输管理	路政管理	路政管理支出	路政管理工作经费									
			高速公路路政许可技术协审服务									
			高速公路红线测定									
			高速公路和收费公路行业管理经费									
		路隧改革支出	路隧改革经费									
公路运输管理	智慧交通管理	智慧交通管理支出	交通行业环保与节能减排管理经费									
			交通质量标准管理经费									
			静态交通管理经费									
			慢行交通管理经费									
			小汽车增量调控管理经费									
			其他智慧交通管理经费									
其他污染减排	公共交通管理	公共交通补贴支出	公共交通补贴									
		出租车补贴支出	出租车补贴									

续上表

功能科目	履职分类（一级）	履职分类（二级）	项 目 名 称		本年度预算					上年预算批复数（对应年度总预算数）	第二年支出预算	第三年支出预算
					政府采购预算		非政府采购预算	合计				
					招标规模（虚拟指标）（A）	年度支出预算（B）	年度支出预算（C）	年度总预算（A+C）	年度支出预算（B+C）			
公路运输管理	公共交通管理	公共交通管理支出	巡游出租车维稳经费									
			巡游出租车管理经费									
			网约车管理经费									
			小汽车定编管理经费									
			营运市场综合管理经费									
			公共汽电车管理经费									
			公共交通保障经费									
			其他公共交通管理经费									
公路运输管理	客运交通管理	客运交通管理支出	客运交通管理经费									
			客运从业资格考试管理经费									
			其他客运交通管理经费									
公路运输管理	货运交通管理	道路货物运输监督管理支出	道路货物运输监督管理经费									
			货运从业资格考试管理经费									
			危化品运输安全管理经费									

续上表

功能科目	履职分类（一级）	履职分类（二级）	项目名称		本年度预算					上年预算批复数（对应年度总预算数）	第二年支出预算	第三年支出预算
					政府采购预算		非政府采购预算	合计				
					招标规模（虚拟指标）（A）	年度支出预算（B）	年度支出预算（C）	年度总预算（A+C）	年度支出预算（B+C）			
公路运输管理	货运交通管理	机动车维修监督管理支出	机动车维修监督管理经费									
		机动车驾驶员培训监督管理支出	机动车驾驶员培训监督管理经费									
其他污染减排		泥头车管理支出	泥头车管理经费									
公路运输管理	物流和供应链发展管理	物流和供应链产业发展支出	物流产业财政资助管理经费									
			物流和供应链产业发展经费									
			物流和供应链产业推广经费									
			其他物流和供应链产业发展经费									
其他交通运输支出	交通场站（枢纽）管养	交通枢纽管养支出	交通枢纽管养经费									
		公交首末站管养支出	公交首末站管养经费									

续上表

功能科目	履职分类（一级）	履职分类（二级）	项目名称		本年度预算					上年预算批复数（对应年度总预算数）	第二年支出预算	第三年支出预算
					政府采购预算		非政府采购预算	合计				
					招标规模（虚拟指标）（A）	年度支出预算（B）	年度支出预算（C）	年度总预算（A+C）	年度支出预算（B+C）			
其他交通运输支出	交通场站（枢纽）管养	公交中途站管养支出	公交中途站管养经费									
		的士站管理支出	机场枢纽口岸的士站管理经费									
水路运输管理支出	港航管理	港航管理支出	港航管理经费									
			港航产业财政资助管理经费									
			港航产业推广经费									
			其他港航管理经费									
		引航管理支出	引航业务综合管理专项经费									
			引航生产经营支出经费									
			引航智能化系统运维经费									
其他民用航空运输支出	民航管理	民航发展管理支出	民航发展管理经费									
			民航产业财政资助管理经费									
			民航产业推广经费									
			其他民航发展管理经费									

续上表

功能科目	履职分类（一级）	履职分类（二级）	项目名称	本年度预算					上年预算批复数（对应年度总预算数）	第二年支出预算	第三年支出预算
				政府采购预算		非政府采购预算	合计				
				招标规模（虚拟指标）（A）	年度支出预算（B）	年度支出预算（C）	年度总预算（A+C）	年度支出预算（B+C）			
公路运输管理	综合交通规划管理	综合交通规划管理支出	交通规划设计管理经费								
			交通需求管理政策经费								
			交通综合治理管理经费								
			其他综合交通规划管理经费								
公路运输管理	轨道交通管理	轨道交通管理支出	轨道交通规划与设计经费								
			轨道交通建设组织、监督与检查经费								
			轨道交通风险与安全评估经费								
			其他轨道交通管理经费								
公路运输管理	交通建设管理	交通建设管理支出	交通建设投资计划管理经费								
			交通建设协调组织推进考核经费								
			交通建设质量安全造价监督管理经费								
			交通建设市场监督管理经费								

续上表

功能科目	履职分类（一级）	履职分类（二级）	项目名称	本年度预算					上年预算批复数（对应年度总预算数）	第二年支出预算	第三年支出预算
				政府采购预算		非政府采购预算	合计				
				招标规模（虚拟指标）（A）	年度支出预算（B）	年度支出预算（C）	年度总预算（A+C）	年度支出预算（B+C）			
公路运输管理	交通建设管理	交通建设管理支出	交通基建档案管理经费								
			征地拆迁管理经费								
			重大建设项目简报编制经费								
			工程项目组织实施与监督经费								
			重大建设项目推进经费								
			交通建设工程专业技术劳务派遣服务经费								
			工程管理与招标业务经费								
			其他交通建设管理经费								
公路运输管理	交通工程质量监督管理	交通工程质量监督支出	工程质量监督业务经费								
			工程造价协审经费								
			工程安全监督经费								
			工程质量检测设备购置经费								
			其他交通工程质量监督经费								

续上表

功能科目	履职分类（一级）	履职分类（二级）	项目名称		本年度预算					上年预算批复数（对应年度总预算数）	第二年支出预算	第三年支出预算
					政府采购预算		非政府采购预算	合计				
					招标规模（虚拟指标）（A）	年度支出预算（B）	年度支出预算（C）	年度总预算（A+C）	年度支出预算（B+C）			
公路运输管理	交通信息咨询管理	交通信息咨询管理支出	投诉受理及网络处理经费									
			投诉信息发布经费									
			信访报表统计经费									
			信息分析通报经费									
			其他交通信息咨询管理经费									
其他交通运输支出	道路交通事务管理	路边临时停车管理支出	系统运营及维护经费	道路停车业务信息及网络通信费								
				第三方支付服务手续费								
				路边停车设施及信息化系统维护								

续上表

功能科目	履职分类（一级）	履职分类（二级）	项目名称		本年度预算					上年预算批复数（对应年度总预算数）	第二年支出预算	第三年支出预算
					政府采购预算		非政府采购预算	合计				
					招标规模（虚拟指标）（A）	年度支出预算（B）	年度支出预算（C）	年度总预算（A+C）	年度支出预算（B+C）			
其他交通运输支出	道路交通事务管理	路边临时停车管理支出	路边临时停车业务及执法管理经费	路边临时停车业务及执法管理经费								
			办公及其他设备购置	办公及其他设备购置费用								
			办公场所安全整治、修缮经费	办公场所安全整治、修缮费用								
			路边临时停车辅助管理服务经费	路边临时停车辅助管理服务费用								
			其他路边临时停车管理经费	其他路边临时停车管理费用								
		小汽车增量调控运行支出	小汽车增量调控竞价服务费	竞价服务费								
			小汽车增量调控业务经费	调控业务经费								

续上表

功能科目	履职分类（一级）	履职分类（二级）	项 目 名 称		本年度预算					上年预算批复数（对应年度总预算数）	第二年支出预算	第三年支出预算
					政府采购预算		非政府采购预算	合计				
					招标规模（虚拟指标）（A）	年度支出预算（B）	年度支出预算（C）	年度总预算（A+C）	年度支出预算（B+C）			
其他交通运输支出	道路交通事务管理	小汽车增量调控运行支出	其他小汽车增量调控运行经费	其他调控运行经费								
		其他道路交通事务管理支出	立体停车库运营管理经费	立体停车库运维费用								
			互联网租赁自行车管理经费	互联网租赁自行车管理业务经费								
			其他道路交通事务管理经费	其他道路交通事务管理经费								
			预算准备金	预留机动经费								
公路和运输技术标准化建设	交通规划及课题研究	交通规划及课题研究支出	交通规划研究经费									
			其他课题研究经费									
公路运输管理	办公设备购置	办公设备购置	办公设备购置（明细）									
按财务系统功能科目	前期费	前期费	前期费（明细）									

续上表

功能科目	履职分类（一级）	履职分类（二级）	项目名称		本年度预算					上年预算批复数（对应年度总预算数）	第二年支出预算	第三年支出预算
					政府采购预算		非政府采购预算	合计				
					招标规模（虚拟指标）（A）	年度支出预算（B）	年度支出预算（C）	年度总预算（A+C）	年度支出预算（B+C）			
其他公路水路运输支出	待支付以前年度采购项目	待支付以前年度采购项目	待支付以前年度采购项目经费									
公路运输管理	严控类项目	因公出国（境）	因公出国（境）费									
		公务接待	公务接待费									
		公务用车购置及运行	公务用车购置及运行经费									
		晚会	晚会									
		展览	展览									
		庆典	庆典									
		论坛	论坛									
		其他	其他									
	预算准备金	预算准备金	预算准备金									
其他公路、水路运输支出	其他项目	离退休人员工资补差	离退休人员工资补差									
其他城乡社区公共设施		其他项目	其他项目									
			高速公路政府回购资金相关费用									

制表人：　　　　制表时间：

"一上"表——附件 6-13：

待支付以前年度采购项目预算申报表(除道路管养外)　　表 6-14

部门名称(盖章)：　　单位：万元

序号	项目名称	安排年度	资金来源	项目预算(合同)金额	预计到当年12月31日的支付数	未支付数	结转下一年支付金额	备注
1								
2								
3								
4								
5								
6								
合计								

注：项目预算(合同)金额中，既有预算金额又有合同金额的填写合同金额。

制表人：　　制表时间：

“一上”表——附件 6-14：

一般性经费道路管养年度预算支出总表

表 6-15

部门名称（盖章）：

单位：万元

项目名称	上年批复金额	年度预算					第二年支出预算	第三年支出预算	实施背景及依据	费用组成	是否增量项目	备注
		政府采购预算		非政府采购预算	合计							
		招标规模（虚拟指标）（A）	年度支出预算（B）	年度支出预算（C）	年度总预算（A+C）	年度支出预算（B+C）						
项目												
一、公路隧道管养经费												具体明细填附件 6-15
1. 日常养护费												具体明细填附件 6-16
2. 养护管理费												具体明细填附件 6-17、附件 6-18
3. 道路大中修工程												具体明细填附件 6-19、附件 6-20
4. 养护预备费												
5. 交通安全设施维护费												具体明细填附件 6-21
二、待支付以前年度采购项目												具体明细填附件 6-23
合计												

注：如预算内容较多，可另外附表。

制表人：　　　　　　　　　　制表时间：

"一上"表——附件6-15：

一般性经费道路管养项目预算汇总表

表6-16

单位：万元

序号	项目	合计		政府采购预算		非政府采购预算	上年预算批复数（对应年度总预算数）	增减原因	第二年支出预算	第三年支出预算
		年度总预算（A+C）	年度支出预算（B+C）	招标规模（虚拟指标）（A）	年度支出预算（B）	年度支出预算（C）				
一	日常养护费									
（一）	日常养护项目一 （×年集中采购标段）									
（二）	日常养护项目二 （其他采购合同段）									
（三）	新接养道路设施									
（四）	小修保养监理									
（五）	交通抢险预备费									
二	养护管理费									
（一）	日常养护管理费									
（二）	专项管理项目									
三	道路大中修工程费									
四	养护预备费									
五	交通安全设施养护经费									
合计										

制表人： 制表时间：

"一上"表——附件 6-16：

一般性经费道路设施日常养护项目预算表

表 6-17

单位：万元

序号	合同段号或项目名称	合同年限	合计		政府采购预算		非政府采购预算	上年预算批复数（对应年度总预算数）	增减原因	第二年支出预算	第三年支出预算
			年度总预算（A+C）	年度支出预算（B+C）	招标规模（虚拟指标）（A）	年度支出预算（B）	年度支出预算（C）				
一	道路设施日常养护项目一（×年集中采购合同段）										
（一）	地方管理单位（部门）										
	……										
小计											
（二）											
	……										
小计											
（三）											
	……										
小计											
（四）											
	……										
小计											
（五）											
	……										

续上表

序号	合同段号或项目名称	合同年限	合计		政府采购预算		非政府采购预算	上年预算批复数（对应年度总预算数）	增减原因	第二年支出预算	第三年支出预算
			年度总预算（A+C）	年度支出预算（B+C）	招标规模（虚拟指标）（A）	年度支出预算（B）	年度支出预算（C）				
小计											
（六）											
	……										
小计											
（七）											
	……										
小计											
（八）											
	……										
小计											
合计											
二	道路设施日常养护项目二（其他采购合同段）										
（一）	地方管理单位（部门）										
	……										
小计											
（二）											
	……										
小计											

续上表

序号	合同段号或项目名称	合同年限	合计		政府采购预算		非政府采购预算	上年预算批复数（对应年度总预算数）	增减原因	第二年支出预算	第三年支出预算
			年度总预算（A+C）	年度支出预算（B+C）	招标规模（虚拟指标）（A）	年度支出预算（B）	年度支出预算（C）				
（三）											
	……										
	小计										
（四）											
	……										
	小计										
（五）											
	……										
	小计										
（六）											
	……										
	小计										
（七）											
	……										
	小计										
（八）											
	……										
	小计										

续上表

序号	合同段号或项目名称	合同年限	合计		政府采购预算		非政府采购预算	上年预算批复数（对应年度总预算数）	增减原因	第二年支出预算	第三年支出预算
			年度总预算（A+C）	年度支出预算（B+C）	招标规模（虚拟指标）（A）	年度支出预算（B）	年度支出预算（C）				
（九）											
	……										
小计											
合计											
三	新接养道路项目										
（一）	地方管理单位（部门）										
	……										
小计											
（二）											
	……										
小计											
（三）											
	……										
小计											
（四）											
	……										
小计											
（五）											
	……										

续上表

序号	合同段号或项目名称	合同年限	合计		政府采购预算		非政府采购预算	上年预算批复数（对应年度总预算数）	增减原因	第二年支出预算	第三年支出预算
			年度总预算（A+C）	年度支出预算（B+C）	招标规模（虚拟指标）（A）	年度支出预算（B）	年度支出预算（C）				
	小计										
（六）											
	……										
	小计										
（七）											
	……										
	小计										
（八）											
	……										
	小计										
（九）											
	……										
	小计										
（十）											
	……										
（十一）											
	……										
	小计										
	合计										

续上表

序号	合同段号或项目名称	合同年限	合计		政府采购预算		非政府采购预算	上年预算批复数（对应年度总预算数）	增减原因	第二年支出预算	第三年支出预算
			年度总预算（A＋C）	年度支出预算（B＋C）	招标规模（虚拟指标）（A）	年度支出预算（B）	年度支出预算（C）				
四	小修监理项目（×年集中采购合同段）										
（一）	地方管理单位（部门）										
	……										
小计											
（二）											
	……										
小计											
（三）											
	……										
小计											
（四）											
	……										
小计											
（五）											
	……										
小计											
（六）											
	……										
小计											

续上表

序号	合同段号或项目名称	合同年限	合计		政府采购预算		非政府采购预算	上年预算批复数（对应年度总预算数）	增减原因	第二年支出预算	第三年支出预算
			年度总预算（A+C）	年度支出预算（B+C）	招标规模（虚拟指标）（A）	年度支出预算（B）	年度支出预算（C）				
（七）											
	……										
	小计										
（八）											
	……										
	小计										
（九）											
	……										
	小计										
（十）											
	……										
（十一）											
	……										
	小计										
	合计										
	总计										

制表人：　　　　制表时间：

"一上"表——附件 6-17：

一般性经费道路设施养护日常养护管理费预算表

表 6-18

单位：万元

序号	实施单位	实施内容及依据	合计		政府采购预算		非政府采购预算	上年预算批复数（对应年度总预算数）	增减原因	第二年支出预算	第三年支出预算
			年度总预算（A+C）	年度支出预算（B+C）	招标规模（虚拟指标）（A）	年度支出预算（B）	年度支出预算（C）				
1	地方管理单位（部门）										
2											
3											
4											
5											
6											
7											
8											
9											
10											
11											
合计											

制表人：　　　　制表时间：

"一上"表——附件 6-18：

一般性经费道路设施养护专项管理项目预算表

表 6-19

单位：万元

序号	项 目 名 称	实施内容及依据	合　计		政府采购预算		非政府采购预算	上年预算批复数（对应年度总预算数）	增减原因	第二年支出预算	第三年支出预算
			年度总预算（A+C）	年度支出预算（B+C）	招标规模（虚拟指标）（A）	年度支出预算（B）	年度支出预算（C）				
（一）	地方管理单位（部门）										
	……										
	小计										
（二）											
	……										
	小计										
（三）											
	……										
	小计										
（四）											
	……										
	小计										
（五）											
	……										
	小计										
（六）											

续上表

序号	项目名称	实施内容及依据	合计		政府采购预算		非政府采购预算	上年预算批复数（对应年度总预算数）	增减原因	第二年支出预算	第三年支出预算
			年度总预算（A+C）	年度支出预算（B+C）	招标规模（虚拟指标）（A）	年度支出预算（B）	年度支出预算（C）				
	……										
小计											
（七）											
	……										
小计											
（八）											
	……										
小计											
（九）											
	……										
小计											
（十）											
	……										
小计											
（十一）											
	……										
小计											
合计											

制表人：　　　　制表时间：

“一上”表——附件 6-19：

一般性经费道路大中修工程预算明细表

表 6-20

单位：万元

序号	项目名称	项目类别	项目位置	工程方案	主要工程量	合计		政府采购预算		非政府采购预算	上年预算批复数（对应年度总预算数）	增减原因	第二年支出预算	第三年支出预算
						年度总预算（A+C）	年度支出预算（B+C）	招标规模（虚拟指标）（A）	年度支出预算（B）	年度支出预算（C）				
1														
2														
3														
合计														

注：道路养护大中修工程项目按照 A～F 类进行分类排序。其中，A 类：“三危”项目；B 类：地方政府有会议纪要要求、地方领导批示的项目；C 类：决策会议纪要要求，相关领导批示，地方会议纪要明确及相关领导批示的项目；D 类：媒体曝光的项目；E 类：数字化城管投诉案件和市民投诉的项目；F 类：其他类。

制表人：　　　　　　　　　　　　制表时间：

"一上"表——附件6-20：

一般性经费道路大中修工程维修工程投资估算表　　表6-21

序　号	工程项目名称	金额(万元)	备　注
一	建筑安装工程费		
二	工程建设其他费用		
1	前期工作咨询费		
2	建设单位管理费		
3	建设工程临时设施费		
4	工程建设监理费		
5	质监、安监费		
6	工程设计费		
7	工程勘察费		
8	预算编制费		
9	竣工图编制费		
10	施工图审查费		
11	造价咨询费		
12	工程保险费		
13	招标代理服务费		
14	招投标交易费		
三	预备费		
工程总造价			

制表人：　　　　　　　　　　制表时间：

“一上”表——附件 6-21：

一般性经费交通安全设施维护费预算明细表

表 6-22

单位：万元

序号	实施单位	项目名称	支出计划						合计		政府采购预算		非政府采购预算	上年预算批复数（对应年度总预算数）	增减原因	第二年支出预算	第三年支出预算
			工程维护费	设计费	监理费	造价咨询	其他费用	小计	年度总预算（A+C）	年度支出预算（B+C）	招标规模（虚拟指标）（A）	年度支出预算（B）	年度支出预算（C）				
1																	
2																	
3																	
合计																	

制表人：　　　　制表时间：

"一上"表——附件 6-22：

一般性经费××项目预算明细表

表 6-23

单位：万元

序号	费用名称	类别										
		单价	数量	合计		政府采购预算		非政府采购预算	上年预算批复数（对应年度总预算数）	增减原因	第二年支出预算	第三年支出预算
				年度总预算（A+C）	年度支出预算（B+C）	招标规模（虚拟指标）（A）	年度支出预算（B）	年度支出预算（C）				
1												
2												
3												
4												
合计												

注：其他项目填制此表。

制表人：　　　　　　　　　　　　　　制表时间：

"一上"表——附件 6-23：

一般性经费待支付以前年度采购项目预算申报表(道路管养)　　表 6-24

单位:万元

序号	单位	项目名称	安排年度	项目预算(合同)金额	预计到当年12月31日的支付数	未支付数	结转下一年支付金额	备注
一	公路隧道管养经费							
(一)	日常养护费							
1								
…								
(二)	养护管理费							
1								
…								
(三)	道路大中修工程等费用							
1								
…								
(四)	交通安全设施维护费							
1								
…								
合计								

注:项目预算(合同)金额中,既有预算金额又有合同金额的填合同金额。

制表人：　　　　　　　　　　制表时间：

"一上"表——附件 6-24：

公交补贴资金预算总表　　表 6-25

编制单位：　　　　　　　　　　单位:万元

序号	类　别	下一年支出预算	第二年支出预算	第三年支出预算	实施背景及依据	费用组成
一	刷卡补贴					
二	公交车油补					
三	定额补贴					
四	新能源补贴					
五	其他					
总计						

注:"类别"可根据实际填写。

"一上"表——附件 6-25：

出租车油补资金预算总表

表 6-26

编制单位：　　　　　　　　　　　　　　　　　　　　　　　　单位：万元

序号	类　　别	下一年支出预算	第二年支出预算	第三年支出预算	实施背景及依据	费用组成
一	出租车价格改革财政补贴					
二	出租车行业维稳工作专项经费					
三	其他					
四						
总计						

注："类别"可根据实际填写。

"一上"表——附件 6-26：

公交设施基础信息一览表

表 6-27

填报基准日：　　年　　月　　日

序号	单　　位	公交专用道		公交停靠站			公交导乘图	的士管理站
		公交专用道数量（条）	里程（km）	正式站	简易站	临时站或无设施站	数量	数量
1	地方管理单位（部门）							
2								
3								
4								
5								
6								
7								
8								
9								
10								
11								

注：1. 里程保留 2 位小数。

2. 本表由公共交通管理部门负责填报。

制表人：　　　　　　　　　　　　　　制表时间：

“一上”表——附件6-27：

综合交通枢纽基础信息一览表

表6-28

填报基准日：　　年　　月　　日

序号	场站名称	地址		接收时间	占地面积（m^2）	建筑面积（m^2）	受局托管理单位	充电站信息		
		行政区域	详细地址					占地面积（m^2）	建筑面积（m^2）	充电位（个）
合计										

制表人：　　　　　　　　　　　　　　　制表时间：

“一上”表——附件6-28：

政府产权公交场站基础信息一览表

表6-29

填报基准日：　　年　　月　　日

序号	场站名称	类型	地址		接收时间	占地面积（m^2）	建筑面积（m^2）	充电站信息		
			行政区域	详细地址				占地面积（m^2）	建筑面积（m^2）	充电位（个）
合计										

注：类型可填特大型站、大型站、中型站、小型站。

制表人：　　　　　　　　　　　　　　　制表时间：

“一上”表——附件 6-29：

经营服务性枢纽、公交场站收入预算表

表 6-30

申报单位：

项目名称	基本情况			×年度收入（万元）					预计下一年度收入（万元）					预计×年收入上缴时间
	租赁面积（m^2）	租赁标准（元/月·m^2）	租赁期限	水电费	房屋租赁	停车场收费	其他	合计	水电费	房屋租赁	停车场收费	其他	合计	
一、交通综合枢纽														
1. ××交通枢纽														
（1）××房屋租赁														
（2）其他														
2. ××														
二、公交场站														
1. ××口岸站														
（1）××房屋租赁														
（2）其他														
2. ××														
三、社会停车场														
的士充电站														
合计														

单位领导：　　　　制表人：　　　　制表时间：

"一上"表——附件 6-30：

交通专项资金年度预算支出总表

表 6-31

单位：万元

项目名称	上年批复金额	本年度预算					第二年支出预算	第三年支出预算	归口单位（部门）	实施单位（部门）	实施背景及依据	费用组成	备注
		政府采购预算			非政府采购预算	合计							
		招标规模（虚拟指标）（A）	年度支出预算（B）	年度支出预算（C）	年度总预算（A+C）	年度支出预算（B+C）							
一、交通行业发展、规划及科技开发、应用类													
二、出租小汽车行业管理类													
……													
三、公交场站规划、建设及维护类													
（一）公交场站维护经费													具体明细填附件 6-31
……													
小计													
（二）综合交通枢纽维护经费													具体明细填附件 6-32
……													
小计													

续上表

项目名称	上年批复金额	本年度预算					第二年支出预算	第三年支出预算	归口单位（部门）	实施单位（部门）	实施背景及依据	费用组成	备注
		政府采购预算			非政府采购预算	合计							
		招标规模（虚拟指标）（A）	年度支出预算（B）	年度支出预算（C）	年度总预算（A+C）	年度支出预算（B+C）							
（三）的士充电站运营管理项目													具体明细填附件6-33
（四）公交停靠站养护经费													具体明细填附件6-34、附件6-35、附件6-36
（五）机场、枢纽、口岸的士站管理经费													具体明细填附件6-37、附件6-38
（六）其他													
四、营运市场综合整治及秩序维护类													
……													
五、待支付以前年度采购项目													具体明细填附件6-40
……													
合计													

制表人：　　　　　　　　　　制表时间：

"一上"表——附件 6-31：

公交场站维护经费预算明细表

表 6-32

序号	场站名称	管理面积(m^2)						管理月数（月）	计算单价(电:元/度;水:元/吨;其他:元/m^2·月)									合计		政府采购预算		非政府采购预算	上年预算批复数（对应年度总预算数）	增减原因	第二年支出预算	第三年支出预算	备注
		配套建筑面积			停车场面积	公共绿化面积	合计		计算费用(万元/年)																		
		配套商业	其他	小计					配套建筑区域费用	停车场区域费用	公共绿化场地费用	公交站务管理费	电费	水费	税金	运营维护费（不含水电费）	运营维护费（含水电费）	年度总预算(A+C)	年度支出预算(B+C)	招标规模（虚拟指标）(A)	年度支出预算(B)	年度支出预算(C)					
1																											
2																											
3																											
4																											
5																											
合计																											

制表人：　　　　制表时间：

"一上"表——附件 6-32：

综合交通枢纽维护经费预算明细表

表 6-33

序号	场站名称	管理面积(m^2)															管理月数(月)	计算单价(电:元/度;水:元/吨;其他:元/m^2·月)													合计		政府采购预算		非政府采购预算	上年预算批复数(对应年度总预算数)	增减原因	第二年支出预算	第三年支出预算	备注
		公共建筑面积			配套建筑面积			停车场面积				公交场站面积	室外广场道路等面积	公共绿化面积	合计		计算费用(万元/年)																						
		公共走道通道	其他	小计	配套商业面积	其他	小计	室内停车场	室外停车场	的士场站	小计						公共建筑区域费用	配套建筑区域费用	室内停车场区域费用	室外停车场区域费用	公交场站区域费用	室外道路广场等区域费用	公共绿化场地费用	公交站务管理费	电费	水费	税金	运营维护费(不含水电费)	运营维护费(含水电费)	年度总预算(A+C)	年度支出预算(B+C)	招标规模(虚拟指标)(A)	年度支出预算(B)	年度支出预算(C)					
1																																							
2																																							
合计																																							

制表人：　　　　　　　　　　制表时间：

"一上"表——附件6-33：

的士充电站运营管理经费预算明细表

表6-34

单位：万元

序号	项　目	费用	测算方法	备注	合　计		政府采购预算		非政府采购预算	上年预算批复数（对应年度总预算数）	增减原因	第二年支出预算	第三年支出预算
					年度总预算（A+C）	年度支出预算（B+C）	招标规模（虚拟指标）（A）	实际支付指标（B）	年度支出预算（C）				
1	人工费												
2	行政费												
3	建筑维护费												
4	公共设备维护费												
5	公共设施维护费												
6	环境清洁卫生费用												
7	水电费												
8	绿化养护费用												
9	固定资产折旧费												
10	保险费用												
11	不可预见费												
12	管理酬金												
13	税金												
14	监控系统改造												

制表人：　　　　　　　　　　制表时间：

"一上"表——附件 6-34：

表 6-35

公交停靠站设施维护经费预算明细表

<table>
<tr><td colspan="2" rowspan="2">序号</td><td colspan="3" rowspan="2">工程范围及内容</td><td rowspan="2">××
地方</td><td rowspan="2">……</td><td rowspan="2"></td><td rowspan="2"></td><td rowspan="2"></td><td rowspan="2"></td><td rowspan="2"></td><td rowspan="2"></td><td rowspan="2"></td><td rowspan="2"></td><td rowspan="2"></td><td colspan="2">合计</td><td colspan="2">政府
采购预算</td><td>非政府
采购预算</td><td rowspan="2">上年
预算
批复数
（对应
年度
总预算
数）</td><td rowspan="2">增减
原因</td><td rowspan="2">第二年
支出
预算</td><td rowspan="2">第三年
支出
预算</td></tr>
<tr><td>年度
总预算
（A+C）</td><td>年度
支出
预算
（B+C）</td><td>招标
规模
（虚拟
指标）
（A）</td><td>年度
支出
预算
（B）</td><td>年度
支出
预算
（C）</td></tr>
<tr><td colspan="25">一、公交停靠站养护</td></tr>
<tr><td colspan="2" rowspan="5">（一）</td><td colspan="3">导乘信息图更新维护费</td><td></td><td></td><td></td><td></td><td></td><td></td><td></td><td></td><td></td><td></td><td></td><td></td><td></td><td></td><td></td><td></td><td></td><td></td><td></td><td></td></tr>
<tr><td colspan="2" rowspan="3">新一代公交候车亭中已张贴的公交导乘信息图更新工作</td><td>站点数量（个）</td><td></td><td></td><td></td><td></td><td></td><td></td><td></td><td></td><td></td><td></td><td></td><td></td><td></td><td></td><td></td><td></td><td></td><td></td><td></td><td></td></tr>
<tr><td>单价（万元）</td><td></td><td></td><td></td><td></td><td></td><td></td><td></td><td></td><td></td><td></td><td></td><td></td><td></td><td></td><td></td><td></td><td></td><td></td><td></td><td></td></tr>
<tr><td>金额（万元）</td><td></td><td></td><td></td><td></td><td></td><td></td><td></td><td></td><td></td><td></td><td></td><td></td><td></td><td></td><td></td><td></td><td></td><td></td><td></td><td></td></tr>
<tr><td colspan="3">小计（万元）</td><td></td><td></td><td></td><td></td><td></td><td></td><td></td><td></td><td></td><td></td><td></td><td></td><td></td><td></td><td></td><td></td><td></td><td></td><td></td><td></td></tr>
<tr><td rowspan="2">（二）</td><td colspan="4">日常巡查费</td><td></td><td></td><td></td><td></td><td></td><td></td><td></td><td></td><td></td><td></td><td></td><td></td><td></td><td></td><td></td><td></td><td></td><td></td><td></td><td></td></tr>
<tr><td>1</td><td>非 BOT
正式站</td><td>工作内容：用于开展非 BOT 模式公交停靠站日常巡查，及时发现候车亭（含简易站牌架）支架、顶棚、灯箱及面板、灯管、电路等公交停靠站设施存在的问题并做简易的清洁工作</td><td>主干道里程（km）</td><td></td><td></td><td></td><td></td><td></td><td></td><td></td><td></td><td></td><td></td><td></td><td></td><td></td><td></td><td></td><td></td><td></td><td></td><td></td><td></td></tr>
</table>

续上表

序号		工程范围及内容			××地方	……										合计		政府采购预算		非政府采购预算	上年预算批复数（对应年度总预算数）	增减原因	第二年支出预算	第三年支出预算
																年度总预算（A+C）	年度支出预算（B+C）	招标规模（虚拟指标）（A）	年度支出预算（B）	年度支出预算（C）				
（二）	1	非 BOT 正式站	巡查方式：车辆巡查	综合单价（万元）																				
			巡查频率：主干道（正式站）每 2 天 1 次，次干道及以下道路（简易站）每 3 天 1 次	金额（万元）																				
	2	非 BOT 简易站		次干道及以下道路里程(km)																				
				综合单价（万元）																				
				金额（万元）																				
	小计（万元）																							
（三）	日常养护费																							
	1	非 BOT 模式标准站	对候车亭支架、顶棚、灯箱及面板、灯管、电路等公交停靠站设施进行小修等日常管养工作；	站点数量（个）																				

续上表

序号			工程范围及内容		××地方	……										合计		政府采购预算		非政府采购预算	上年预算批复数（对应年度总预算数）	增减原因	第二年支出预算	第三年支出预算
																年度总预算（A+C）	年度支出预算（B+C）	招标规模（虚拟指标）（A）	年度支出预算（B）	年度支出预算（C）				
（三）	1	非BOT模式标准站	应对重大活动、重要节假日或解决交通热点难点问题对公交停靠站的乘车引导标志牌、排队指示牌等设施进行应急抢修、更新等工作	造价（万元）																				
				维修率（%）																				
				金额（万元）																				
	2	非BOT模式简易站、临时站及无设施站	对简易站架支架、灯箱及面板、灯管、电路等公交停靠站设施进行小修等日常管养工作；应对重大活动、重要节假日或解决交通热点与难点问题对公交停靠站的乘车引导标志牌、排队指示牌等设施进行应急抢修、更新等工作	站点数量（个）																				
				造价（万元）																				
				维修率（%）																				
				金额（万元）																				
	小计（万元）																							

续上表

序号	工程范围及内容			××地方	……										合计		政府采购预算		非政府采购预算	上年预算批复数（对应年度总预算数）	增减原因	第二年支出预算	第三年支出预算
															年度总预算（A+C）	年度支出预算（B+C）	招标规模（虚拟指标）（A）	年度支出预算（B）	年度支出预算（C）				
（四）	专项改造经费																						
	为确保公交停靠站安全营运，及时消除安全隐患，所需开展的公交站安全设施改造、改建和迁移、拓宽候乘空间等一系列工作		金额（万元）																				
	小计（万元）																						
（五）	养护管理费																						
	养护管理	包括公交停靠站日常养护工程招标代理、施工监理、勘察设计、造价咨询、安全检测等费用，按照道路养护相关标准，取费为日常巡查清洁费、日常养护费、专项改造等部分之和的6%	金额（万元）																				
		[（一）+（二）+（三）+（四）]×7%																					
	小计（万元）																						

续上表

序号	工程范围及内容			××地方	……										合计		政府采购预算		非政府采购预算	上年预算批复数（对应年度总预算数）	增减原因	第二年支出预算	第三年支出预算
															年度总预算（A+C）	年度支出预算（B+C）	招标规模（虚拟指标）（A）	年度支出预算（B）	年度支出预算（C）				
（六）	预备费																						
	预备费	按工程费用和工程建设其他费用之和为计取基础，乘以预备费率进行计算，即取费为日常巡查清洁费、日常养护费、养护管理等费用部分之和的9%	金额（万元）																				
		［（一）+（二）+（三）+（四）+（五）］×9%																					
	小计（万元）																						
合计（万元）																							
二、公交停车泊位及排队导乘标线																							
候车泊位及排队侯乘标志标线施划和改善：热熔标线，包括原标线打磨；高规格反光涂料：2mm 厚、玻璃珠含量21%～25%			站点数量（个）																				

续上表

序号	工程范围及内容		××地方	……											合计		政府采购预算		非政府采购预算	上年预算批复数（对应年度总预算数）	增减原因	第二年支出预算	第三年支出预算
															年度总预算（A+C）	年度支出预算（B+C）	招标规模（虚拟指标）（A）	年度支出预算（B）	年度支出预算（C）				
（一）	频率:1年1次	平均每个站点泊位数（个）																					
		每个泊位工程量（m²）																					
		单价（万元）																					
		金额（万元）																					
合计（万元）																							
三、总计（万元）																							

制表人： 制表时间：

"一上"表——附件6-35：

公交停靠站专项改造经费统计总表

表6-36

单位：万元

序号	站名	方位	所在道路	合计		政府采购预算		非政府采购预算	上年预算批复数（对应年度总预算数）	增减原因	第二年支出预算	第三年支出预算	备注
				年度总预算（A+C）	年度支出预算（B+C）	招标规模（虚拟指标）（A）	年度支出预算（B）	年度支出预算（C）					
总计													

制表人：　　　　　　　　　　制表时间：

"一上"表——附件6-36：

公交停靠站专项改造经费明细表

表6-37

站　　名：____________　方　　位：____________
所在道路：____________　所在行政区：____________

序号	项 目 名 称	单位	工程量	单价（元）	合计（万元）	备注
一	站点改造					
1	增加单泊位站亭(增加四站设施)	处				
2	迁移站点	处				
3	拓宽站台	m^2				
4	浅港湾改造	m^2				
5	后移站亭	架				
6	增设站台(新增或迁移站点)	m^2				
	小计					
二	安全设施改造					
1	增设安全护栏	m				
2	增设防撞柱	根				
3	增设防撞墩	个				
4	迁移护栏	m				
5	迁移/拔除防撞柱	根				
6	施划停车泊位线	m^2				
7	施划减速标线	m^2				
8	施划禁停标线	m^2				
	小计					
三	其他工程					
1	迁移及包封管线	项				
2	迁移电线杆	根				
3	迁移树木	棵				
	小计					
	合计					

注：(改造理由、依据及相关说明)

1. 本表为站点改造一般性内容,各单位(部门)可以根据实际情况增加或减少。

2. 各单位(部门)在报计划时应注明改造站点所处的位置和改造的原因。

制表人：　　　　　　　　　　　　　　制表时间：

"一上"表——附件 6-37：

机场、枢纽、口岸的士站管理经费统计总表

表 6-38

单位：元

项目		机场	口岸（罗湖口岸、皇岗口岸、福田口岸）	福田高铁站	深圳湾	邮轮中心	火车西站	深圳北站	深圳东站（含民东站）	合计		政府采购预算		非政府采购预算	上年预算批复数（对应年度总预算数）	增减原因	第二年支出预算	第三年支出预算
										年度总预算（A+C）	年度支出预算（B+C）	招标规模（虚拟指标）（A）	年度支出预算（B）	年度支出预算（C）				
人员费用	协管员人数（人）																	
小计																		
物业维护费用	的士站水费																	
	的士站电费																	
	的士站保洁费																	
	现场值班岗亭建设费																	
	现场值班岗亭维护费																	
小计																		
设施更新维护费用	监控系统建设费																	
	监控系统维护费																	
	标志标线栏杆铁马																	
	场站路面																	
小计																		
其他																		
合计																		

制表人：　　　　　　　　　　　　制表时间：

"一上"表——附件6-38：

机场、枢纽、口岸的士站管理经费预算明细表

表6-39

编制单位(公章)：

项目		费用标准(元/年·人)	核定人数	年度总预算数(元)	备注
人员费用	基本工资				
	统一服装				
	绩效考核				
	高温津贴				
	节假日加班津贴				
	岗位津贴				
	其他				
小计					
物业维护费用	的士站水费				
	的士站电费				
	的士站保洁费				
	现场值班岗亭建设费				
	现场值班岗亭维护费				
小计					
设施更新维护费用	监控系统建设费				
	监控系统维护费				
	标志标线栏杆铁马				
	场站路面				
小计					
其他					
合计					

制表人：　　　　制表时间：

"一上"表——附件 6-39：

交通专项资金××项目预算明细表

表 6-40

单位：万元

序号	费用名称	类别										
		单价	数量	合计		政府采购预算		非政府采购预算	上年预算批复数（对应年度总预算数）	增减原因	第二年支出预算	第三年支出预算
				年度总预算（A+C）	年度支出预算（B+C）	招标规模（虚拟指标）（A）	年度支出预算（B）	年度支出预算（C）				
合计												

注：其他交通专项项目填制该预算明细表。

制表人：　　　　　　　　　　制表时间：

"一上"表——附件6-40：

交通专项资金待支付以前年度采购项目预算申报表

表6-41

单位：万元

序号	单位	项目名称	安排年度	项目预算（合同）金额	预计到当年12月31日的支付数	未支付数	结转下一年支付金额	备注
1								
2								
3								
4								
5								
6								
合计								

注：项目预算（合同）金额中，既有预算金额又有合同金额的填写合同金额。

制表人：　　　　　　　　　　制表时间：

"一上"表——附件 6-41：

交通场站（枢纽）维护费预算支出总表

表 6-42

单位：万元

项目名称	上年批复金额	本年度预算					第二年支出预算	第三年支出预算	归口单位（部门）	实施单位（部门）	实施背景及依据	费用组成	备注
		政府采购预算		非政府采购预算	合计								
		招标规模（虚拟指标）（A）	年度支出预算（B）	年度支出预算（C）	年度总预算（A+C）	年度支出预算（B+C）							
合计													

制表人：　　　　　　　　　　制表时间：

"一上"表——附件 6-42：

综合交通枢纽运营管理费用测算表

表 6-43

单元：万元

取费项目	枢纽名称	换乘大厅、公共通道等	办公设备用房等	室内停车场（的士场站）	室外停车场	配套公交场站	室外道路广场等	公共绿化场地	合计
综合管理费									
设施设备维护费									
清洁卫生费									
园林绿化费									
公共秩序维护费									
客流组织及指挥调度费									
合计									

"一上"表——附件 6-43：

政府产权公交场站运营管理费用测算表

表 6-44

单元：万元

取费项目	公交首末站名称	配套建筑	停车场			公共绿化场地	合计
			室内停车场	室外停车场	小计		
综合管理费							
设施设备维护费							
清洁卫生费							
园林绿化费							
公共秩序维护费							
公交站务管理费							
合计							

"一上"表——附件 6-44：

公交综合车场运营管理费用测算表

表 6-45

编制时间：　　　　单位：万元

项目名称	费用明细								备注
	管理人员费用	办公费	设施设备维护费	清洁卫生费	园林绿化费	车场秩序维护费	管理系统维护费	水电费	
合计									

"一上"表——附件6-45：

路隧资金管养路段基础信息一览表

表6-46

填报基准日：　　年　　月　　日

序号	原收费项目	线别	起止桩号或地点	养护里程(km)	路面面积(m^2)

制表人：　　　　制表时间：

"一上"表——附件6-46：

路隧专项资金年度预算支出总表

表6-47

单位：万元

项目名称	上年批复金额	年度预算					第二年支出预算	第三年支出预算	实施背景及依据	费用组成	是否增量项目	备注
		政府采购预算		非政府采购预算	合计							
		招标规模（虚拟指标）（A）	年度支出预算（B）	年度支出预算（C）	年度总预算（A+C）	年度支出预算（B+C）						
一、公路隧道管养经费												具体明细填附件6-47
1. 日常养护费												具体明细填附件6-48
2. 养护管理费												具体明细填附件6-49、附件6-50
3. 道路大中修工程												具体明细填附件6-51、附件6-52
4. 养护预备费												
5. 交通安全设施维护费												具体明细填附件6-53
二、路隧改革相关费用												
……												
三、市道路交通事务管理中心经费												

续上表

项目名称	上年批复金额	年度预算					第二年支出预算	第三年支出预算	实施背景及依据	费用组成	是否增量项目	备注
		政府采购预算		非政府采购预算	合计							
		招标规模（虚拟指标）（A）	年度支出预算（B）	年度支出预算（C）	年度总预算（A+C）	年度支出预算（B+C）						
1. 人员经费												
2. 日常公用经费												
3. 对个人和家庭补助支出												
4. 专项支出												
四、待支付以前年度采购项目												具体明细填附件 6-55
合计												

注：如预算内容较多，可另外附表。

制表人：　　　　　　　　　　制表时间：

"一上"表——附件6-47：

路隧专项资金公路隧道管养项目预算汇总表

表6-48

单位：万元

序号	项目	合计		政府采购预算		非政府采购预算	上年预算批复数（对应年度总预算数）	增减原因	第二年支出预算	第三年支出预算
		年度总预算（A+C）	年度支出预算（B+C）	招标规模（虚拟指标）（A）	年度支出预算（B）	年度支出预算（C）				
一	日常养护费									
（一）	日常养护项目一（×年集中采购标段）									
（二）	日常养护项目二（其他采购合同段）									
（三）	新接养道路设施									
（四）	小修保养监理									
（五）	交通抢险预备费									
二	养护管理费									
（一）	日常养护管理费									
（二）	专项管理项目									
三	道路大中修工程费									
四	养护预备费									
总计										

制表人：　　　　制表时间：

"一上"表——附件 6-48：

路隧专项资金道路设施日常养护项目预算表

表 6-49

单位：万元

序号	合同段号或项目名称	合同年限	合计		政府采购预算		非政府采购预算	上年预算批复数（对应年度总预算数）	增减原因	第二年支出预算	第三年支出预算
			年度总预算（A+C）	年度支出预算（B+C）	招标规模（虚拟指标）（A）	年度支出预算（B）	年度支出预算（C）				
一	道路设施日常养护项目一（×年集中采购合同段）										
（一）	地方管理单位（部门）										
	……										
	小计										
（二）											
	……										
	小计										
（三）											
	……										
	小计										
（四）											
	……										
	小计										
（五）											
	……										
	小计										

续上表

序号	合同段号或项目名称	合同年限	合　计		政府采购预算		非政府采购预算	上年预算批复数（对应年度总预算数）	增减原因	第二年支出预算	第三年支出预算
			年度总预算（A+C）	年度支出预算（B+C）	招标规模（虚拟指标）（A）	年度支出预算（B）	年度支出预算（C）				
（六）											
	……										
小计											
（七）											
	……										
小计											
（八）											
	……										
小计											
（九）											
	……										
小计											
（十）											
	……										
小计											
合计											
二	道路设施日常养护项目二（其他采购合同段）										
（一）	地方管理单位（部门）										
	……										

续上表

序号	合同段号或项目名称	合同年限	合计		政府采购预算		非政府采购预算	上年预算批复数（对应年度总预算数）	增减原因	第二年支出预算	第三年支出预算
			年度总预算（A+C）	年度支出预算（B+C）	招标规模（虚拟指标）（A）	年度支出预算（B）	年度支出预算（C）				
	小计										
（二）											
	……										
	小计										
（三）											
	……										
	小计										
（四）											
	……										
	小计										
（五）											
	……										
	小计										
（六）											
	……										
	小计										
（七）											
	……										
	小计										

续上表

序号	合同段号或项目名称	合同年限	合计		政府采购预算		非政府采购预算	上年预算批复数（对应年度总预算数）	增减原因	第二年支出预算	第三年支出预算
			年度总预算（A+C）	年度支出预算（B+C）	招标规模（虚拟指标）（A）	年度支出预算（B）	年度支出预算（C）				
（八）											
	……										
小计											
（九）											
	……										
小计											
（十）											
	……										
合计											
三	新接养道路项目										
（一）	地方管理单位（部门）										
	……										
小计											
（二）											
	……										
小计											
（三）											
	……										
小计											

续上表

序号	合同段号或项目名称	合同年限	合计		政府采购预算		非政府采购预算	上年预算批复数（对应年度总预算数）	增减原因	第二年支出预算	第三年支出预算
			年度总预算（A+C）	年度支出预算（B+C）	招标规模（虚拟指标）（A）	年度支出预算（B）	年度支出预算（C）				
（四）											
	……										
小计											
（五）											
	……										
小计											
（六）											
	……										
小计											
（七）											
	……										
小计											
（八）											
	……										
小计											
（九）											
	……										
小计											
（十）											

续上表

序号	合同段号或项目名称	合同年限	合计		政府采购预算		非政府采购预算	上年预算批复数（对应年度总预算数）	增减原因	第二年支出预算	第三年支出预算
			年度总预算（A+C）	年度支出预算（B+C）	招标规模（虚拟指标）（A）	年度支出预算（B）	年度支出预算（C）				
	……										
	合计										
四	小修监理项目（×年集中采购合同段）										
（一）	地方管理单位（部门）										
	……										
	小计										
（二）											
	……										
	小计										
（三）											
	……										
	小计										
（四）											
	……										
	小计										
（五）											
	……										
	小计										
（六）											

续上表

序号	合同段号或项目名称	合同年限	合计		政府采购预算		非政府采购预算	上年预算批复数（对应年度总预算数）	增减原因	第二年支出预算	第三年支出预算
			年度总预算（A+C）	年度支出预算（B+C）	招标规模（虚拟指标）（A）	年度支出预算（B）	年度支出预算（C）				
	……										
	小计										
（七）											
	……										
	小计										
（八）											
	……										
	小计										
（九）											
	……										
	小计										
	合计										
	总计										

制表人：　　　　　　制表时间：

“一上”表——附件 6-49：

路隧专项资金道路设施养护日常养护管理费预算表

表 6-50

单位：万元

序号	实施单位	实施内容及依据	合计		政府采购预算		非政府采购预算	上年预算批复数（对应年度总预算数）	增减原因	第二年支出预算	第三年支出预算
			年度总预算（A+C）	年度支出预算（B+C）	招标规模（虚拟指标）（A）	年度支出预算（B）	年度支出预算（C）				
1	地方管理单位（部门）										
2											
3											
4											
5											
6											
7											
8											
9											
10											
合计											

制表人：　　　　制表时间：

"一上"表——附件 6-50：

路隧专项资金道路设施养护专项管理项目预算表

表 6-51

单位：万元

序号	项 目 名 称	实施内容及依据	合　计		政府采购预算		非政府采购预算	上年预算批复数（对应年度总预算数）	增减原因	第二年支出预算	第三年支出预算
			年度总预算（A+C）	年度支出预算（B+C）	招标规模（虚拟指标）（A）	年度支出预算（B）	年度支出预算（C）				
（一）	地方管理单位（部门）										
	……										
	小计										
（二）											
	……										
	小计										
（三）											
	……										
	小计										
（四）											
	……										
	小计										
（五）											
	……										
	小计										

续上表

序号	项目名称	实施内容及依据	合　计		政府采购预算		非政府采购预算	上年预算批复数（对应年度总预算数）	增减原因	第二年支出预算	第三年支出预算
			年度总预算（A+C）	年度支出预算（B+C）	招标规模（虚拟指标）（A）	年度支出预算（B）	年度支出预算（C）				
（六）											
	……										
小计											
（七）											
	……										
小计											
（八）											
	……										
小计											
合计											

制表人：　　　　　　　　　　　　制表时间：

"一上"表——附件 6-51：

路隧专项资金道路大中修工程预算明细表

表 6-52

单位：万元

序号	项 目 名 称	项目类别	项目位置	工程方案	主要工程量	合　计		政府采购预算		非政府采购预算	上年预算批复数（对应年度总预算数）	增减原因	第二年支出预算	第三年支出预算
						年度总预算（A+C）	年度支出预算（B+C）	招标规模（虚拟指标）（A）	年度支出预算（B）	年度支出预算（C）				
1														
2														
3														
合计														

注：道路养护大中修工程项目按照 A～F 分类排序。其中，A 类："三危"项目；B 类：地方政府有会议纪要要求、地方领导批示的项目；C 类：决策会议纪要要求，相关领导批示，地方政府会议纪要明确及相关领导批示的项目；D 类：媒体曝光的项目；E 类：数字化城管投诉案件和市民投诉的项目；F 类：其他类。

制表人：　　　　　　　　　　　　　　　　制表时间：

"一上"表——附件6-52：

道路大中修工程维修工程投资估算表　　表6-53

序　　号	工程项目名称	金额(万元)	备　　注
一	建筑安装工程费		
二	工程建设其他费用		
1	前期工作咨询费		
2	建设单位管理费		
3	建设工程临时设施费		
4	工程建设监理费		
5	工程质量监督费、安全监管费		
6	工程设计费		
7	工程勘察费		
8	预算编制费		
9	竣工图编制费		
10	施工图审查费		
11	造价咨询费		
12	工程保险费		
13	招标代理服务费		
14	招投标交易费		
三	预备费		
工程总造价			

制表人：　　　　制表时间：

"一上"表——附件 6-53：

路隧专项资金交通安全设施维护费预算明细表

表 6-54

单位：万元

序号	实施单位	项目名称	支出计划						合计		政府采购预算		非政府采购预算	上年预算批复数（对应年度总预算数）	增减原因	第二年支出预算	第三年支出预算
			工程维护费	设计费	监理费	造价咨询	其他费用	小计	年度总预算（A+C）	年度支出预算（B+C）	招标规模（虚拟指标）（A）	年度支出预算（B）	年度支出预算（C）				
1																	
2																	
3																	
合计																	

制表人：　　　　制表时间：

“一上”表——附件 6-54：

路隧专项资金××项目预算明细表

表 6-55

单位：万元

序号	费用名称	类别										
		单价	数量	合计		政府采购预算		非政府采购预算	上年预算批复数（对应年度总预算数）	增减原因	第二年支出预算	第三年支出预算
				年度总预算（A＋C）	年度支出预算（B＋C）	招标规模（虚拟指标）（A）	年度支出预算（B）	年度支出预算（C）				
1												
2												
3												
4												
合计												

注：其他项目填制此表。

制表人：　　　　　　　　　　制表时间：

"一上"表——附件6-55：

路隧专项资金待支付以前年度采购项目预算申报表

表6-56

单位：万元

序号	单位	项目名称	安排年度	项目预算（合同）金额	预计到当年12月31日的支付数	未支付数	结转下一年支付金额	备注
一	公路隧道管养经费							
（一）	日常养护费							
1								
……								
（二）	养护管理费							
1								
……								
（三）	道路大中修工程等费用							
1								
……								
（四）	交通安全设施维护费							
1								
……								
二	道路交通事务管理经费							
（一）								
……								
三	相关单位（部门）待支付项目							
……								
合计（一至三）								

注：项目预算（合同）金额中，既有预算金额又有合同金额的填写合同金额。

制表人：　　　　　　　　　　　　　　制表时间：

"一上"表——附件 6-56：

路内停车泊位汇总表

表 6-57

填报基准日：　年　月　日

序号	单位	泊位数量(个)
1		
2		
3		
4		
5		
6		
7		
8		
9		
10		
11		
合计		

注：此表由道路交通管理部门填制。

制表人：　　　　　　　　　　制表时间：

2）"一下"表

附件 6-57：×年部门预算行政性项目支出控制数(模版)见表 6-58。

"一下"表——附件 6-57：

表 6-58

× 年部门预算行政性项目支出控制数（模版）

单位：万元

项目名称			上一年年初预算	中期调整	扣减一次性因素	财局核定新增因素	当年预算控制数	备注
行政运行	公用支出	水电费						
	小计							
公路和运输安全	安全监管支出	安全监管经费						
	小计							
公路运输管理	路政执法支出	路政执法经费						
	综合文秘支出	综合文秘经费						
	人事纪检支出	人事纪检经费						
	财审支出	财审经费						
	综合法律支出	综合法律经费						
	交通运输执法支出	交通协查费						
	信息化运维支出	智能化业务管理						
	交通建设管理支出	交通建设管理经费						
	办公设备购置	办公设备购置						
	培训支出	培训费支出						
	小计							
办公楼天面防水工程								
道路品质提升专项经费								
合计								

制表人：　　　　制表时间：

6.4.2　交通运输专项资金和政府性基金的预算编制

1）预算编制范围

交通运输专项资金包括现代物流业领域、绿色港口建设领域和经地方政府批准由专项资金支持的其他事项。政府性基金包括港口建设费分成资金、国土基金交通前期费。

交通运输专项资金和政府性基金的使用应严格按照相关资金管理办法（细则）规定执行。交通运输专项资金和政府性基金使用范围（以深圳市为例）见表6-59。

交通运输专项资金和政府性基金使用范围（以深圳市为例）　　表6-59

资金名称		使用范围
交通运输专项资金	现代物流业领域 （原深圳市现代物流业发展专项资金项目纳入本领域）	（1）物流业。 （2）航空业。 （3）港航业。 （4）深圳市政府批准的其他事项
	绿色港口建设领域 （原循环经济与节能减排专项资金项目纳入本领域）	（1）深圳市港口岸电设施建设、船舶岸电受电设施改造。 （2）新增天然气、电力等清洁能源动力船舶。 （3）船舶安装使用尾气净化设施。 （4）船舶安装使用排气污染物在线监测设备。 （5）新增电动堆高机、电动拖车。 （6）船舶进入沿海排放控制区使用低硫燃油
	经地方政府批准由专项资金支持的其他事项	经地方政府批准由专项资金支持的其他事项
政府性基金	港口建设费分成资金	（1）扶持地方港口公共基础设施（包括港口公用航道、防波堤、锚地等）的建设和维护，重点扶持维护项目。 （2）扶持地方港航保障系统建设和维护，包括航运公共信息服务平台建设、视频监控系统、港口危险货物重大危险源监控管理信息系统建设；港口调度及港政管理基地建设；引导绿色港口发展的技改项目、陆岛运输公共服务项目
	国土基金交通前期费	主要用于交通行业发展规划及研究

2）预算编制主体及分工

预算编制主体为资金支配使用的单位（部门），实行“谁支配使用谁编制预算，按业务职责分工归口管理”的预算编制规则。

各单位（部门）根据职能及年度工作安排，负责编制本单位（部门）专项资金预算。涉及归口事项，应报送相关归口统筹单位（部门）汇审后提交财务主管部门。

交通运输专项资金和政府性基金预算编制主体及分工以深圳市为例见表6-60。

交通运输专项资金和政府性基金预算编制主体及分工　　表6-60

资金类型		预算项目名称	归口统筹单位（部门）	编制单位（部门）
交通运输专项资金	现代物流业领域	物流业子项经费预算	财务主管部门	物流管理部门
		港航业子项经费预算		港航管理部门
		航空业子项经费预算		民航管理部门

续上表

资金类型		预算项目名称	归口统筹单位(部门)	编制单位(部门)
交通运输专项资金	绿色港口建设领域	深圳市港口岸电设施建设、船舶岸电受电设施改造;新增天然气、电力等清洁能源动力船舶;船舶安装使用尾气净化设施;船舶安装使用排气污染物在线监测设备;新增电动堆高机、电动拖车;船舶进入沿海排放控制区使用低硫燃油	港航管理部门	港航管理部门
政府性基金	港口建设费分成资金	港口公共基础设施(包括港口公用航道、防波堤、锚地等)的建设和维护,重点扶持维护项目预算	港航管理部门	港航管理部门、交通设施管理部门
		港航保障系统建设和维护项目预算	港航管理部门	港航管理部门、交通设施管理部门
		执法支队巡逻艇运行维护费预算	执法管理部门	执法管理部门
	国土基金交通前期费	交通行业发展规划及研究项目预算	规划管理部门	相关单位(部门)

3)预算编报流程

交通运输专项资金和政府性基金预算编报流程按“第一部分总册→四、工作时间表及路线图→(二)工作总体流程”执行。

4)预算编制标准及方法

(1)预算编制标准。

按照配套的资金管理办法、实施细则(操作规程)、申报指南规定的标准编制,没有可参照标准的应参考上年批复数据及当年新增减因素编制。涉及政府采购项目的,要按照地方集中采购目录及限额标准的要求,列明采购项目名称、采购数量等具体信息。

(2)预算编制方法。

①确定政府采购属性及采购品目。各单位(部门)在编报预算项目时,应根据政府集中采购目录相关规定执行,明确项目的采购属性,即是否政府集中采购。

②确定项目总预算数及支付预算数。

a.对于非政府集中采购类项目,一般情况下项目总预算与支付预算数相等。

b.对于政府集中采购类项目,项目总预算对应项目采购计划,即单位(部门)在当年用于办理项目采购或延续合同的预算规模;项目支付预算数,即该预算项目在当年的实际支出预算数。

③事后补助项目实行跨年度错配支付机制。为提高预算执行的均衡性,对事后兑现补助类资金,实行上一年度受理项目申报,下一年度上半年根据项目审核情况办理资金拨付的工作机制。地方政府有其他支付要求的,按地方政府要求执行。

④细化待支付以前年度采购项目和金额。待支付以前年度采购项目应具体细化到明细项目和金额。

5)工作安排

当年预算与三年支出规划同步编报,具体时间安排如下:

(1)各单位(部门)将本单位(部门)项目支出明细预算报送财务主管部门。涉及归口审核事项的,由归口统筹单位(部门)汇审后报送。

(2)交通管理部门对各单位(部门)报送的项目进行汇总审核,并将初审情况反馈各单位(部门)征求意见。

(3)交通管理部门将审定后的预算报送财务主管部门。

(4)各单位(部门)完成财政项目库数据录入并提交交通管理部门审核。

6)工作要求

(1)各单位(部门)要高度重视年度预算编制工作,安排专人,按时、保质地完成年度预算编制任务。

(2)交通运输专项资金应严格按照办法、细则、指南中规定的范围进行申报和使用,除专项资金管理办法另有规定之外,交通运输专项资金原则上不得用于单位(部门)的工资福利经费和办公经费支出;属于年度部门预算安排的项目,不得在年度专项资金预算中申报。

(3)各单位(部门)要全面、科学地预计当年各类工作事项及工作开展的方式,预算编制做到全面、完整。同时,各单位(部门)要加强对申报项目的调研论证,确保项目依据充分、费用合理、绩效明确。

7)其他事项

各单位(部门)涉及交通规划及课题研究类项目经费编制事项按照交通运输管理部门关于报送当年规划及课题研究项目预算的通知要求办理。

8)预算表格

(1)交通运输专项资金附表,以深圳市为例。

附件6-58:深圳机场国际客运通航点信息表(表6-61)。

附件6-59:深圳市交通运输专项资金预算总表(表6-62)。

附件6-60:深圳市交通运输专项资金当年预算明细表(表6-63)。

(2)港建费分成资金附表。

附件6-61:航道基础信息一览表(表6-64)。

附件6-62:港建费分成资金年度预算支出总表(表6-65)。

附件6-63:港建费分成资金××项目预算明细表(表6-66)。

附件6-64:港建费分成资金待支付以前年度采购项目预算申报表(表6-67)。

附件6-58:

深圳机场国际客运通航点信息表　　表6-61

首航年份	序号	航线	目的地国家	开航日期	执飞航空公司

制表人:　　制表时间:

附件 6-59：

深圳市交通运输专项资金预算总表　　表 6-62

单位：万元

序号	类　别	资助项目	上年 批复数	当年 支出预算	第二年 支出预算	第三年 支出预算	备　注
一	现代物流业领域						
（一）	物流业子项						
		小计					
（二）	航空业子项						
		小计					
（三）	港航业子项						
		小计					
合计							
二	绿色港口建设领域						
（一）	深圳市港口岸电设施建设、船舶岸电受电设施改造						
		小计					
（二）	新增天然气、电力等清洁能源动力船舶						
		小计					
（三）	船舶安装使用尾气净化设施						
		小计					
（四）	船舶安装使用排气污染物在线监测设备						
		小计					
（五）	新增电动堆高机、电动拖车						
		小计					
（六）	船舶进入沿海排放控制区使用低硫燃油						
		小计					
合计							
总计（一、二）							

制表人：　　　　　　　　　　　　制表时间：

附件 6-60：

深圳市交通运输专项资金当年预算明细表

表 6-63

单位：万元

序号	项目名称	类别				
		标准	数量	金额	上年批复数	与上年比较增减因素
一	现代物流业领域					
（一）	物流业子项					
小计						
（二）	航空业子项					
小计						
（三）	港航业子项					
小计						
合计						
二	绿色港口建设领域					
（一）	深圳市港口岸电设施建设、船舶岸电受电设施改造					
小计						
（二）	新增天然气、电力等清洁能源动力船舶					
小计						
（三）	船舶安装使用尾气净化设施					
小计						
（四）	船舶安装使用排气污染物在线监测设备					
小计						

续上表

序号	项目名称	类别				
		标准	数量	金额	上年批复数	与上年比较增减因素
（五）	新增电动堆高机、电动拖车					
小计						
（六）	船舶进入沿海排放控制区使用低硫燃油					
小计						
合计						
总计(一、二)						

制表人： 制表时间：

附件6-61：

航道基础信息一览表

表6-64

填报基准日： 年 月 日

航道名	地址	长度（km）	宽度（m）	底标高（m）	疏浚维护工程量（万 m^3）	竣工时间
合计						

制表人： 制表时间：

附件 6-62：

港建费分成资金年度预算支出总表

表 6-65

单位：万元

项目名称	上年批复金额	年度预算					第二年支出预算	第三年支出预算	实施背景及依据	费用组成	是否增量项目	备注
		政府采购预算		非政府采购预算	合计							
		招标规模（虚拟指标）（A）	年度支出预算（B）	年度支出预算（C）	年度总预算（A+C）	年度支出预算（B+C）						
一、深圳港铜鼓航道及西部港区公共航道疏浚维护经费												
二、深圳港铜鼓航道及西部港区公共航道管理费												
三、盐田港区公共航道拓宽疏浚经费												
四、内伶仃洋雷达站维护管理费												
……												
六、待支付以前年度采购项目												
合计												

注：如预算内容较多，可另外附表。

制表人：　　　　制表时间：

附件 6-63：

港建费分成资金××项目预算明细表

表 6-66

单位：万元

序号	费用名称	类别										
		单价	数量	合计		政府采购预算		非政府采购预算	上年预算批复数（对应年度总预算数）	增减原因	第二年支出预算	第三年支出预算
				年度总预算（A+C）	年度支出预算（B+C）	招标规模（虚拟指标）（A）	年度支出预算（B）	年度支出预算（C）				
1												
2												
3												
4												
合计												

制表人：　　　　制表时间：

附件 6-64：

港建费分成资金待支付以前年度采购项目预算申报表

表 6-67

单位：万元

序号	单　　位	项目名称	安排年度	项目预算（合同）金额	预计到当年 12 月 31 日的支付数	未支付数	结转下年支付金额	备注
1								
2								
3								
4								
5								
6								
合计								

注：项目预算（合同）金额中，既有预算金额又有合同金额的填写合同金额。

制表人：　　　　　　　　　　　　　　　制表时间：

6.4.3　政府投资项目的预算编制

1）政府投资项目预算编制对应基建指标的概念和范围

根据地方政府相关规定，基本建设、房地产开发、技术改造、大中型设备购置项目列入固定资产投资计划。

立项、概算等前期工作由地方发改部门负责。地方财政部门按年切块给发改部门，发改部门下达年度投资计划，财政主管部门在切块范围内做好财政性基建资金保障工作。

地方财政部门按照投资计划类型分别处理，进度款直接在基建系统形成可执行指标、前期费和建设单位管理费转换为一般经费指标纳入金财系统。

经地方审议通过以及预算调整程序明确的政府投资项目年度投资计划对应资金，纳入本年度政府投资项目盘子且通过基建资金管理系统管理的，统称基建指标。

按规定可结转两年继续使用的政府投资项目资金，按照基建指标模式管理。根据财政部发布的《关于推进地方盘活财政存量资金有关事项的通知》（财预〔2015〕15 号）规定，财政性基建资金可结转两年使用。前期费、建设单位管理费按照一般性项目经费模式结转。

各专项资金（含中央补助、省补助）安排的固定资产投资项目，未纳入本年度政府投资项目盘子或未通过基建资金管理系统管理的，不属于基建指标。

2）基建指标的分类

从部门预算编制的维度划分，基建指标可以分为以下三类：

（1）前两年已下达到预算单位基建资金管理系统账号的指标，如进度款、地方投区建项目计划。

（2）前两年已下达到预算单位金财系统零余额账户的指标，如前期费、建设单位管理费。

（3）预算单位已向地方发改委申请，将于当年下达的投资计划指标。

上述三类指标均应由预算单位编入下一年度部门预算。

3)不同基建指标的编制方法

(1)对于上述第1类和第2类基建指标,10月初,由预算单位按照财务主管部门下发的截至9月30日的已下达指标数据,根据单位掌握的实际情况,分别与金财系统、基建资金管理系统数据核对,并扣减预计10月份到年底仍需发生的支出后,将剩余指标额度按单个项目编入下一年度部门预算项目库。

第1类基建指标对应的当年支出规模统一编入下一年度部门预算项目库“政府投资项目”模块;资金来源、功能科目要区分清楚(一般公共预算、国土基金)。

第2类基建指标中资金来源为“政府性基金”对应当年支出规模在项目库中编入“政府性基金”模块,资金来源为“公共预算”对应当年支出规模在项目库中编入“一般性经费”模块,履职分类选择“前期费”或者“建设单位管理费”。

(2)对于第3类基建指标,由预算单位按照财务主管部门下发的,地方发展和改革委员会(以下简称“发改委”)提供的当年投资计划数据,按单个项目编入下一年度部门预算项目库“政府投资项目”模块。资金来源、功能科目要区分清楚(一般公共预算、国土基金)。

(3)项目的编报主体以地方发改委下达投资计划的建设单位为准。如果项目和资金计划均已移交,则由接收单位负责编报预算。未编预算,不得支出。

第6.5节　分业务板块预算编制及表格

6.5.1　交通规划及课题研究类项目预算编制

1)预算编制指引

(1)总则。

为促进交通可持续发展,需要编制交通规划及研究课题予以支撑,为进一步提高编制项目预算的规范性,特制定本指引。

(2)定义。

交通规划及课题研究类项目是指交通政策、交通规划、交通标准、交通规范的研究,以及交通调查等其他研究类项目。属于职能内的日常工作不得申报,避免日常工作课题化。

(3)预算编报模式。

实行“二上二下,按需申报、分板块汇审、主管领导专题会议审议、调整申报、第三方评审费用”的预算编报模式。

①按需申报。

由各单位(部门)结合职责分工,按照年度实际工作需求申报预算项目,并按照重要性和必要性对申报项目进行排序。

②分板块汇审。

发挥专业单位(部门)的政策把握和统筹作用,预算项目经归口统筹单位(部门)审核、汇总,并经其主管领导审查后提交交通运输管理部门按程序审议。

涉及规划类课题项目,由综合规划管理部门负责汇审;涉及轨道交通类项目,由轨道交通管理部门负责汇审;涉及港航和货运类课题项目,由港航和货运管理部门负责汇审;涉及公共交通类课题项目,由公共交通运输管理部门负责汇审;涉及交通公用设施类课题项目,由交通设施管理部门负责汇审;涉及智能类课题项目,由运行指挥管理部门负责汇审;其他课题研究类项目报送财务主管部门。

③主管领导专题会议审议。

交通运输管理部门主管领导召开专题会议审议,按照年度财力情况,对预算项目的必要性及重要性进行审核,并确定各单位(部门)年度预算规模。

④调整申报。

各单位(部门)依据交通运输管理部门的审核意见,经调整完善后再次报送交通运输管理部门。预算资料提交后,在评审过程中不得修改。

⑤第三方评审费用。

由财务主管部门委托第三方专业机构对申报项目预算的经济性和合理性进行评审。

(4)预算申报原则。

①预算需求与职责相匹配。

各单位(部门)应依据交通运输管理部门相关工作职责文件,客观合理、实事求是地申报预算项目。

②保障重点,确保刚性需求。

申报预算应紧紧围绕五年综合交通规划、交通运输管理部门的年度工作重点,优先保障上级部门有明确要求开展的项目经费需求。

③加强论证、注重绩效。

各单位(部门)要加强对申报项目的论证和测算,确保项目预算依据充分、测算合理并落到实处。

(5)预算资料的报送。

需提交的预算资料包括预算申报表、项目计划书和依据文件资料。预算资料应由各单位(部门)以正式文件报送相关归口统筹单位(部门),经归口统筹单位(部门)汇审后提交财务主管部门。具体要求参考附件。

(6)项目计划书的编制。

项目计划书一般包括项目背景、工作目标、工作内容、技术路线、预期成果及形式、项目进度安排、项目组织和项目经费预算等8个部分,可根据项目重要性和复杂程度添加其他内容。项目计划书是预算评审的主要依据。

①项目背景。此部分宜表述行业国内外发展情况、项目完成后的实施前景、项目编制的主要目的和必要性等。

②工作目标。总体目标是一个宏观的、概念性的、比较抽象的描述。工作目标可以分解成一系列具体的、可衡量的、可实现的、带有明确时间标记的阶段性目标。

③工作内容。详细描述本项目为达到工作目标所完成的实际工作内容,重点描述能体现工作量的工作内容,可根据项目的实际情况说明项目的重难点和可能的创新点;有专题报告的详细说明专题报告的编制内容和必要性;有明确研究内容的可描述重难点和可能的创新点。

④技术路线。完成项目所展开工作的主要步骤,以框图的形式展示主要工作内容和主要工作方法。

⑤预期成果及形式。说明项目完成后所提供的所有成果内容和成果格式,有专题报告的应列出详细的专题报告名称。一般成果为说明文本、图集、研究报告,成果形式为纸质文件、word、CAD、ppt和excel等格式。

⑥项目进度安排。根据项目主要的技术工作节点和评审、汇报工作,合理安排项目进度。

⑦项目组织。根据项目的工作量,合理安排技术力量,列明项目负责人和主要技术人员的岗位、任务及职称要求。若费用计算与人员相关,应明确计费过程中与人员有关的信息。

⑧项目经费。根据项目类型,在现有标准未变的情况下,可选取适应的标准编制预算,有针对性地在国家、省区市以及行业的取费标准中,合理选择取费依据,并说明选取该依据的理由。建议按照规划面积、规划人口、道路长度、实施难度等因素综合考虑;在选取难度系数时,需说明选取难度系数的原因;对于有创新点的项目,在详细说明创新点后,可以在标准范围内适当增加调整系数,也可以采用其他取费方法校验取费过程,综合取相对较低的取费结果。若以专题的形式计费,需合理说明每个专题的研究内容和必要性,研究专题不宜过多,需要整合专题的研究内容;若采取工日及人工费时,需明确取费的标准和每一个步骤详细的工日测算过程。

附件6-65:×年交通规划及课题研究类项目预算申报表(表6-68)。

附件6-66:××立交段交通改善研究项目计划书(样板)。

附件6-65:

×年交通规划及课题研究类项目预算申报表

表6-68

金额:万元

序号	申报单位(部门)	项目名称	预算金额	年度支出金额	项目概况	申报依据	项目类别(分A、B、C、D四类,划分标准见备注)
一、交通规划类							
1							
2							
3							
小计							

续上表

序号	申报单位（部门）	项目名称	预算金额	年度支出金额	项目概况	申报依据	项目类别（分A、B、C、D四类，划分标准见备注）
二、课题研究类							
1							
2							
3							
小计							
三、业务咨询类							
1							
2							
3							
小计							
总计							

注：1. 项目类别分A、B、C、D四类。具体按以下标准划分：

A类指地方政府或领导及以上有明确要求的项目；

B类指交通运输管理部门主管领导办公会、领导工作会议或主要负责人批示明确的项目；

C类指交通运输管理部门分管领导批示明确的项目；

D类指各单位（部门）按职能提出的项目。

2. 项目应按其重要性依次进行排序。

附件 6-66：

××立交段交通改善研究
项目计划书
（样板）

××交通运输局××交通管理局

×年×月

一、项目背景

现状较为拥堵的××通道面临较大压力,急需进行改善,以适应未来需求……

(根据具体情况详细叙述)

1. 通道现状部分路段高峰时段拥堵严重

××路现阶段部分路段高峰时段较为拥堵……

(根据具体情况详细叙述)

图1　××大道晚高峰运行状况图(略)

图2　××路晚高峰运行状况图(略)

2. 区域的开发建设与新通道的接入

××通道未来交通需求发生较大变化,对通道提出了更高要求。

(1)新通道的接入将会引入大量通过性交通,对区域路网及××路带来较大的冲击……

(根据具体情况详细叙述)

(2)随着通勤出行需求快速增加,通道沿线的主要路网转换节点面临较大压力……

(根据具体情况详细叙述)

综上所述,××通道未来所承担的通过性交通、路网转换交通、片区服务交通都将快速增长,既有拥堵的通道,未来面临较大压力。因此,亟待开展××路交通改善设计方案相关系统研究,提出对策和解决方案。

二、工作目标

在相关上层次规划的指导下,在详细的交通调查和科学的交通需求预测基础上,根据城市定位、城市发展等要素,考虑工程技术条件等的制约,并结合现状路网基础,研究提出通道改善总体方案并开展交通详细设计方案等工作,为规划管理和下阶段工作提供技术依据。

三、工作内容

1. 基础资料收集整理

(1)城市总规划、近期建设规划、分区规划、沿线及相关片区法定图则、城市更新等城市规划资料。

(2)城市轨道交通规划、干线道路网规划、公共交通规划等交通规划资料。

(3)沿线相关轨道、道路交通工程项目规划、设计资料。

(4)沿线相关用地红线、1∶1000地形测量资料(电子版)。

2. 现状交通调查

(1)区域土地利用、人口/岗位、路网、交通组织、轨道、公交通道等调查。

(2)交通组织及道路交通设施基本情况调查。

(3)高峰期间路段、节点交通流量及主要信号路口相位相序调查。

(4)现状公交、行人设施及运行状况调查。

(5)现状沿线交通管理设施调查。

3. 现状问题分析。

(1)区域路网交通运行现状及存在问题分析。

(2)公交系统运行现状及存在问题分析。

(3)行人、非机动车系统运行现状及存在问题分析。

(4)交通管理现状及存在问题分析。

4. 规划解读及功能定位分析

(1)区域城市发展、土地利用、人口/岗位等现状和规划分析。

(2)区域路网及交通组织、轨道、公交等现状和规划分析。

(3)相关大型道路交通基础设施建设项目规划设计分析。

(4)根据沿线不同区段土地开发功能、性质和交通特征,结合区域交通组织规划,分段对道路交通功能进行分析,并提出路网衔接思路。

5. 改造目标及对策

(1)针对现状及面临问题,结合功能定位和需求预测,提出交通综合改造目标、对策以及具体措施。

(2)根据总体改造目标及对策,提出改造总体原则及思路。

(3)根据改造总体原则及思路,结合功能定位及路网衔接思路,提出应对策略及总体改造方案。

6. 改造方案研究

(1)结合总体改造方案,对区域临近路网进行优化,消除瓶颈,均衡路网流量。

(2)根据功能定位、需求预测以及沿线单位进出等因素确定横断面改造方案。

(3)根据总体改造方案,提出道路各交通系统设计方案,包括平面线位、交通组织渠化、节点、出入口、公交以及交通管理等。

7. 方案测试与评价

(1)从路网完善、流量均衡的角度对改造方案做定性的分析评价。

(2)利用交通模型,对规划方案实施后路网交通流量分布、主要节点饱和度进行定量的测试评价。

四、技术路线

本次研究的技术路线如图3所示。

五、预期成果及形式

本项目的提交成果包括《××立交段交通改善研究》纸质报告10份以及电子版文件1份。

六、项目进度安排

根据上述项目工作内容,参考类似项目,本项目初步计划自开展之日起12个月内完成。工作进度安排表见表1。

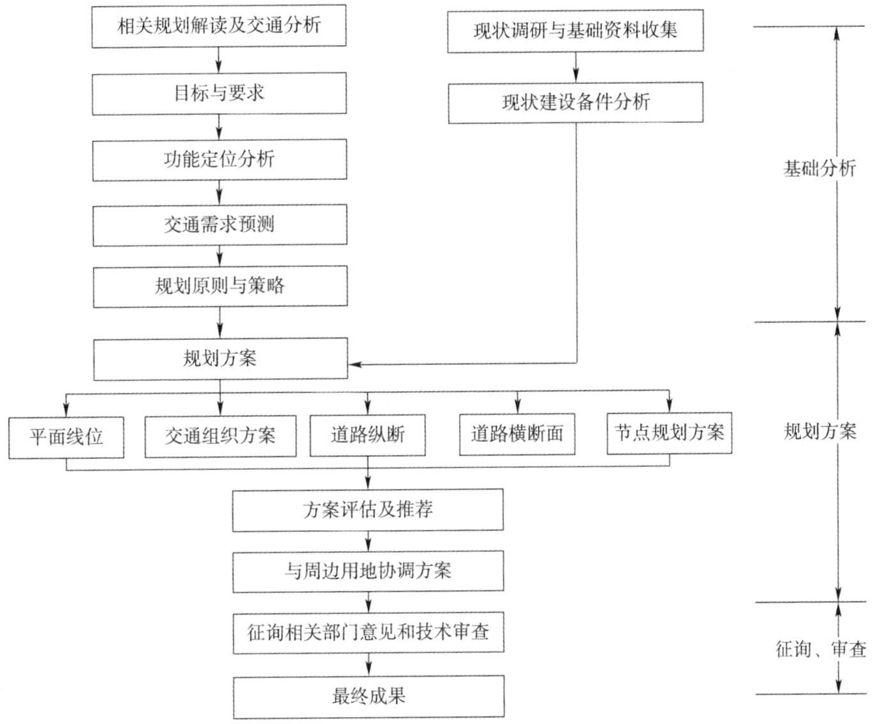

图3　技术路线图

工作进度安排表　　表1

序号	工作阶段	成果构成	成果提交时间	成果验收方式
1	工作方案	工作方案 （PPT形式）	合同签订之日起1个月内	通过××管理部门审查认可
2	初步成果	初期成果 （PPT形式）	合同签订之日起3个月内	通过××管理部门审查认可
3	中间成果	中期成果 （PPT形式、Word文档）	合同签订之日起6个月内	通过××管理部门审查认可
4	最终成果	最终成果 （报告、图册形式）	合同签订之日起12个月内	通过项目专家评审或交通运输规划技术管理部门审查

七、项目组织

根据项目工作内容及技术要求，本项目需要投入不同层次的技术人员共12人，项目人力安排计划表见表2。

项目人力安排计划表　　表2

职　位	人　数	任　务	职　称
项目顾问		提供项目的技术顾问	
项目主管		提供项目指导及监督项目的进行	
项目经理（项目负责人）		负责项目的运作、监督和管理	

续上表

职　　位	人　　数	任　　务	职　　称
交通规划(主办1名、协办1名、辅助1名)		负责交通规划分析	
城市规划(主办1名)		负责宏观城市规划分析	
道路工程(主办1名、协办1名、辅助1名)		负责规划方案的编制	
交通模型(主办1名、协办1名)		负责对规划的测算评估	
总计		—	

八、项目经费

本研究费用依据于《××地方交通规划研究项目取费指引》交通详细规划研究类标准计取,根据测算,总费用为×元,具体费用计算详见附件。

1.收费依据

本项目属于专项研究项目中规划研究类详细规划项目,收费参考《××地方交通规划研究项目取费指引》,项目费用包括研究费用、调研调查费用、专家咨询评审费用、成果制作费用等。项目研究费用构成表见表3。

项目研究费用构成表　　表3

序号	项　　目	分项内容	说　　明
1	调研调查费用	资料收集与考察	搜集、复印、购买、整理相关法规、技术资料和文献,相关城市考察调研费用,按实际情况单独计列
		交通调查费用	详见第4节
2	研究费用	研究人员劳务费用	所有项目参与人员在项目研究期间的研究费用,由研究人员的职级与参与研究的工作日决定,计算公式如下: Σ单价i(元/天)×数量i(人)×天数i(天) 式中:单价i——第i类咨询人员每工日费用标准; 数量i——投入的第i类咨询人员人数; 天数i——投入的第i类咨询人员工作总天数。 工日数量及单价标准见第2、3节
3	项目评审及成果制作费	专家咨询费	包括举行专家咨询会、评审会等所产生的咨询费、场所租赁费、交通费、住宿费等
		项目评审费	
		成果制作及设备损耗费	包括初期、送审和最终成果制作费用;相关办公设备使用的损耗费
4	后期服务费	项目完成后的后续服务费	在研究项目完成后提供后续服务的相关费用,根据甲方要求,取为第2项"研究费用"的5%~15%
5	专项费		视具体研究要求需购置专用设备和进行专门的监测、试验或其他开发的费用,按实际情况单独计列
6	管理费		1~5项费用之和乘以管理费率(不超过10%)
7	税费		1~6项费用之和乘以综合税率
总计(1~7项费用之和)			

根据《××地方交通规划研究项目取费指引》,工程咨询技术人员工日费用标准及交通调查人员工日费用标准,具体见表4、表5。

工程咨询技术人员工日费用标准表 表4

序号	咨询人员职级	工日费用标准(元)
1	高级专家	
2	高级专业技术职称的咨询人员	
3	中级专业技术职称的咨询人员	
4	初级专业技术职称的咨询人员	

交通调查人员工日费用标准 表5

序号	岗　　位	费用标准(元/人·天)
1	调查经理	
2	专项调查负责人	
3	调查人员	
4	调查数据整理及录入人员	

2.收费计算

1)研究费用

根据本项目工作内容,测算项目不同专业及技术层次实际人力需求,按照《××地方交通规划研究项目取费指引》人力收费标准,计算实际人力成本投入费用情况。研究人员劳务费用概算见表6。

研究人员劳务费用概算 表6

序号	职务/职级		人　　数	工作量(工日/人)	费用(元/工日)	小计(万元)
1	项目顾问					
2	技术主管					
2	项目负责人					
3	主办工程师					
4	协办工程师					
5	辅助技术人员					
合计						

2)调查费用

根据本项目工作内容,测算项目调查人力需求,按照《××地方交通规划研究项目取费指引》人工收费标准,计算交通调查人工费用概算,见表7。

交通调查人工费用概算 表7

序号	岗　　位	人　　数	工作量(日/人)	日费用(万元/人日)	小计(万元)
1	调查经理				
2	专项调查负责人				
3	调查人员				
4	调查数据整理及录入人员				
合计					

3)总费用

项目总费用概算见表8。

项目总费用概算　表8

序号	项　目	分项内容	费用概算(万元)	说　明
1	调研调查费用	交通调查费用		详见表5
2	研究费用	研究人员劳务费用		详见表4
3	项目评审及成果制作费	专家咨询费		—
		项目评审费		
		成果制作及设备损耗费		包括报告印刷费用以及相关办公设备使用的损耗费
4	后期服务费	项目完成后的后续服务费		取为第2项"研究费用"的5%
5	专项费			—
6	管理费			1~5项费用之和乘以管理费率(6%)
7	税费			1~6项费用之和乘以综合税率(6%)
总计				1~7项费用之和

2)取费指引

为加强对交通规划及课题研究项目的管理,参照国家计委《建设项目前期工作咨询收费暂行规定》(计价格〔1999〕1283号)、中国城市规划协会《城市规划设计计费指导意见》(2004中规协秘字第022号)等相关标准文件,制定本取费指引。

(1)全市性综合交通规划类项目。其计算公式如下:

$$项目取费=基价\times调整系数 \tag{6-5}$$

全市性综合交通规划取费基价表及其调整系数表见表6-69、表6-70。

全市性综合交通规划取费基价表　表6-69

序号	规划类型	计费基价(万元)
一	规划类	
1	城市综合交通体系规划	
2	城市交通整体规划	
3	城市交通发展战略规划研究	
4	综合交通五年发展规划	
…	……	……

全市性综合交通规划调整系数表　　表 6-70

序号	研究层次及深度	调 整 系 数
1	规划编制	
2	原有规划修编	
…	……	……

注：1. 本计费未包括组织实施交通调查的工作量，需研究单位组织调查的费用按第五条第 4 项的有关标准另行计列。

2. 各行政区的规划编制可参照上述标准酌情调整。

3. 同时开展以上项目研究的，研究费用总计不超过单项研究最高费用的 150%。

4. 如研究内容和深度需要增加的，可视具体情况在上述标准基础上酌情增加。

5. 成果印刷、评审、后期服务等费用已包含在项目取费中，不另行计算。

（2）全市性专项交通规划类项目。其计算公式如下：

$$项目取费 = 基价 \times 调整系数 \quad (6\text{-}6)$$

全市性专项交通规划取费基价表及其调整系数表见表 6-71、表 6-72。

全市性专项交通规划取费基价表　　表 6-71

序号	规 划 类 型	计费基价（万元）
一	规划类	
1	干线路网规划	
2	城市公共交通规划	
3	慢行系统交通规划	
4	城市客运交通规划	
5	智能交通系统规划	
6	城市货运交通组织规划	
7	中运量快速公交系统布局规划	
…	……	……

全市性专项交通规划调整系数表　　表 6-72

序号	研究层次及深度	调 整 系 数
1	规划编制	
2	原有规划修编	
3	专项内不同类型规划编制	
4	五年发展规划	
5	近期规划与实施计划	
…	……	……

注：1. 本计费未包括组织实施交通调查的工作量，需研究单位组织调查的费用按第五条第 4 项的有关标准另行计列。

2. 各行政区的规划编制可参照上述标准酌情调整。

3. 如研究内容和深度需要增加的，则根据其深度和工作量增加情况，在上述标准基础上酌情增加。

4. 常规公交线网规划、公交专用道规划、公交停靠站规划、公交场站枢纽体系规划参照城市公共交通规划，根据研究内容和深度适当折减。

5. 自行车交通规划、绿道系统规划或无障碍设施规划，参照慢行系统交通规划，根据研究内容和深度要求适当折减。

6. 成果印刷、评审、后期服务等费用已包含在项目取费中，不另行计算。

(3)区域交通规划类项目。其计算公式如下:

$$项目取费 = 基价 \times 调整系数 \tag{6-7}$$

区域交通规划取费基价表及其调整系数表见表6-73、表6-74。

区域交通规划取费基价表 表6-73

序号	规划类型	计费基价(万元/km^2)
1	区域交通综合规划	
…	……	……

区域交通规划调整系数表 表6-74

序号	研究层次及深度	调整系数
1	规划编制	
2	原有规划修编	
3	道路专项	
4	公共交通专项	
5	停车系统专项	
6	货运交通组织专项	
7	慢行交通专项	
…	……	……

注:1. 本计费未包括组织实施交通调查的工作量,需研究单位组织调查的费用按第五条第4项的有关标准另行计列。
2. 计费面积为城市建设用地控制面积。
3. 如研究内容和深度需要增加的,则根据其深度和工作量增加情况,在上述标准基础上酌情增加。
4. 如各街道有需求,要单独编制交通规划的,按组团区域编制费用的1/3~1/2计取。
5. 成果印刷、评审、后期服务等费用已包含在项目取费中,不另行计算。

(4)片区交通规划项目。其计算公式如下:

$$项目取费 = 单价 \times 计费面积 \times 审批层次调整系数 \times 难度调整系数 \tag{6-8}$$

片区交通规划项目取费单价表及其调整系数表见表6-75、表6-76。

片区交通规划项目取费单价表 表6-75

序号	用地类型	计费基价(万元/km^2)
1	成熟地区	
2	快速发展地区	
…	……	……

片区交通规划项目调整系数表 表6-76

序号	研究层次及深度	调整系数
项目审批层次调整系数		
1	上报地方政府审批	
2	委员会技术会议审批	
3	处室内部审批	

续上表

序号	研究层次及深度	调 整 系 数
难度调整系数		
4	研究区域有轨道线路通过	
5	研究区域有多条高、快速路通过	
6	研究区域有大型城市更新项目	
7	研究区域用地功能复杂,现状路网基础薄弱	
8	研究区域用地类型单一,产权明晰	
…	……	……

注:1. 成果印刷、评审、后期服务等费用已包含在项目取费中,不另行计算。

2. 计费面积为城市建设用地面积。

3. 成熟地区为城市规划实施率已超过80%的地区;快速发展地区为城市规划实施率达到50%,但不足80%的地区;规划实施未达到50%的地区暂按快速发展地区标准收费。

4. 本计费未包括组织实施交通调查的工作量,需研究单位组织调查的费用按第四条第4项的有关标准另行计列。

5. 委托单位对单项专业规划有特殊要求时,应根据其规划深度和工作量增加情况,酌情增加费用。

6. 当同时满足多项难度取费系数因素时,以所满足因素的最高系数计取。

(5)专项研究项目。

非空间类的专项规划研究、交通调查、咨询评估、交通模型等项目,按照研究所需的工日及其他相关费用确定项目取费。(详见前述项目计划书中“八、项目位费”)

(6)交通影响评价收费指导标准。其计算公式如下:

$$交通影响评价项目收费 = 收费基价 \times 难度调整系数 \times 区域调整系数 \tag{6-9}$$

具体取费参照表6-77执行。

交通影响评价收费表(参考)　　表6-77

序号	建筑总面积(万 m^2)	收费基价(万元)	单价(元/m^2)
1			
2			
3			
4			
5			

(7)机场、港口及对外大型交通枢纽专项规划。

由于机场、港口等大型交通枢纽专项规划的上报主体、审批层级、编制规范和深度要求与常规的城市交通规划有所不同。同时,专项规划的编制涉及城市总体规划的宏观布局要求,修编频率较为固定。因此,该类规划参照国内其他特大城市同类项目取费标准执行。

3)预算评审标准

(1)评审原则。

交通规划及课题研究类项目预算评审遵循“客观公正、依据可信、节省财政”原则。

(2)评审依据。

①国家、省(区、市)相关法律和法规。

②地方交通规划及课题研究项目取费标准。

③申请单位提交的项目计划书及往年实施情况是咨询评审的主要依据,内容必须完整

且不能修改。

(3)评审方式。

委托第三方专业机构对预算的经济性、合理性以及费用构成进行评审。

(4)评审思路。

①严格遵守相关法律和法规及管理规定。

严格遵守国家的相关法律和法规的规定,客观、公正地对项目的内容、深度及费用进行审核,并严格遵守保密规定。

②以相关收费标准为依据开展工作。

对于有国家、省(区、市)颁布实施的法定计费标准,应选取针对性较强的标准;对于国家、省(区、市)未制定标准的,则参考相关各级行业标准,在比较相关计费标准的基础上确定项目预算;对于计费标准不具有法定性且缺乏相关行业计费标准的项目,采取参照类似项目案例进行评估询价,并结合项目预算法则确定项目费用。

③重点项目重点保障。

对于国家、省(区、市)要求重点保障和推进的项目,除了涵盖常规项目评审的所有环节外,在有必要时,对项目类型进行定向分析、解析,复核其主要工作量及工作难点,以确保此类项目的有效实施和可持续发展。

④逐步建立各类项目库并滚动更新。

建立了不同类型项目库及评审依据及收费标准,并不断地滚动和更新,有利于相关评审工作。

(5)评审方法。

①定量分析法。

定量分析法是指依据统计数据,建立数学模型,计算出分析对象的各项指标及其数值的方法,通过数学模型和图表来研究事物的本质,以数字形式表示分析结果,保障项目预算的合理性。针对每一个项目的取费方式不同,主要通过工作量核算、人工费用核算等常规取费方法分析项目预算。

②对比法。

通常,可采用以下几种对比法:横向对比、纵向对比、规制对比、标准对比、方案对比。横向对比是指与国内外其他同等水平的城市进行对比;纵向对比就是与地方历史水平进行对比;规制对比是指遵循和比照相关规定和要求从事咨询业务;标准对比是指与各种技术规范和收费标准进行对比,主要用于评价预算合理性;方案对比是指提出若干可行方案进行选择。

同类项目和类似项目包括同一类型或相类似的项目,可能在一年内或往年项目中出现,与多个项目类比预算的结论,同时考虑项目本身的特点,使预算结论更为合理。

③综合评价法。

综合评价法是指运用多个指标对评价对象进行评价,以得出综合性结论的方法。综合评价法大致可分为基于经验的方法、基于数值和统计的方法、基于决策和智能的方法三类。综合评价的工作程序:确定目标→确定评价范围→确定评价指标和标准→确定指标的权重→确定综合评价依据→选择评价方法并进行综合评价。

(6)评审步骤。

①单个项目工作阶段。

评审项目是由众多单个项目集合而成,将按照以下方法及流程,客观、公正、合理地做好每个项目的预算评审。

a. 解读每个项目计划书，进而从中提炼出项目类别、项目范围、工作内容、工作成果、工作量、工作进度、人员配置等与项目预算有直接关系的关键要素。

b. 根据项目类别查找是否具有直接针对该项目的法定取费依据。

c. 若有直接对应的取费依据，审查项目计划书是否按照标准进行取费；若无直接对应的取费依据，则审查项目计划书拟定的取费依据是否具有合理性。

d. 审查计费参数、系数是否按标准取定。

e. 审查计算过程是否正确无误。

f. 出具评审结论。

②整体工作阶段。

当评审的项目数量较多时，需要由多名专业技术人员平行开展工作；在完成单个项目后，需在完成初步核算后进行平衡分析和综合，从而得出完整的评审整体报告。此阶段的工作方法和流程如下：

a. 核查、统一同类专项内项目之间的取费依据及标准，并校核其预算的核减情况。

b. 对不同专项的近似项目的取费依据及标准，进行分析比较，以减少不同专业技术人员在主观判断过程中产生的偏差。

c. 综合汇总所有项目的预算评审情况，得出预算的总体核减率，出具总体评审报告（含总体表格），并将单个项目的详细情况作为总报告的附件。

d. 做好项目总结，滚动积累非常规类分项的经验，为今后的项目评审开展提供储备。

(7)项目评审过程。

交通规划及课题研究项目计费方法主要有用地单价法、人口单价法、人工工日法、投资定额法四种，再辅以难度系数、地区系数、专业系数等参数，即可计算出项目取费金额。

(8)评审要点。

①审查项目计划书所选取费依据、取费标准是否合理，且按照标准进行取费。

②审查项目类别、工作内容、工作量、人工费用、人员配置等关键要素是否合理。

③审查计算方法和过程是否正确无误，对于重复计取或因计算方法不正确而导致增加的费用应该予以扣除。

④审查项目是否在往年出现过同类项目或是滚动编制项目，此类项目可参考往年费用。

(9)取费依据评价。

为了满足各类项目需要，取费依据标准众多，主要包括国家标准和地方标准。交通规划及课题研究类项目的取费依据主要有《城市规划设计计费指导意见》（中国城市规划协会）、2004 年 6 月国家计委印发的《建设项目前期工作咨询收费暂行规定的通知》（计价格〔1999〕1283 号）等。

对于交通规划及课题研究项目可参考多个标准时，应选取针对性较强的标准；若全无标准可依，则可参考行业指导价及业内通用经验价格或实行市场调节价。选取取费依据时，宜说明选取理由。

(10)计费标准评价。

①取费参数。

对于依据国家、省（区、市）颁布实施的法定计费标准的项目，相应计算方法也应按照依据的相关条款或说明进行;对于采用人员工日费用的标准,主要依据国家计委印发的《建设项目前期工作咨询收费暂行规定的通知》(计价格〔1999〕1283 号)进行计费,考虑到人工工日计算法弹性较大,评审对相关取费参数的要求如下:

a. 依据地方交通规划及课题研究项目取费标准。

(a)当各行业的工日标准有一定差距,项目主要采用人工工日法进行计费时,其预算取费标准时按照"取中低值"原则选取,避免浪费财政支出;部分未列明取费标准的,不宜高于以下取费参数。

(b)资料收集与考察无说明实际需求的不得单列;交通调查费用按"就低不就高"的原则进行计费;交通调查费用及研究费用若无详细计算过程,费用进行适当折减。

(c)研究费用按项目重要性以中低值进行计费。

(d)项目评审及成果制作费:宜按项目的总价确定,有特殊要求时可酌情增加费用,但需说明具体原因。

(e)后期服务费取为第 2 项"研究费用"的 5%。

(f)专项费:无说明实际需求的不得单列。

(g)管理费:(a)~(e)项费用之和乘以管理费率。

(h)税费:(a)~(f)项费用之和乘以综合税率。

b. 依据国家计委印发的《建设项目前期工作咨询收费暂行规定的通知》(计价格〔1999〕1283 号)。

(a)按照该标准进行取费,评审只认可交通调查费用及研究费用,其他费用不得单列。

(b)项目费用采用人工工日法,按项目重要性以中低值进行计费。

②折减系数运用。

a. 由于大部分项目采用人工工日法进行计算,考虑到人工工日法计算弹性较大,适当取 0.8~0.9 的折减系数。

b. 项目已有一定基础,考虑已有基础的情况,适当取 0.85~0.9 的折减系数。

c. 项目费用无详细计算过程,难以进行深入评审的,适当取 0.85~0.9 的折减系数。

d. 同类项目和滚动编制项目可在参考往年费用的基础上,适当取 0.9 的折减系数。

e. 空间类项目采用非空间类计费方法的,适当取 0.85~0.9 的折减系数。

f. 项目工作内容未达到相关标准深度要求,适当取 0.85~0.9 的折减系数。

g. 项目未提供相关取费依据,且取费标准不合理,适当取 0.8~0.85 的折减系数。

③依据冲突时处理。

a. 人员工日费用与取费依据标准冲突时,以项目依据标准的中低值进行重新核算。

b. 对于收费依据的明文条款,应遵照执行,不得擅自作出衍生性解读。

c. 当项目收费算法不符合取费依据要求时,以依据为准进行预算审查。

d. 当项目计划书未提供相关取费依据时,通过市场咨询、比较,参考行业指导价或通用经验价格而综合判断其取费标准是否具有合理性。

(11)取费指引调整说明。

(根据实际情况说明)

4)工作流程图

年度交通规划及课题研究项目预算编制工作流程图如图 6-11 所示。

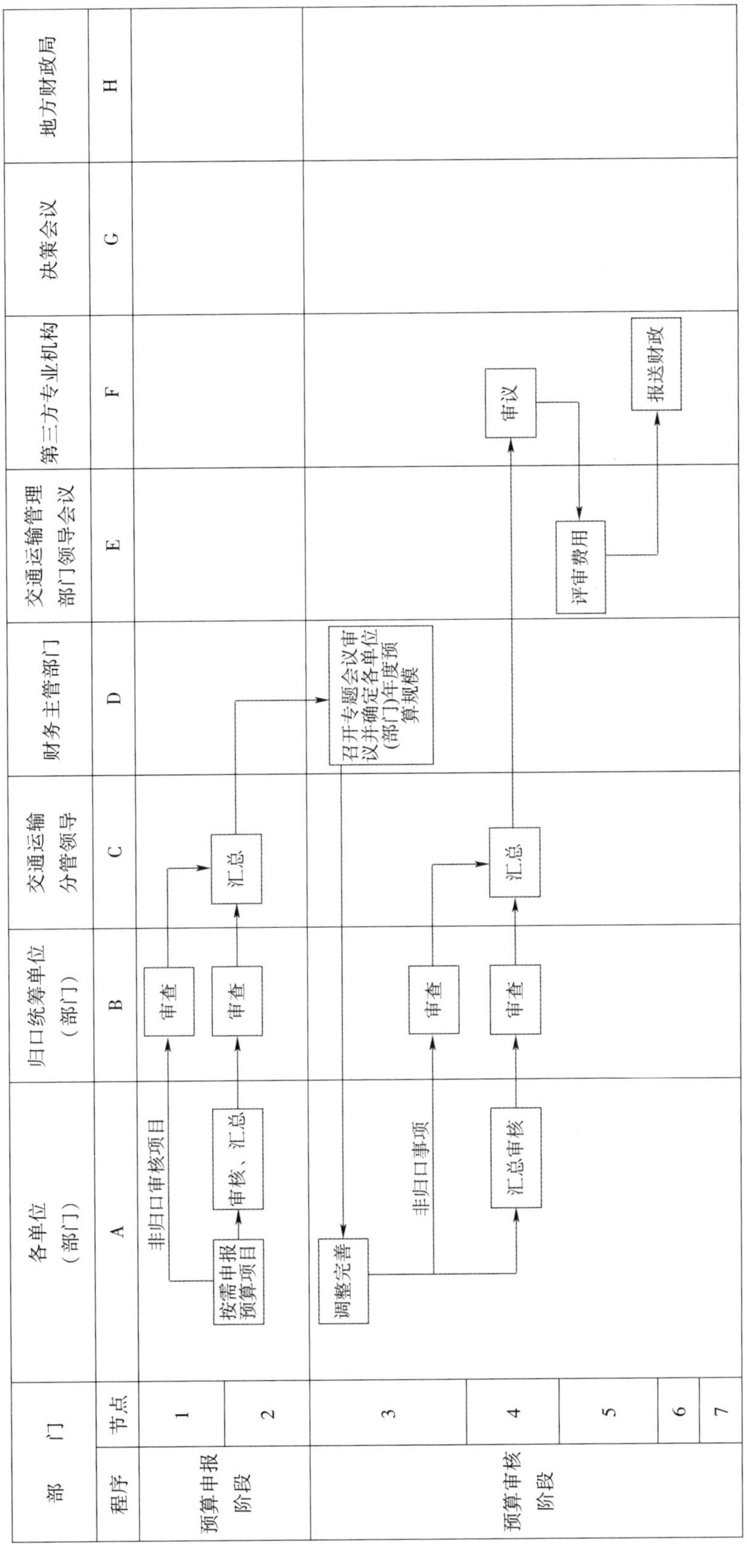
部　门
程序
节点
各单位（部门）
A
归口统筹单位（部门）
B
交通运输分管领导
C
财务主管部门
D
交通运输管理部门领导会议
E
第三方专业机构
F
决策会议
G
地方财政局
H
预算申报阶段
1
2
预算审核阶段
3
4
5
6
7
按需申报预算项目
非归口审核项目
审核、汇总
审查
审查
汇总
召开专题会议审议并确定各单位（部门）年度预算规模
调整完善
非归口事项
汇总审核
审查
审查
汇总
审议
评审费用
报送财政

图 6-11

程序	节点	流程说明	程序	节点	流程说明
预算申报阶段	A2	各单位(部门)结合局内职责分工,按照年度实际工作需求申报预算项目,并依照重要性和必要性对申报项目进行排序	预算审核阶段	C4	非归口事项的,经单位(部门)交通运输管理部门领导同意后报送财审处
	B2	涉及归口审核的,预算项目经归口统筹单位(部门)汇审、交通运输分管领导同意后报送财审处		B5	归口事项,预算项目经归口统筹单位(部门)汇审、交通运输业务管理部门领导领导同意后报送财务主管部门
	C1	非归口审核项目,经单位(部门)交通运输分管领导同意后报送财务主管部门		C5	单位(部门)交通运输分管领导审查
	C2	单位(部门)交通运输分管领导审查		D5	财务主管部门汇总
	D2	财务主管部门汇总		G5	提交决策会议审议
预算审核阶段	E3	交通运输管理部门领导召开专题会议审议,按照年度财力情况,对预算项目的必要性及重要性进行审核,并确定各单位(部门)年度预算规模		F6	由财务主管部门委托第三方专业机构对申报项目费用的经济性和合理性进行评审
	A3	各单位(部门)依据交通运输管理部门的审核意见,经调整完善后再次报送交通运输管理部门		H7	报送地方财政局审核下达

图6-11 年度交通规划及课题研究项目预算编制工作流程图

6.5.2　公交补贴、出租车油补预算编制

1)公交补贴预算编制

(1)编制依据。

①公共交通运营定额补贴依据文件。

《地方公共交通运营定额补贴政策实施方案及配套文件的通知》。

②刷卡优惠补贴依据文件。

《地方公共交通运营定额补贴政策实施方案及配套文件的通知》。

《地方物价局和地方交通运输局关于降低公交大巴票价的通知》。

地方发展和改革管理部门和交通运输管理部门关于修改公交换乘优惠相关规定的通知。

③地方燃油补贴依据文件。

《地方关于公交大中小巴燃油价格补贴方案的通知》。

(2)公交补贴类型划分。

①公共交通运营定额补贴。公共交通运营定额补贴是指在现有公共交通票价体系、三大公交特许经营企业特许经营条件、单项补贴政策不变(燃油补贴、深圳通刷卡优惠补贴等),公交客运量总体规模基本稳定的条件下,以公交经营企业成本规制监审数据为依据,同时考虑成本增长等因素,确定财政定额补贴额度,财务主管部门和交通运输管理部门按照定额对三大公交特许经营企业实施补贴,补贴额度与市交通运输管理部门对公交经营企业运营指标以及服务质量考核挂钩。

②刷卡优惠补贴。刷卡优惠补贴是指由政府发放给企业,对乘客乘坐公交车享受打折或换乘优惠的相关财政补贴。

③地方燃油补贴。地方燃油补贴指为保持公交行业稳定,减轻燃油油价上涨给公交企业带来的经营压力,政府发放给公交企业的专项燃油补贴。

(3)公交补贴项目核算标准。

①公共交通运营定额补贴核算标准。

根据《地方公共交通运营定额补贴政策》的规定,公共交通运营定额补贴资金按季度预拨,次年根据运营指标、服务质量考核结果进行结算。原则上于下一年度9月底前完成企业上一年度运营指标和服务质量考核工作,并于年底前会同地方财政局完成运营定额补贴资金结算拨付工作。

②刷卡优惠补贴核算标准。

根据地方政府会议规定,对于乘客使用深圳通卡乘坐公交线路享受的通刷卡打折优惠部分及换乘优惠部分的金额进行补贴,具体优惠标准如下:

a.刷卡优惠。(按实际情况填写)

b.换乘优惠。(按实际情况填写)

③地方燃油补贴核算标准。

a.单车补助用油量标准。

b.油价补助范围。地方燃油补贴油价补助范围为实际油价与标准油价的差价。

c.政府补贴比例。根据地方油价的浮动,政府补贴比例也不同。

d. 实际燃油价格确认。实际燃油价格以地方发展和改革管理部门公布的 0 号柴油(Ⅴ)最高零售价为准。

e. 燃油车辆数以交通运输部门统计数为准。

(4)公交补贴预算测算说明。

①公交补贴总预算测算。

每年根据地方财政局的要求,以现行的补贴政策、客运量、车辆保有量等参数为标准,按照上述的核算标准预测下一年度公交财政补贴预算总额。

②纳入部门预算的公交补贴预算测算。

根据财政部、工业和信息化部、交通运输部颁布的《关于完善城市公交车成品油价格补助政策　加快新能源汽车推广应用的通知》(财建〔2015〕159 号)的规定,地方可将国家城市公交车成品油价格补助资金统筹用于拨付公交补贴。在测算下一年度公交补贴预算时,应相应地考虑下一年度国家可能下达的国家城市公交车成品油价格补助资金。公交补贴资金预算总表见表 6-78。

公交补贴资金预算总表

表 6-78

编制单位：　　　　单位:万元

序　　号	类　　别	当年支出预算	第二年支出预算	第三年支出预算	实施背景及依据	费用组成
总计	—	—	—			

制表人：　　　　联系电话：　　　　制表时间：

2)出租车油补预算编制

(1)编制依据。

①《城乡道路客运成品油价格补助专项资金管理暂行办法》(财建〔2009〕1008 号)。

②《关于调整农村客运出租车 远洋渔业 林业等行业油价补贴政策的通知》(财建〔2016〕133 号)。

为应对油价上涨带来的成本增加,可适时使用油补资金对出租车行业进行补贴。

(2)补贴对象及范围。

①依据《城乡道路客运成品油价格补助专项资金管理暂行办法》(财建〔2009〕1008 号)规定,出租车油补是指中央财政预算安排的,用于补助出租汽车经营者,因成品油价格调整增加的成品油消耗成本而设立的补贴资金。当国家确定的成品油分品种出厂价,高于 2006 年成品油价格改革时的分品种成品油出厂价(汽油 4400 元/t、柴油 3870 元/t)时,启动补贴机制;当国家确定的成品油分品种出厂价低于上述价格时,停止补贴。

②依据《关于调整农村客运出租车 远洋渔业 林业等行业油价补贴政策的通知》(财建〔2016〕133 号)规定,调整后的农村客运、出租车油价补助资金继续拨付地方,由地方统筹用于支持公共交通发展,新能源出租车、农村客运补助,水路客运行业结构调整等。

(3)出租车油补类型。

计划将出租车油补资金主要用于以下三个方面：

①新能源出租车推广。

a. 奖励对象。在规定时间内,将燃油出租车或纯电动出租车更新为纯电动出租车的和使用当年奖励等其他新增指标购买纯电动出租车的出租车经营企业。

b.奖励对象条件。纳入奖励范围的纯电动出租车车型应符合以下条件：

(a)应是纳入工业和信息化部《新能源汽车推广应用工程推荐车型目录》(以下简称“《推荐车型目录》”)的纯电动汽车。

(b)车型和营运技术条件须达到地方规定的标准。

(c)纯电动出租车年均行驶里程应达到规定的公里数。

②纯电动无障碍巡游车服务补贴。对纯电动无障碍巡游车经营企业进行服务补贴。对经营企业运营服务情况进行考核监管,并按照考核结果确定上一年度的补贴总额。

纯电动无障碍巡游车一次性超额减排奖励。请地方交通运输管理部门会同地方残联按年度对经营企业运营服务情况进行考核监管,并按照考核结果确定上一年度的补贴总额。补贴资金由地方财政统筹安排,从地方交通运输管理部门的部门预算中列支。

a.奖励对象。更新的纯电动无障碍巡游车。

b.奖励对象条件。车型满足综合工况续驶里程,且达到普通纯电动无障碍巡游车享受超额减排奖励的考核行驶里程。

③出租车重点区域运力保障补贴。通过购买服务方式,购买一定车次的巡游车交通保障服务,做好机场、火车站、各大口岸等重点区域在节假日或其他客流高峰时期的运力保障工作。

(4)出租车油补预算测算说明。

①出租车油补总预算测算。

后续测算下一年度的出租车油补资金预算时,将根据国家下达的金额情况,结合相关文件要求,以现行的补贴政策、出租车车辆数等参数为标准,按照标准预测下一年度出租车油补资金预算总额。同时,根据行业实际情况,报地方交通运输管理部门同意后可增加油补资金适用范围。

②关于已有预算的补充说明。

做预算时,依据上一年度登记注册纯电动出租车车辆数预估一次性超额减排奖励资金金额;依据已掌握的提前更新车辆数、提前更新日期、参考往年行业燃油车同类车型购置均价等预估提前更新奖励。

出租车油补资金预算总表见表6-79。

出租车油补资金预算总表

表6-79

编制单位：　　　　单位:万元

序号	类　　别	×年支出预算	×年支出预算	×年支出预算	实施背景及依据	费用组成
总计						

注:“类别”可根据实际填写。

制表人：　　　　联系电话：　　　　制表时间：

6.5.3 公交中途站管理经费预算编制

1）编制依据

（1）《建设工程工程量清单计价规范》（GB 50500—2013）。

（2）地方关于公交停靠站服务设施建设维护管理考核的规定、建设工程计价费率标准、市政工程消耗量定额、建筑工程价格信息。

（3）其他包括地方建筑工程造价管理、费用依据有关规定、信息价缺项材料按市场价、建设单位提供的工程量及相关资料、建设单位对项目内容要求及补充。

2）公交站类型划分

（1）标准站：站牌架、候车厅设施齐全。

（2）简易站：有站牌（双柱），无站牌架。

（3）临时站：临时设立的单柱站牌，无站牌架。

（4）无设施站：民间约定俗成的散落客点，无任何设施。

3）公交停靠站维护内容

（1）日常巡查。按照地方关于公交停靠站服务设施建设维护管理考核规定的要求，所有停靠站每天要巡查。

（2）日常保洁。按照地方关于公交停靠站服务设施建设维护管理考核规定的要求，不同停靠站的保洁次数不同。

（3）日常维修及应急抢修。按照地方关于公交停靠站服务设施建设维护管理考核规定的要求，损坏要在规定时间内修复。

（4）更换导乘信息图。双向4车道以上（含4车道）道路沿线新一代候车亭需配置导乘信息图（以下简称“导乘图”），导乘图内公交乘车信息如发生重大变化的，政府需负责及时对导乘图进行更新。

（5）施划公交停车泊位及排队导乘标线。公交停车泊位及排队导乘标线的完整、清晰会直接影响车辆进站及乘客候车安全，每年要对磨损和缺失的部分进行完善。

4）公交停靠站维护质量标准

（1）日常巡查要求。

①检查停靠站服务设施是否保持整体完好、安全可靠。

②检查站容、站貌是否整洁，卫生状况是否良好，小广告是否清除干净、是否影响市容。

③检查停靠站亭顶棚无杂物、无堆积物。

④检查停靠站导乘信息是否完整、清晰。

（2）保洁标准。

①导乘信息字迹清晰。

②停靠站结构整洁、干净，无小广告。

③停靠站顶棚无杂物、无堆积物。

④清除粘贴物后无划痕。

⑤确保停靠站不影响市容。

(3)维修、抢修标准。

①对存在安全隐患的停靠站及时整改和解决。

②对停靠站损坏的灯箱板、灯管、缺失的零星配件、外漏电线等要及时维修与完善。

③对停靠站设施不得有明显的锈斑、掉漆。

④对停靠站设施不得有毛刺、尖角、损坏及严重划痕。

⑤对停靠站PC板(聚碳酸酯板、聚酯板、卡普隆板)老化、破损及无法清除的明显划痕要及时更换。

⑥对停靠站磨损不清的候车标志热熔线要及时补画。

⑦大风、车祸等对停靠站造成的破损要及时抢修。

⑧盗窃、人为的破坏等对停靠站造成的破坏要及时抢修。

(4)更换导乘图要求。

①导乘图纸质及印刷质量要满足建设单位招标文件的要求。

②导乘图张贴不得有皱纹、起鼓,表面要平整。

(5)施划公交停车泊位及排队导乘标线要求。

公交停车泊位及排队导乘标线要满足相应的施工图和施工规费。

5)公交停靠站更换导乘图、施划公交停车泊位及排队导乘标线暂定费用确定

(1)张贴导乘图现状简介。

①相应公交停靠站周边1km范围内的3D实景立体图,附件停靠站线路停靠信息及接驳换乘信息等(可按实际需要制作)。

②图幅尺寸(按实际需要制作)。

③纸质及印刷要求:经久耐用,保持画面清晰。

④导乘图没有相应的定额确定单价。

(2)导乘图费用的确定。

依据地方管理部门的招标结果,结合实际情况确定。

(3)施划公交停车泊位及排队导乘标线(未包含安装反光警示桩费用)费用的确定。

①依据消耗量套用地方关于市政工程消耗量定额的规定。

②费率采用地方关于建设工程计价费率标准的规定。

③信息价采用地方关于建筑工程价格信息的规定。

④每个停靠站的热熔标线、文字和清除标线应结合实际情况计。

⑤套定额并结合往年管理部门工程造价。

⑥得出停靠站停车泊位及排队导乘标线的建安费。

具体编制表格详见一般性经费的预算编制中的表格(表6-27、表6-31、表6-35、表6-40、表6-41)。

6.5.4 的士站管理经费预算编制

1)的士站管理经费预算编制规范

本规范适用于交通运输管理部门负责的的士站管理项目,主要包括的士站管理人员、物业维护、设备更新等管理经费预算。

财务主管部门负责项目预算的统筹、资金安排工作。公共交通管理部门负责项目预算的汇总上报工作。公共交通管理部门下属部门负责项目的申报及执行工作。

2)“的士站管理经费预算申请表”

每年的6月份,公共交通管理部门根据实际工作需要,按照《的士站管理经费预算申报说明》(附件6-67)的要求,提出下一年度项目需求,填写“的士站管理经费预算申报表”(附件6-68),报公共交通管理部门汇总。

(1)公交设施基础信息一览表。

(2)机场、枢纽、口岸的士站管理经费预算明细表。

地方管理部门应加强对单位项目的管理,做好档案的整理归档工作,随时接受财务主管部门的监督检查。在项目执行过程中,滥用职权、利用职务之便谋取私利的,按有关规定予以处理;构成犯罪的,移交司法机关追究其刑事责任。

3)附件

附件6-67:的士站管理经费预算申报说明(以深圳市为例)。

附件6-68:的士站管理经费预算申报表。

附件6-67:

的士站管理经费预算申报说明(以深圳市为例)

一、的士站管理人员费用

的士站管理人员费用是指的士站聘请交通协管员的人工成本,包括交通协管员的基本工资、统一服装、绩效考核、高温津贴、节假日加班津贴、岗位津贴及其他。的士站管理人员费用等于交通协管员人均费用与测算人数之积。参照《市交通运输委关于明确我委临聘人员工资福利性经费标准的通知》(深交字〔2014〕219号)、《广东省交通运输厅关于明确交通行政执法服装定点生产企业和指导价格的通知》(粤交执函〔2017〕119号)执行。

(1)检查停靠站服务设施是否保持整体完好、安全可靠。

(2)检查站容、站貌是否整洁,卫生状况是否良好,小广告是否清除、是否影响市容。

(3)检查停靠站亭顶棚无杂物、无堆积物。

(4)检查停靠站导乘信息是否完整、清晰。

(5)维护现场出租车营运秩序。

二、物业维护费用

(一)物业维护费用构成

物业维护费用包括的士站水费、电费、保洁费、现场值班岗亭建设费和维护费等。

(1)的士站水费。参考《深圳市交通场站运营维护费用标准(试行)》。其中,室内停车场每十天清洗一次,室外停车场每天清洗一次。

(2)电费。参考《深圳市交通场站运营维护费用标准(试行)》。

(3)保洁费。参考《深圳市交通场站运营维护费用标准(试行)》。

(4)现场值班岗亭建设费和维护费。原则上要求每个管理区域设置1个现场值班岗亭。参考《深圳市轨道接驳公交总站建设标准指引》。

(二)保洁标准

(1)导乘信息字迹清晰。

(2)停靠站结构整洁、干净,无小广告。

(3)停靠站顶棚无杂物、无堆积物。

(4)清除粘贴物后无划痕。

(5)确保停靠站不影响市容。

(三)维修、抢修标准

(1)对存在安全隐患的停靠站及时整改和解决。

(2)对停靠站损坏的灯箱板、灯管、缺失的零星配件、外漏电线等要及时维修完善。

(3)对停靠站设施不得有明显的锈斑、掉漆。

(4)对停靠站设施不得有毛刺、尖角、损坏及严重划痕。

(5)对停靠站PC板老化、破损及无法清除的明显划痕要及时更换。

(6)对停靠站磨损不清的候车标志热熔线要及时补划。

(7)台风、车祸等对停靠站造成的破损要及时抢修。

(8)盗窃、人为的破坏等对停靠站造成的破坏要及时抢修。

三、设施更新维护费用

设施更新维护费用主要包括监控系统建设费、监控系统维护费、标志标线更新维护费、栏杆铁马更新维护费、场站路面养护费等设施新建维护所产生的费用。

(一)监控系统建设费

的士站监控系统建设主要包括现场摄像头设置、现场监控点设置、摄像头接入现场监控点、现场监控点接入监控分中心等四项工作。其中,监控分中心建设不属于的士站监控范围。

(二)监控系统维护费

参考深圳市信息工程协会《信息系统工程造价指导书》(2010)标准执行。

(三)标志标线、栏杆铁马更新维护费

各的士站现场交通安全设施主要包括标志、标线、栏杆和铁马。费用测算应明确设施设置规模量、使用年限及单位设施设置费用。

(四)场站路面建设养护费

场站路面建设养护费参考《深圳市轨道接驳公交总站建设标准指引》。

四、特殊专项费用

特殊专项费用主要是指根据各的士站实际情况单独列出的专项费用,如:罗湖站东广场通风系统建设费用、火车西站站场交通组织改善费用等,此类费用建设根据实际情况进行单列。

本说明中涉及的标准指引、文件等,如有最新规定的,按最新规定文件执行。

附件6-68:的士站管理经费预算申报表。具体编制表格详见专项资金的预算编制表格(表6-27、表6-28、表6-29)。

6.5.5 道路及设施管养预算编制

1)道路管养范围及分类

(1)道路管养范围。

道路管养范围:交通运输管理部门已接管的城市道路、桥梁、隧道及其附属设施,包括经交通运输管理部门或公路管理部门登记注册的公路(经营性高速公路除外)。

(2)道路管养标准和等级。

①道路管养标准。

道路管养标准按城市道路养护标准执行,具体参照现行的城市道路相关养护规范以及地方政府、交通运输管理部门的有关文件。

②道路管养等级。

根据道路所处的区域不同,根据《城镇道路养护技术规范》(CJJ 36—2006),分为以下三个养护等级:

Ⅰ等养护:快速路、主干路和次干路、支路中的广场、商业繁华街道、重要生产区、外事活动及游览路线。

Ⅱ等养护:次干路和支路中的商业街道、步行街、区间联络线、重点地区或重点企事业所在地。

Ⅲ等养护:支路、社区及工业区的连接主次干路的支路。

(3)道路管养分类。

根据道路管养内容,道路管养工程分为道路设施养护工程和交通安全设施养护工程两大类。

①道路设施养护工程。

道路设施养护工程是指为了保证道路、桥梁、隧道、边坡等设施完好所进行的日常保养和维修。

养护对象包括道路的路基、路面、边坡、挡墙、桥梁、涵洞、天桥、通道、人行道及排水系统(市政排水管道除外)、隧道土建结构、机电设施以及其他有关设施等。其中,隧道土建结构主要是指洞门、衬砌、路面、防排水设施、斜(竖)井、检修道及风道等结构物。隧道土建结构的养护工作主要包括清洁维护、结构检查、保养维修和病害处治等。机电设施主要指为隧道营运服务的相关机电设施,包括供配电设施、照明设施、通风设施、消防及救援设施、监控设施等。机电设施的养护工作主要包括机电设施的日常检查、经常性检修、定期检修、分解性检修和应急检查等。其他工程设施养护包括环保设施、房屋设施等养护。

道路设施养护按其工程性质、规模大小、技术难易程度划分为小修保养、大中修工程。

a.小修保养。

小修保养是指为保持道路功能和设施完好所进行的巡查、保养和小修等工作。

道路保养是指对道路设施结构轻微变化、损坏、松脱、开裂等进行修整和维护，对交通管理设施的修补和清洁作业，以及疏通公路涵管、排水系统等养护作业。

道路小修是指对道路结构较小损坏、小面积病害等进行维修，对交通管理设施的修理、油漆及更换，以及对道路局部改善等养护作业。一般单次维修的费用按地方相关规定制定。

部分投诉工程和交通抢险工程纳入道路小修保养工作范围，所需经费由管路部门在小修计划资金额度内安排使用，并按照道路小修作业的有关规定执行。

小修费用计算：

小修费用测算前应首先估算各道路下一年度的维修工程量，维修工程量根据《市政工程设施养护维修估算指标》（建标〔2011〕187 号）的计算方法，由“市政工程道路及结构设施小修维修率取定表”选取维修率，并根据道路实际使用年限和道路交通等级修订维修系数。其计算公式如下：

$$\text{小修工程量}\ S = \text{养护面积}\ A \times \text{维修率}\ p \times \text{使用年限系数}\ j \times \text{交通等级系数}\ k \quad (6\text{-}10)$$

式中：养护面积 A——单项工程的总面积，如路面或人行道面积；

维修率 p——根据《市政工程设施养护维修估算指标》（建标〔2011〕187 号）中的“市政工程道路及结构设施小修维修率取定表”取值；

使用年限系数 j——根据竣工或单项工程大修年限取系数，见表 6-80；

交通等级系数 k——与道路交通等级相关，见表 6-81。

使用年限系数 j 取值　　表 6-80

竣工或大修至今时间	使用年限系数 j	竣工或大修至今时间	使用年限系数 j
<2 年	0.1	$5 \leq x < 10$ 年	1
$2 \leq x < 5$ 年	0.4	$x > 10$ 年	1.5

注：其余使用年限的，根据上表用内插法计算使用年限系数。

交通等级系数 k 取值　　表 6-81

交 通 等 级	大客车及中型以上各种货车交通量［辆/（d · 车道）］	交通等级系数 k
轻交通	<600	0.8
中等交通	$600 \leq x < 1500$	1
重交通	$1500 \leq x < 3000$	1.1
特重交通	>3000	1.2

b. 大中修工程。

大中修工程是指对管养范围内的道路及其附属设施的一般性磨损和局部损坏进行定期的修理加固，以及对较大损坏的道路进行全面的维修加固，使其恢复到原设计标准或进行局部改善，以提高道路通行能力的工程。

②交通安全设施维护工程。

交通安全设施维护工程是指为了保证道路交通安全设施完好所进行的日常保养和维修。养护对象包括道路红线范围内的交通标志、标线、护栏、防眩板、隔离栅等道路交通安全设施。交通安全设施维护工程按其工程性质、规模大小、技术难易程度划分为日常养护和专项改造。

a. 日常养护。日常养护是指对管养范围内的交通安全设施进行预防性日常保养和修补其轻微损坏部分,主要包括巡查、保养、保洁、抢修等工作。

b. 专项改造。专项改造是指对较大损坏的交通安全设施进行全面的维修加固,以及针对某条道路或某个片区的交通安全设施进行综合整治。

交通安全设施维护工程费用根据标底综合单价及往年维护合同金额适当上浮作为项目总预算。

2)预算编制主体及职责分工

道路管养预算编制主体系道路管养预算资金支配使用单位,实行“谁支配使用谁编制预算,按业务职责分工归口审查”的预算编制规则。道路管养预算编制职责分工见表6-82。

道路管养预算编制职责分工表 表6-82

预算类型	编制主体	职责分工
部门预算	交通设施管理部门	(1)负责编制部门预算承担的道路设施养护工程、交通安全设施维护工程的经费预算; (2)负责汇总和初步审查道路设施养护工程、交通安全设施维护工程的经费预算
路隧专项资金	交通设施管理部门	(1)负责编制路隧专项资金承担的道路设施养护工程、交通安全设施维护工程的经费预算; (2)负责汇总和初步审查道路设施养护工程、交通设施养护工程的经费预算

3)预算编制流程

道路及设施管养预算编制流程图如图6-12所示。

4)预算编制依据

(1)相关政策、法规和规范:

①地方关于交通运输局预算编制工作的规定。

②《预算管理相关政策法规汇编》。

③地方关于落实政府采购有关事项的规定。

④地方关于完善环卫市场机制、提升城市清洁水平的规定。

⑤地方关于道路养护管理制度的规定。

(2)预算编制依据包括如下:

①《市政工程设施养护维修估算指标》(建标〔2011〕187号)。

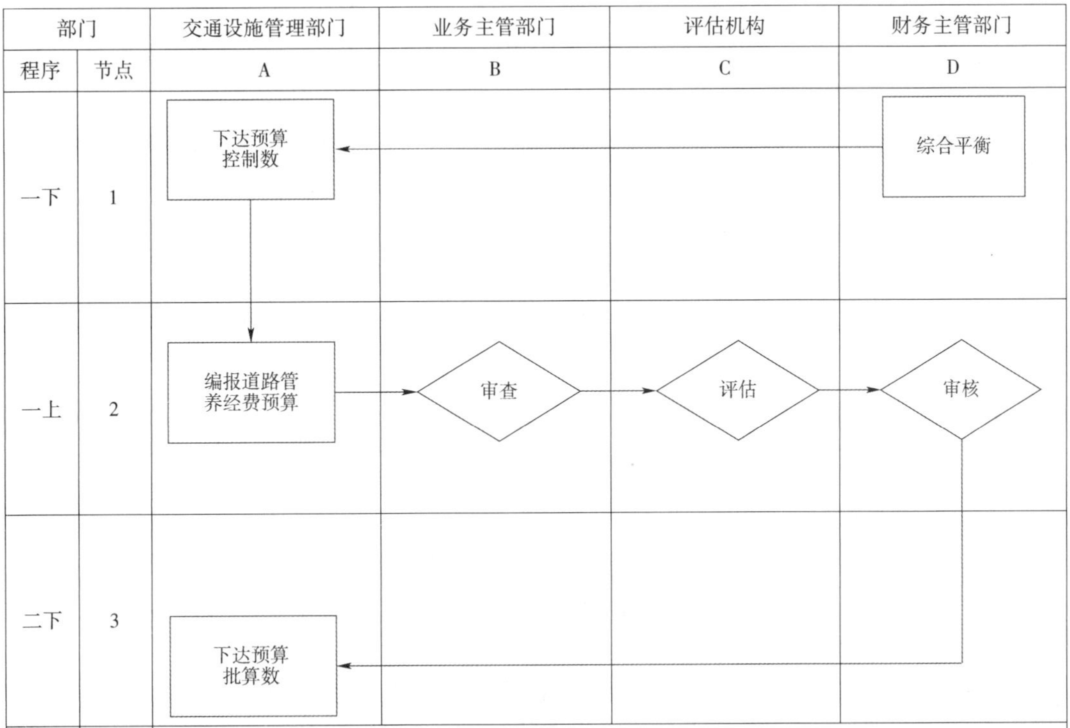

程序	节点	流程说明
一下	A1	财务主管部门处下达预算控制数至交通设施管理部门
一上	A2	交通设施管理部门根据预算控制数，编报详细的道路管养经费预算草案
	B2	交通设施管理部门对道路及设施管养经费预算进行汇总及初步审查
	C2	评估机构对预算草案进行独立评估，评估报告提交给交通设施管理部门
	D2	财务主管部门对道路及设施管养经费预算进行审核
二下	A3	财务主管部门下达年度预算批复数至交通设施管理部门

图6-12　道路及设施管养预算编制流程图

注：各环节通过纸质材料及电子文档一并进行流转。

②《招标代理服务收费管理暂定办法》（计价格〔2002〕1980号）。

③《建设工程监理与相关服务收费管理规定》（发改价格〔2007〕670号）。

④《工程勘察设计收费标准使用手册》（计价格〔2002〕10号）。

⑤地方关于工程消耗定额、安装工程、公路养护工程预算编制办法和预算定额、公路工程机械台班费用定额、公路工程预算定额、公路基本建设工程预算编制的相关规定。

⑥地方关于建设工程及其计价费率标准、工程量清单计价标准、建筑业营改增建设工程计价标准、建设工程计价规程的相关规定。

⑦地方关于道路养护管理制度、道路设施养护技术标准、道桥设施小修保养管理制度、交通公用设施清洗刷新技术、环卫工程消耗量标准的相关规定。

⑧地方关于高速公路路政队伍组建管理、高速公路车辆救援服务工作的相关规定。

⑨地方关于市政维修工程消耗量、市政工程综合价格的相关规定。

⑩人工采用地方建设工程造价管理部门近期发布的各专业消耗量标准计价时，计算的

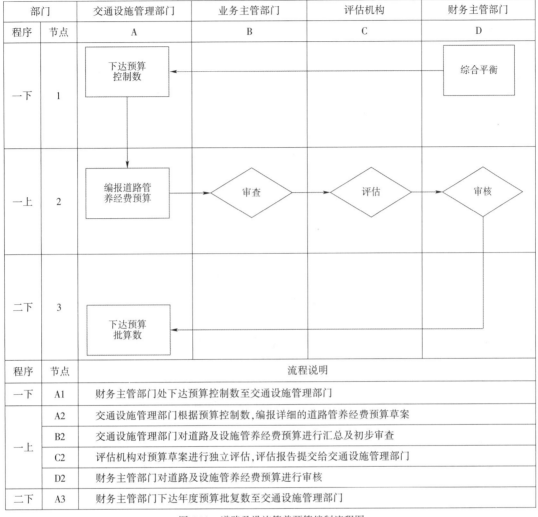

人工工日消耗量单价。

⑪材料采用地方建设工程造价管理部门发布的建设工程价格信息,不足部分采用市场调查价。

⑫小型养护项目的设计收费按照《工程勘察设计收费标准使用手册》的有关规定执行,其中规定"小型简单工程采用一阶段设计的,可先计算整个建设项目的工程设计收费额,再按照规定,在0% ~20%范围内协商确定该建设项目设计收费的合同额"。

5)预算编制表格

按本编制手册→第十五章 资金类型分册→一、一般性经费的预算编制预算文件构成→一般性经费道路管养项目相关附表填报。

6.5.6 交通场站(枢纽)维护经费预算编制

1)工作流程

(1)业务部门编制预算。

业务部门根据已接收和未来一年预计接受的交通枢纽数量,依照本部门职能范围和有关标准编制交通场站(枢纽)维护费预算。

(2)业务部门内部审核。

业务部门对已编制的交通场站(枢纽)维护费预算自我审核,确保预算编制的真实性、完整性、合规性、有效性,审核通过后提交主管领导。

(3)主管领导审核。

主管领导对业务部门提交的交通场站(枢纽)维护费预算进行审核,审核通过后由业务部门提交财务主管部门。

(4)财务主管部门审核。

财务主管部门对业务部门提交的交通场站(枢纽)维护费预算进行审核,审核通过后汇总提交决策会议审核。

(5)决策会议审核。

决策会议对交通场站(枢纽)维护费预算进行审核,审核通过后提交局财务主管部门审核。

交通场站(枢纽)维护费预算编制工作流程图如图6-13所示。

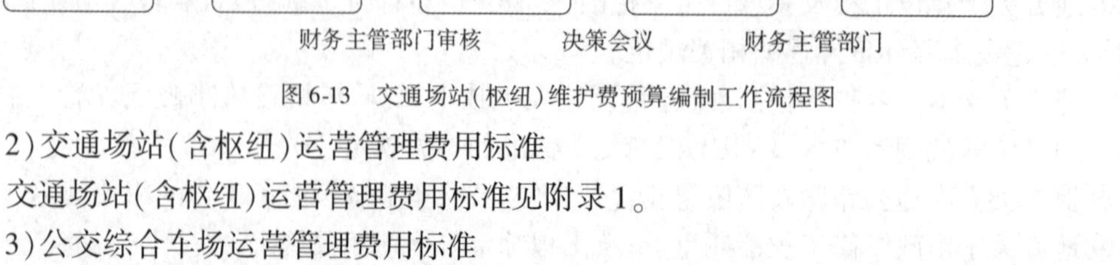

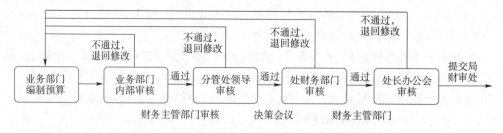

图6-13 交通场站(枢纽)维护费预算编制工作流程图

2)交通场站(含枢纽)运营管理费用标准

交通场站(含枢纽)运营管理费用标准见附录1。

3)公交综合车场运营管理费用标准

公交综合车场运营管理费用标准见附录2。

4)交通场站(枢纽)维护费预算编制相关法规及文件

(1)法律法规类:《中华人民共和国劳动法》《中华人民共和国消防法》。

(2)服务类:

①《物业公司服务中心人员劳动定额参考标准》。

②《中央和国家机关会议费管理办法》。

③《建筑消防设施的维护管理》。

④《电气防火安全检测技术导则》。

⑤《机关、团体、企业、事业单位消防安全管理规定》。

⑥《信息技术服务运行维护　第1部分:通用要求》(GB/T 28827.1—2012)。

⑦《信息技术服务运行维护　第2部分:交付规范》(GB/T 28827.2—2012)。

⑧《信息系统运维预算定额参考标准》。

⑨《运维费预算定额采购标准》。

⑩《信息系统运行维护定额标准(试行)》(2009)。

⑪地方统计年鉴。

(3)收费类依据:

地方关于在职人员社保保险缴费比例及缴费基数、住房公积金管理、单位平均工资数据、特种设备检验检测新增项目收费标准、有害生物防治有偿服务指导价、绿化养护标准及收费办法等的相关规定。

5)具体编制表格

具体编制表格详见一般性经费的预算编制中的表格(表6-28～表6-30、表6-42～表6-45)。

6.5.7　航道疏浚经费预算编制

1)航道疏浚维护经费预算编制标准和工作流程

(1)总则。

为促进港航事业可持续发展,进一步提高预算编制的规范性和准确性,根据国家、省(区、市)港建费征收和使用办法的有关规定,特制定本标准和工作指引。

(2)航道疏浚维护经费使用范围。

航道疏浚维护经费主要用于地方公共航道的疏浚维护。

(3)预算编报模式。

预算编报模式包括按需申报、业务单位审核、财务主管部门审核、决策会议审议、财政部门审定批复。

①按需申报。

由各业务单位结合职责分工,按照年度实际工作需求申报预算项目。

②业务单位审核。

各业务单位依据内部审核程序进行审核,对本单位报送的预算准确性、必要性负责。

③财务主管部门审核。

财务主管部门根据年度航道疏浚维护经费预算收支情况对各业务单位报送的预算,按照优先确保地方政府和地方交通运输管理部门的重点项目、公共航道疏浚维护刚性项目的原则进行审核。

④决策会议审议。

决策会议对年度航道疏浚维护经费预算进行审议。

⑤财政部门审定批复。

财政部门最终审定年度航道疏浚维护经费预算,并批复、下达年度预算资金计划。

(4)预算申报原则。

①预算需求与职责相匹配。

各单位应依据工作职责,客观合理、实事求是地申报预算项目。

②保障重点,确保刚性需求。

申报预算应紧紧围绕地方政府和地方交通运输管理部门的工作重点,优先保障年度航道常年维护性疏浚等刚性需求。

③加强论证、注重绩效。

各单位要加强对申报项目的论证和测算,确保项目预算依据充分,测算合理、准确。

(5)预算资料的报送。

需提交的预算资料包括航道疏浚维护经费预算申报书、航道疏浚维护经费预算申报附表(包括航道基础信息一览表、航道疏浚维护经费预算年度预算支出总表、航道疏浚维护经费预算项目预算明细表、航道疏浚维护经费预算待支付以前年度采购项目预算申报表)和相关依据文件资料。预算资料应由各单位(部门)以正式文件通报送财务主管部门。

(6)航道疏浚维护经费预算申报书的编制。

航道疏浚维护经费预算申报书一般包括以下6个部分:

①项目实施背景和依据。列明项目实施的有关背景及实施的依据,项目实施的主要目的和必要性,包括有关会议纪要、是否是常规项目等内容。

②项目实施内容。列明项目的基本情况、项目总投资等。

③绩效目标。列明项目实施后能达到的效果以及对促进社会、经济发展的作用。

④费用构成。详细列明费用组成情况。

⑤增减变动原因。详细列明费用增减变动原因。

⑥其他需要说明事项。根据项目实际情况填报。

航道疏浚维护经费预算编制流程图如图6-14所示。

2)航道疏浚维护经费预算测算依据

(1)疏浚维护的公共航道基本情况。

(2)往年港建费分成资金下达及使用情况。

(3)航道疏浚维护经费预算测算依据。

航道疏浚维护经费预算测算公式如下:

$$\text{每年航道疏浚维护费用} = \text{航道长度} \times \text{航道宽度} \times \text{每年航道回淤厚度} \times \text{每立方单价} \quad (6\text{-}11)$$

3)航道疏浚维护经费预算申报附表

按本编制手册→第十五章　资金类型分册→二、专项资金、政府性基金的预算编制预算文件构成→附件6-62～附件6-64港建费分成资金附表填报。

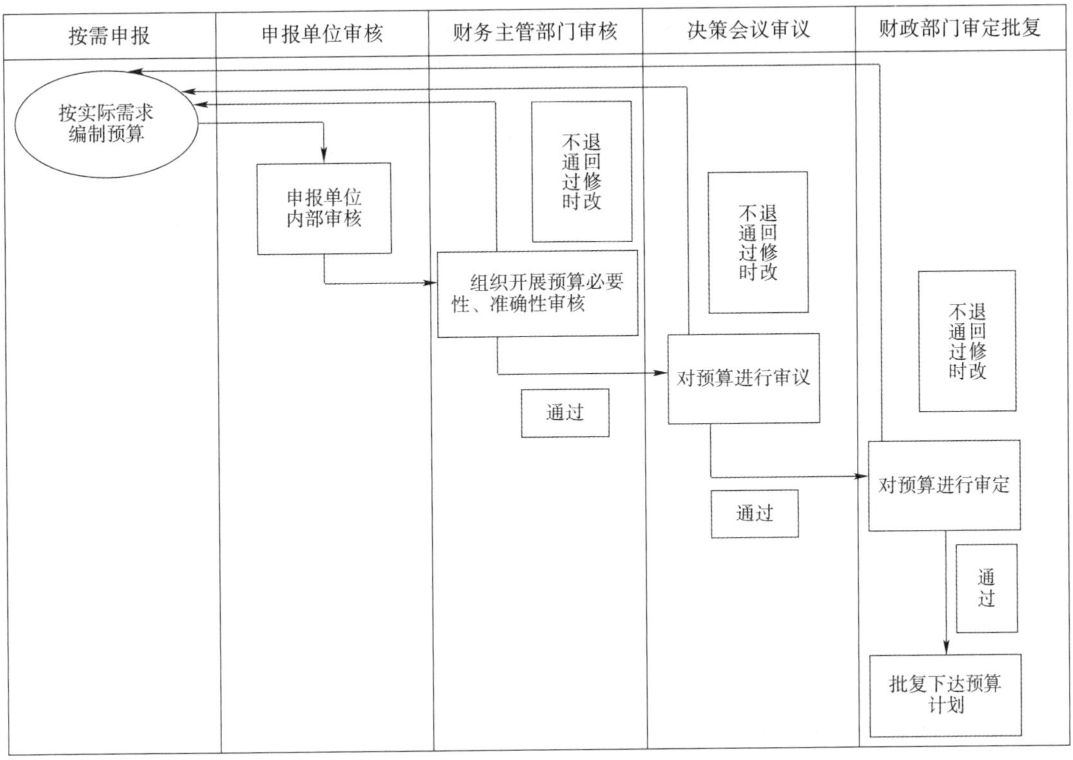

图6-14　航道疏浚维护经费预算编制流程图表

6.5.8　交通执法查扣车停车场管理经费预算编制

1)总则

为保障地方交通运输行政执法工作的正常开展,满足暂扣车辆的停放和安全保管需求,设立交通执法查扣车停车场项目。

2)项目分类

按服务期限划分,交通执法查扣车停车场项目可分为现有延续项目和新增项目两类;按采购项目划分,交通执法查扣车停车场项目可分为场地租赁类和物业管理服务类两类。

3)项目管理经费构成

场地租赁类项目包含下列部分:

(1)场地租赁费(因地理位置和交通情况不同单价差异较大),占所有费用的60%以上。

(2)视频监控系统、车辆防护设施和储物间等相关设施费。

(3)人员劳务费。

(4)保险费。

(5)水电费。

(6)管理费。

(7)国家或地方规定的税费。

(8)其他费用。

物业管理服务类项目经费除场地租赁费外,包含以上其他所有费用。

每项费用应咨询不少于3家供应商(少于3家的,列出所有报价),列出最低报价和最高报价,并计算平均报价。将每项费用平均报价作为标准编制预算,并填报“交通执法查扣车停车场项目管理经费明细表”,见表6-83。

交通执法查扣车停车场项目管理经费明细表 表6-83

停车场项目名称:

序号	项目名称	费用(元/年)	备注(说明单价、定价依据等)
1*	场地租金		(物业管理服务类项目没有这一项)
2	设施费		
3	人员劳务费		
4	保险费		
5	水电费		
6	管理费		
7	税费		
8	其他费用		
9	……		
合计			

4)工作流程

区分原有延续项目和新增项目两种情况并分别进行预算编制工作。

(1)原有延续项目预算编制工作。

对于原有延续项目,在一般情况下是参照上一年度项目预算,保持预算金额不变填报;只有在项目供应商反馈经营成本上涨、发生难以维持问题的特殊情况下,对场地租金、人员劳务费和管理费等方面进行市场调查,上报支队长办公会议审议同意后再进行调整。

原有延续项目预算编制工作流程图如图6-15所示。

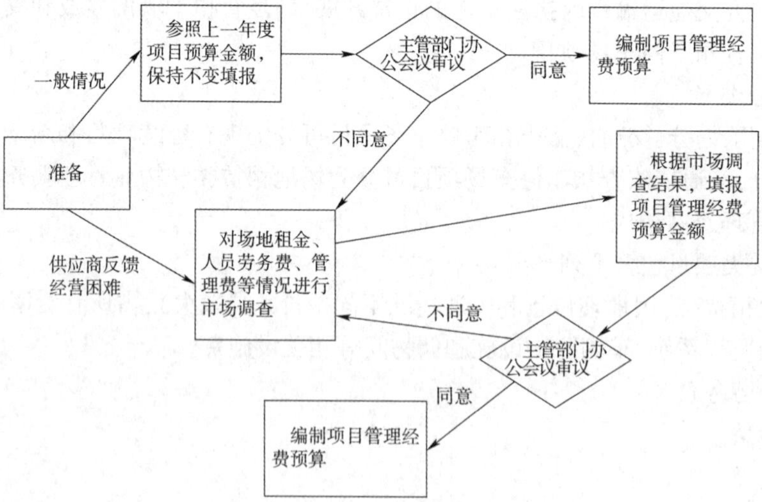

图6-15 原有延续项目预算编制工作流程图

(2)新增项目预算编制工作。

对于新增项目管理经费预算编制工作流程如下:

①根据工作需要，确定查扣车停车场的地理位置、交通条件、面积和车位数量等。

②咨询有资质及正在营运的供应商。

③对场地租金、人员劳务费和管理费等方面进行市场调查。

④上报主管部门办公会议审议。

⑤编制项目管理经费预算。

新增项目预算编制工作流程图如图6-16所示。

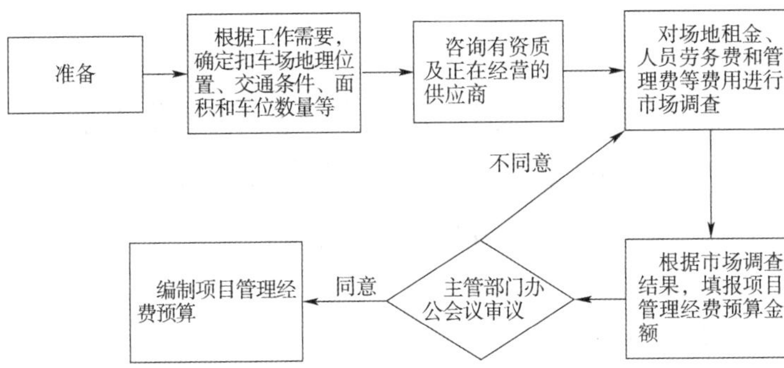

图6-16　新增项目预算编制工作流程图

5）预算编制原则

（1）预算需求与工作需要相匹配。

应依据执法部门现有查扣车停车场的各区域分布情况、停车场内库存车辆数量情况和相关辖区执法部门在日常执法工作中查扣车辆数量等情况，合理地编制预算项目。

（2）保障重点，确保刚性需求。

预算编制应紧紧围绕地方交通运输局的年度工作重点和执法部门的全年执法计划，切实保障地方政府关于社会综合治理的要求及加大对非法营运的整治和查处工作需求。

（3）加强论证、注重绩效。

加强对申报项目的咨询、市场调查、测算和论证工作，确保项目预算依据充分，测算合理并落到实处。

6）预算资料

（1）新增查扣车停车场项目需提交的预算资料包括如下：

①关于申请增加查扣车停车场项目的情况说明。

②现有查扣车停车场区域分布及车位使用情况。

③新增查扣车停车场项目费用明细。

④其他资料。

（2）原有查扣车停车场延续项目申请增加费用需提交的预算资料包括如下：

①关于申请增加查扣车停车场项目费用的情况说明。

②各查扣车停车场采购项目预算增加情况汇总表。

③关于空地出租价格查询情况。

④各扣车场租赁项目中标单位增加服务费用申请函。

⑤其他资料。

7)参考样板(图6-17)

交通运输行政执法支队关于申请增加×年扣车场租赁项目费用及增加租赁项目的情况说明

一、扣车场租赁项目现状

1. 项目概况及分布

2. 项目管理现状

(1)合同管理。根据实际情况按照合同要约进行管理。

(2)日常管理。

(3)车辆进出场管理。

二、当前项目经营情况

三、针对诉求的调查摸底情况

四、未来几年扣车场租赁项目规划

1. 需求状况

2. 未来几年的项目规划

五、申请事项

图6-17　参考样板

8）预算编制表格

（1）各扣车场采购项目预算增加情况汇总表（表6-84）。

（2）扣车场租赁项目费用明细表（表6-85）。

（3）当年预算增量项目支出申报表（表6-86）。

（4）扣车场区域分布及车位使用情况（表6-87）。

（5）空地出租价格查询情况（表6-88）。

各扣车场采购项目预算增加情况汇总表

表6-84

单位：元

序号	项目名称	原预算金额	拟申请预算金额	×年增量	备注
1					
2					
3					
4					
5					
6					
7					
8					
9					
10					
11					
12					
13					
合计					

××扣车场租赁项目费用明细表

表6-85

序号	项目	费用（元/年）	备注
1	土地使用租金		
2	人工费		
3	行政费、水电费		
4	建筑维护费		
5	公共设施维护费		
6	清洁卫生费		
7	管理设备分摊、固定资本折旧费		
8	扣车场保险费		
9	应急装备配置、应急演练费		
10	其他（不可预见费）		
11	安全生产投入		
12	企业利润		
13	法定税金		
合计			

表 6-86

当年预算增量项目支出申报表

部门名称(盖章):

单位:万元

序号	项目名称	申报依据	本年度预算					费用测算	×年支出预算	×年支出预算
			政府采购预算		非政府采购预算	合计				
			招标规模(虚拟指标)(A)	年度支出预算(B)	年度支出预算(C)	年度总预算(A+C)	年度支出预算(B+C)			
1										
2										
3										
4										
5										
6										
合计										

制表人: 制表时间:

表 6-87

扣车场区域分布及车位使用情况

序号	项目名称	位置	面积(m^2)	合同车位数（小车车位）	停放车辆数	使用车位数	空余车位数	备注
1								
2								
3								
4								
5								
6								
7								
8								
9								
10								

注：本表的合同车位指一辆小轿车车位，使用车位数按照大型客车和长车占用6个车位，中型客车占用4个车位，货车占用2～4个车位，假设出租车（拟进行销毁）占用1.5个车位进行计算。

空地出租价格查询情况 表 6-88

序号	地　方	查询数量	最高价格(元)	最低价格(元)	平均价格(元)	备　注
1						
2						
3						
4						
5						
6						

6.5.9 电子政务项目预算编制

(1)根据地方电子政务项目建设管理的相关规定,地方发改部门负责电子政务项目的立项审批,地方财政部门负责电子政务项目运行维护经费的审核安排。

(2)单位按照地方电子政务项目前期审核工作相关规定的要求申请电子政务系统建设、升级改造经费(包括软、硬件),财政不再安排。

(3)单位电子政务运维费用按照地方电子政务项目运行维护经费的相关规定进行编制,地方政务服务数据管理部门对已备案的项目运维费进行审核并进行绩效考核,地方财政部门根据电子政务资源情况和绩效水平核定运维费并列入年度预算。

6.5.10 物业管理费预算编制

1)物业管理经费预算编制工作流程

(1)单位(部门)向财务主管部门上报下一年度办公物业管理经费预算表。

(2)经财务主管部门汇总统计,审核形成物业管理预算,再上报相关主管部门。

(3)主管部门预算审议通过,上报地方财政。

(4)地方财政审批同意,下达预算。

2)办公物业管理经费预算表(表 6-89)

办公物业管理经费预算表 表 6-89

单位名称(盖章):

序号	物业名称	物业地址	物业面积(m^2)	项目负责人	上一年度		本年度			相关文件依据,预算增减原因及支撑材料
					预算金额(万元)	是否集中采购	预算金额(万元)	是否集中采购	组织招标采购单位	
1										
2										
3										
合计										

注:“组织招标采购单位”栏填写时,由交通运输管理部门统一招标的物业填写相关部门,由本单位招标的物业不需填写本栏。

制表人: 制表时间:

6.5.11　物业修缮(含装修、安全整治)经费预算编制

1)物业修缮费预算编制工作流程

(1)相关部门对存在需要修缮的物业进行现场勘察,汇总意见后形成下一年度修缮计划及预算,报送财务主管部门。

(2)财务主管部门进行初审,并提交决策会议。

(3)按程序完成审批后,下达执行。

2)物业修缮预算明细表(表6-90)

物业修缮预算明细表　　表6-90

编制单位(部门):　　单位:元

序号	物业名称	修缮项目名称	具体修缮工作量	金　额	备　注
1					
2					
3					
4					
5					
6					
7					
合计					

6.5.12　培训费预算编制

工作流程如下:

(1)计划申报。

单位(部门)结合本单位(部门)工作实际编制下一年度培训申请(包括培训类型、形式、主题、内容、对象、时间、地点、参训人数、所需经费及列支渠道等),经本单位(部门)领导批准后,报相关主管部门审核。

(2)预算审核。

相关主管部门对各单位(部门)上报的培训计划申请进行初审,拟定下一年度总培训预算。培训计划申报表见表6-91。

培训计划申报表　　表6-91

填报单位部门(盖章):　　联系人:　　联系电话:

序号	培训形式	培训主题	培训主要内容	培训需求简要分析	培训对象	培训人数	拟举办期数及时间	培训地点	考核和评价方式	经费预算(万元)	备注
1	高校短期培训							××大学/市内	出勤签到、培训心得等		
2	专项业务提升培训							局大楼/市内			

续上表

序号	培训形式	培训主题	培训主要内容	培训需求简要分析	培训对象	培训人数	拟举办期数及时间	培训地点	考核和评价方式	经费预算（万元）	备注
3	交通先锋论坛		拟邀请××，……					局大楼/市内			
4	单位内部培训							……			
…	……										

(3)确定计划。

年度总培训预算经决策会议审议通过后，根据下一年度总培训预算经费，结合各单位(部门)实际情况，拟定详细的培训计划。

(4)严格执行。

培训计划的项目原则上必须按照计划执行，确有客观原因不能成行的，由相关主管部门审批。

6.5.13 相关预算词语概述

相关预算词语见附录3。

第6.6节 预算草案格式编制

根据《中华人民共和国预算法》和地方财政部门要求，结合部门预算草案上报(“二上”)工作通知，部门预算草案格式如下。

6.6.1 关于部门预算草案格式内容

1)文字内容

部门预算草案格式的文字内容分包括单位概况、收支总体情况、支出具体情况、政府采购预算情况、“三公”经费预算情况、部门预算绩效管理情况、其他需要说明情况和名词解释8个部分。各部分主要内容及编报要求如下：

(1)单位概况。单位概况包括单位主要职能、机构编制及交通工具情况和×年主要工作目标。其中，单位主要职能的文字表述应精练，以介绍清楚本单位主要职能为原则；机构编制及交通工具情况需按单位逐一说明；×年主要工作目标应列举本单位×年重点工作及工作量等信息。

(2)收支总体情况。收入部分列明单位总收入增减情况并介绍收入构成及增减原因；支出部分需分别按单位和支出类别列明支出数并分析总支出增减原因。如果本单位有政府性基金预算、国有资产经营预算收支，须相应单独说明。

(3)支出具体情况。按单位逐一列明人员经费、公用经费、对个人和家庭补助经费以及项目支出经费的数额和核算内容。其中，项目支出经费应按项目库系统一级履职分类项目编列，同时说明该项目开展的工作内容和具体方式等。

如果本单位有政府性基金预算、国有资产经营预算拨款支出，须相应说明相关资金安排情况；如果本单位有上级提前告知专项转移支付项目、财政专项资金、政府固定资产投资项目,还应重点说明相关项目安排情况。

(4)政府采购预算情况。将本单位×年政府采购预算情况分×年当年政府采购和待支付以前年度政府采购两个部分进行说明。

(5)“三公”经费预算情况。说明本单位×年“三公”经费预算较×年增减情况。

(6)部门预算绩效管理情况。说明本单位×年实施部门预算绩效管理的项目情况。

(7)其他需要说明情况。说明基本支出中公用经费规模增减变化情况,本单位政府性基金预算支出、国有资本经营预算支出和上级专项转移支付支出预算情况。

(8)名词解释。此部分主要是对预算草案中有关专有名词进行解释,除模板中已列条目外,各单位可根据工作职能和草案内容增加条目。

2)表格内容

部门预算草案格式的表格的主要内容及编报要求如下:

(1)部门收支预算总表(表6-92):各项收入数据按单位汇总编列,支出数据均编列至“项”级功能科目。

(2)部门收入预算总表(表6-93):分基层单位列明各项收入来源。

(3)部门支出预算总表(表6-94):分基层单位列明基本支出、项目支出总额以及政府采购项目数额。

(4)基本支出预算表(表6-95):分基层单位将基本支出编列至“款”级支出经济科目。

(5)项目支出预算表(表6-96):分基层单位并按照一般公共预算(含一般性经费、财政专项资金拨款、政府投资拨款)、政府性基金预算、国有资本经营预算拨款的项目顺序将项目支出按项目库中的“二级”项目逐一列示。

(6)财政拨款收支总体情况表(表6-97):财政拨款各项收入数据按单位汇总编列,支出数据均编列至“项”级功能科目。

(7)一般公共预算支出情况表(表6-98):分基层单位列明一般公共预算支出总额,包括基本支出、项目支出数额。

(8)政府性基金预算支出情况表(表6-99):分基层单位列明政府性基金预算支出总额,包括基本支出、项目支出数额。如单位无政府性基金预算支出,则在文字第七部分“其他需要说明情况”中予以说明,该表支出列填零。

(9)国有资本经营预算支出情况表(表6-100):分基层单位列明国有资本经营预算支出总额,包括基本支出、项目支出数额。如单位无国有资本经营预算支出,则在文字第七部分“其他需要说明情况”中予以说明,该表支出列填零。

(10)上级专项转移支付支出预算表(表6-101):分基层单位列明上级专项转移支付项目支出明细情况。如单位无上级专项转移支付项目支出,则在文字第七部分“其他需要说明情况”中予以说明,该表支出列填零。

(11)政府采购项目支出预算表(表6-102):分基层单位将政府采购项目支出按二级采购品目列示。

(12)“三公”经费财政拨款预算表(表6-103):分基层单位编列×年及×年“三公”经费预算,并进行上下年增减对比。

(13)部门预算绩效管理项目情况表(表6-104):分基层单位填列×年实施部门预算绩效管理的项目。

表 6-92

部门收支预算总表

单位名称： 单位：万元

收入		支出	
项目	×年预算数	项目（按支出功能科目编列至“项”级）	×年预算数
一、财政预算拨款		一、一般公共服务	
一般公共预算拨款		财政事务	
一般性经费拨款		预算改革业务	
财政专项资金拨款		财政国库业务	
政府投资项目拨款		二、社会保障和就业	
政府性基金预算拨款		财政对社会保险基金的补助	
国有资本经营预算拨款		财政对其他社会保险基金的补助	
财政专户拨款		行政事业单位离退休	
二、事业收入		归口管理的行政单位离退休	
三、事业单位经营收入		三、医疗卫生	
四、其他收入		医疗保障	
		行政单位医疗	
		事业单位医疗	
		四、住房保障支出	
		住房改革支出	
		住房公积金	
		购房补贴	
本年收入合计		本年支出合计	
上级补助收入		对附属单位补助支出	
附属单位上缴收入		上缴上级支出	
用事业基金弥补收支差额		结转下年	
上年结余、结转			
收入总计		支出总计	

注：1. 所有数据取整。

2. 字体统一为“宋体”、10 号字，“项目”列宽为 40mm，“ ×年预算数”列宽为 12mm、行高为 15mm。

3. 数字列各预算单位根据本部门支出功能科目进行增减，所有支出需细化到项级科目填报。（正式上报时请删除下画线内容）

部门收入预算总表

表 6-93

单位名称：　　　　　　　　　　　　　　　　　　　　　　单位：万元

预算单位	收入总计	本年收入											上级补助收入	附属单位上缴收入	用事业基金弥补收支差额	上年结余、结转
		财政预算拨款								事业收入	事业单位经营收入	其他收入				
		小计	一般公共预算拨款				政府性基金预算拨款	国有资本经营预算拨款	财政专户拨款							
			小计	一般性经费拨款	财政专项资金拨款	政府投资项目拨款										
市财政局																
市财政局本级																
市公务和财政票据管理中心																
市财政信息中心																
市会计学会																

注：1. 所有数据取整。

2. 字体统一为“宋体”、10 号字，行高为 20mm。

部门支出预算总表

表 6-94

单位名称：　　　　　　　　　　　　　　　　　　　　　　单位：万元

预算单位	支出总计	基本支出	项目支出	其中	
				×年政府采购项目	待支付以前年度政府采购项目
市财政局					
市财政局本级					
市公务和财政票据管理中心					
市财政信息中心					
市会计学会					

注：1. 所有数据取整。

2. 字体统一为“宋体”、10 号字，“支出总计”列宽为 11mm，“基本支出”“项目支出”列宽为 9.88mm，其中列宽为 11mm、行高为 20mm。

基本支出预算表

表6-95

单位名称： 单位：万元

支出项目类别（按支出经济科目编列至“款”级）	总计	财政预算拨款								事业收入	事业单位经营收入	其他收入	上级补助收入	附属单位上缴收入	用事业基金弥补收支差额	上年结余、结转
		小计	一般公共预算拨款				政府性基金预算拨款	国有资本经营预算拨款	财政专户拨款							
			小计	一般性经费拨款	财政专项资金拨款	政府投资项目拨款										
市财政局																
市财政局本级																
工资福利支出																
基本工资																
津贴补贴																
奖金																
社会保障缴费																
伙食费																
伙食补助费																
绩效工资																
其他工资福利支出																
商品和服务支出																
办公费																
印刷费																
咨询费																
……																
对个人和家庭的补助支出																

续上表

支出项目类别（按支出经济科目编列至“款”级）	总计	财政预算拨款								事业收入	事业单位经营收入	其他收入	上级补助收入	附属单位上缴收入	用事业基金弥补收支差额	上年结余、结转
		小计	一般公共预算拨款				政府性基金预算拨款	国有资本经营预算拨款	财政专户拨款							
			小计	一般性经费拨款	财政专项资金拨款	政府投资项目拨款										
离休费																
退休费																
……																
市公务和财政票据管理中心																
工资福利支出																
基本工资																
津贴补贴																
……																
市财政信息中心																
……																
市会计学会																
……																

注:1. 各单位的总计数应与表6-94中“基本支出”数据一致。

2. 所有数据取整。

3. 字体统一为“宋体”、10号字,行高为15mm。（正式上报时请删除下画线内容）

项目支出预算表

表 6-96

单位名称：　　　　　　　　　　　　　　　　　　　　　　　　　　　　　单位：万元

支出项目类别（按项目库一、二级项目分类填列）	总计	财政预算拨款								事业收入	事业单位经营收入	其他收入	上级补助收入	附属单位上缴收入	用事业基金弥补收支差额	上年结余、结转
		小计	一般公共预算拨款				政府性基金预算拨款	国有资本经营预算拨款	财政专户拨款							
			小计	一般性经费拨款	财政专项资金拨款	政府投资项目拨款										
市财政局																
市财政局本级																
预算管理业务																
预算综合管理业务																
财政体制管理业务																
部门预算管理业务																
政府性债务管理业务																
其他预算管理业务																
国库管理业务																
国库集中支付业务																
政府会计管理业务																
决算管理业务																
预算执行业务																
地方债发行业务																
财政专户管理业务																
其他国库管理业务																

续上表

支出项目类别（按项目库一、二级项目分类填列）	总计	财政预算拨款								事业收入	事业单位经营收入	其他收入	上级补助收入	附属单位上缴收入	用事业基金弥补收支差额	上年结余、结转
		小计	一般公共预算拨款				政府性基金预算拨款	国有资本经营预算拨款	财政专户拨款							
			小计	一般性经费拨款	财政专项资金拨款	政府投资项目拨款										
市公务和财政票据管理中心																
市财政信息中心																
市会计学会																

注：1. 各单位的总计数应与表6-94中“项目支出”数据一致。

2. 所有数据取整。

3. 字体统一为“宋体”、10号字，行高为15mm。（正式上报时请删除下画线内容）

财政拨款收支总体情况表

表 6-97

单位名称：　　　　　　　　　　　　　　　　　　单位：万元

收　　入		支　　出	
项目	×年预算数	项目（按支出功能科目编列至“项”级）	×年预算数
一、一般公共预算拨款		一、一般公共服务	
一般性经费拨款		财政事务	
财政专项资金拨款		预算改革业务	
政府投资项目拨款		财政国库业务	
二、政府性基金预算拨款		二、社会保障和就业	
三、国有资本经营预算拨款		财政对社会保险基金的补助	
四、财政专户拨款		财政对其他社会保险基金的补助	
		行政事业单位离退休	
		归口管理的行政单位离退休	
		三、医疗卫生	
		医疗保障	
		行政单位医疗	
		事业单位医疗	
		四、住房保障支出	
		住房改革支出	
		住房公积金	
		购房补贴	
本年收入合计		本年支出合计	
上年度结余、结转		结转下年度	
收入总计		支出总计	

注：1. 所有数据取整。

2. 字体统一为“宋体”、10 号字，“项目”列宽为 40mm，“×年预算”数列宽为 12mm、行高为 15mm。

3. 数字列各预算单位根据本部门支出功能科目进行增减，所有支出需细化到项级科目填报。（正式上报时请删除下画线内容）

表 6-98

一般公共预算支出情况表

单位名称：　　　　　　　　　　　　　　　　　　　　　　　　单位：万元

预算单位	科目编码（按支出功能科目编列至“项”级）	科目名称（按支出功能科目编列至“项”级）	支出总计	基本支出	项目支出
市财政局					
市财政局本级					
市公务和财政票据管理中心					
市财政信息中心					
市会计学会					

注：1. 所有数据取整。

2. 字体统一为“宋体”、10 号字，“支出总计、基本支出、项目支出”列宽为 11mm、行高为 20mm。（正式上报时请删除下画线内容）

政府性基金预算支出情况表

表 6-99

单位名称：　　　　　　　　　　　　单位：万元

预算单位	科目编码（按支出功能科目编列至“项”级）	科目名称（按支出功能科目编列至“项”级）	支出总计	基本支出	项目支出
市财政局					
市财政局本级					
市公务和财政票据管理中心					
市财政信息中心					
市会计学会					

注：1. 所有数据取整。

2. 字体统一为“宋体”、10 号字，“支出总计、基本支出、项目支出”列宽为 11mm、行高为 20mm。（正式上报时请删除下画线内容）

表 6-100

国有资本经营预算支出情况表

单位名称：　　　　　　　　　　　　　　　　　　　　　　　　　　单位：万元

预算单位	科目编码（按支出功能科目编列至“项”级）	科目名称（按支出功能科目编列至“项”级）	支出总计	基本支出	项目支出
市财政局					
市财政局本级					
市公务和财政票据管理中心					
市财政信息中心					
市会计学会					

注：1. 所有数据取整。

2. 字体统一为“宋体”、10 号字，“支出总计、基本支出、项目支出”列宽为 11mm、行高为 20mm。（正式上报时请删除下画线内容）

上级专项转移支付支出预算表

表 6-101

单位名称：　　　　　　　　　　　　　　　　　　　　　　　　单位：万元

预算单位	科目编码（按支出功能科目编列至“项”级）	科目名称（按支出功能科目编列至“项”级）	项目名称	项目金额
市财政局				
市财政局本级				
市公务和财政票据管理中心				
市财政信息中心				
市会计学会				

注：1. 所有数据取整。

2. 字体统一为“宋体”、10 号字，“支出总计、基本支出、项目支出列宽为 11mm、行高为 20mm。（正式上报时请删除下画线内容）

表 6-102

政府采购项目支出预算表

单位名称：　　　　　　　　　　单位：万元

单　位	编　号	采购品目	金　额
市财政局			
市财政局本级			
	A	货物类	
	A01	土地	
	A02	建筑物	
	A03	一般设备	
	A0400	办公消耗用品	
	A0500	建筑、装饰材料	
	A06	物资	
	A07	专用材料	
	A10	专用设备	
	A11	交通工具	
	B	工程类	
	B01	建筑物	
	B02	市政建设工程	
	B03	环保、绿化工程	
	B04	水利、防洪工程	
	B05	交通运输工程	
	C	服务类	
	C0100	印刷、出版	
	C02	专业咨询、工程监理、工程设计	
	C0300	信息技术、信息管理软件的开发设计	
	C04	维修	

续上表

单　位	编　号	采购品目	金　额
	C0500	保险	
	C06	租赁	
市公务和财政票据管理中心			
……			
市财政信息中心			
……			
市会计学会			
……			

注:1. 本表只反映×年当年政府采购项目,不包括“待支付以前年度政府采购项目”。
2. 本表各单位采购项目合计数应与表3“×年政府采购项目”数据一致。
3. 所有数据取整。
4. 字体统一为“宋体”、10 号字,行高为15mm。

表 6-103

“三公”经费财政拨款预算情况表

单位名称：　　　　　　　　　　　　　　　　　　　　　　　　　　　　单位：万元

预算单位	年度	“三公”经费财政拨款预算总额	因公出国（境）费	公务接待费	公务用车购置及运行维护费		
					小计	公务用车购置费	公务用车运行维护费
市财政局	×年						
	×年						
市财政局本级	×年						
	×年						
市公务和财政票据管理中心	×年						
	×年						
市财政信息中心	×年						
	×年						
市会计学会	×年						
	×年						

注：1. 为进一步规范因公出国（境）经费管理，我市因公出国（境）经费完全按零基预算的原则根据市因公出国计划预审会议审定计划动态调配使用，因此各单位×年因公出国（境）经费预算数为零，在实际执行中根据计划据实调配。

2. 所有数据取整。

3. 字体统一为“宋体”、10 号字，行高为 20mm。

表 6-104

部门预算绩效管理项目情况表

单位名称：

单位：万元

实施单位	项目名称	预算金额			预算执行时间
		合计	一般公共预算拨款	其他资金	
财政局本级					
市公务和财政票据管理中心					
财政信息中心					
市会计学会					

注：1. 填报的项目情况应和正文第三部分所列“项目支出”内容保持一致。预算执行时间指项目的执行期，如×年度执行的项目，填写×.1.1－×.12.31。

2. 所有数据取整。

3. 字体统一为“宋体”、10 号字、行高为 20mm。

6.6.2　关于报送时间

为确保在《中华人民共和国预算法》规定时间将×年部门预算草案上报地方政府审定和提交地方人大审议，**请各单位接到本通知后，及时按照相关要求组织编制本单位**（系统）**×年部门预算草案，并于规定时间**（“二上”）**将部门预算草案纸质版和电子版报送地方财政部门。**

6.6.3　其他工作要求

（1）关于部门预算草案格式的文字内容：①部门预算草案文字表述应精练，注意控制总体篇幅；②所有文字的字体、字号请严格按照部门预算草案格式的内容和具体编报要求进行编辑设置。

（2）关于部门预算草案格式的表格内容：①表6-92～表6-102数据均来源于部门预算系统相关查询表，请各单位务必编实编准本单位各项预算收支数据和预算科目（特别是支出经济科目），确保查询表数据准确无误，并将相关数据按部门预算草案格式的内容和具体要求进行编辑设置；②请各单位认真核对表格与文字内容中的相关数据，保证各项数据钩稽一致；③表6-103中“三公”经费预算数由各单位在部门预算系统“预算数据录入表”中手工录入后查询生成（以“万元”为单位），各项数据需严格按照×年部门预算相关编制要求填列，确保实现“三公”经费严控目标；④表6-104根据×年实施部门预算绩效管理的项目情况填报。

（3）关于预算公开预案。×年部门预算草案格式的文字和表格内容较为详细，特别是基本支出已按“款”级支出经济科目列示。为此，作为预算编制和执行的主体，各单位（部门）应主动分析所属基层单位×年人均工资等各项预算数据，提前制订本单位预算公开预案，做好相关解释说明工作。

6.6.4　部门预算草案格式示例

×年部门预算格式，以深圳市财政局为例。

×年深圳市财政局预算草案*（宋体，三号）*

本预算草案根据《中华人民共和国预算法》、我部门的职能和主要工作任务编制。草案所列内容准确、真实、完整，依法接受地方人民代表大会审查监督。*（宋体，五号）*

部门法人签字*（手签）*：

第一部分　部门概况*（黑体，四号，下同）*

一、主要职能*（宋体，五号，加粗，下同）*

贯彻执行国家、省、市财政、税收、财务、会计管理等方面的法律、法规和政策……。*（文字表述应尽量精练，介绍清楚本单位主要职能，可参照编办文件赋予部门的主要职能填报。为避免各部门填报文字篇幅长短不一，此部分原则上不超过200字。宋体，五号，下同）*

二、机构编制及交通工具情况

市财政局系统包括市财政局本级、市财政票据管理中心、市财政信息中心、市公物仓、市会计学会共5家基层单位。系统行政编制总数___人,实有在编人数___人;事业编制总数___人,实有在编人数___人;离休___人,退休___人;*从基本支出工资福利列支的雇员(含老工勤)人、从基本支出工资福利列支的临聘员　人(学校还需要列明实有学生人数,下同)*具体如下:

(1)市财政局本级行政编制数___人,实有在编人数___人;事业编制数___人,实有在编人数___人;离休___人,退休___人;从基本支出工资福利列支的雇员(含老工勤)___人、从基本支出工资福利列支的临聘员额___人。已实行公务用车改革,实有车辆___辆,包括定编车辆___辆和非定编车辆___辆*(其他单位如有飞机、船只、摩托车等交通工具也需列明,下同)*。

(2)市公物和财政票据管理中心行政编制数___人,实有在编人数___人;事业编制数___人,实有在编人数___人;离休___人,退休___人;从基本支出工资福利列支的雇员___人、从基本支出工资福利列支的临聘员额___人。未实行公务用车改革,实有车辆___辆,包括定编车辆___辆和非定编车辆___辆。

(3)市财政信息中心行政编制数___人,实有在编人数___人;事业编制数___人,实有在编人数___人;离休___人,退休___人;从基本支出工资福利列支的雇员(含老工勤)___人、从基本支出工资福利列支的临聘员额___人。未实行公务用车改革,实有车辆___辆,包括定编车辆___辆和非定编车辆___辆。

(4)市会计学会行政编制数___人,实有在编人数___人;事业编制数___人,实有在编人数___人;离休___人,退休___人;从基本支出工资福利列支的雇员(含老工勤)___人、从基本支出工资福利列支的临聘员额___人。未实行公务用车改革,实有车辆___辆,包括定编车辆___辆和非定编车辆___辆。

三、×年主要工作目标

市财政局系统×年主要工作目标包括:1. ______;2. ______;3. ______。*(文字表述尽量精练,每项工作目标用1~2句话表述,以清楚说明本单位×年主要工作任务为原则,可列举重点工作及工作量等数据指标)*

第二部分　部门预算收支总体情况

×年市财政局部门预算收入___万元*(预算金额只填列整数,不保留小数,下同)*,比×年增加(减少)___万元,增长(减少)___%*(增减比例只填列整数,不保留小数,下同)*。其中,财政预算拨款___万元、事业收入___万元(学校要填报:其中教育收费___万元);事业单位经营收入___万元、上级补助收入___万元、附属单位上缴收入___万元、用事业基金弥补收支差额___万元、上年结转___万元、其他收入___万元*(收入金额为0万元的项目可删除)*。

×年市财政局部门预算支出___万元,比×年增加(减少)___万元,增长___%。其中,人员支出___万元、公用支出___万元、对个人和家庭的补助支出___万元、项目支出___万元。

预算收支增(减)主要原因说明*(重点说明哪些政策变化导致本系统各项收入增减。特别是因×年预算编制口径变化,新纳入预算编报范围的财政专项资金、政府投资和政府性基金项目应重点说明相关预算增加情况)*:1. ______;2. ______;3. ______。

第三部分　部门预算支出具体情况

一、市财政局本级

市财政局本级预算___万元,包括人员支出___万元、公用支出___万元、对个人和家庭的补助支出___万元、项目支出___万元。

(1)人员支出___万元,主要是在职人员工资福利支出。

(2)公用支出___万元,主要包括公用综合定额经费、水电费、物业管理费、车辆运行维护费和工会经费等公用经费*(仅为按照定额计算部分)*。

(3)对个人和家庭补助支出___万元,主要是离退休人员经费。

(4)项目支出___万元,具体包括:*(各项目按项目库一级履职分类填列,应尽可能说明相关项目开展的具体工作内容、方式,特别是如涉及道路养护、绿化管养等公共设施维护或食品安全检查等公共服务方面的项目还应列举说明工作任务数量和经费保障标准等。下同)*

①预算管理业务___万元,主要用于开展预算综合管理业务、财政体制管理业务、部门预算管理业务、政府性债务管理业务及其他预算管理业务。

②国库管理业务___万元,主要用于国库集中支付业务、政府会计管理业务、决算管理业务、预算执行业务、地方债发行业务、财政专户管理业务及其他国库管理业务。

③资产管理业务___万元,主要用于______________________________。

④会计管理业务___万元,主要用于______________________________。

⑤财政监督检查业务___万元,主要用于______________________________。

⑥政策法规业务___万元,主要用于______________________________。

⑦财政综合业务管理___万元,主要用于______________________________。

⑧财政绩效管理___万元,主要用于______________________________。

⑨待支付以前年度采购项目___万元,主要用于______________________________。

⑩综合管理___万元,主要用于______________________________。

⑪严控类项目___万元,主要用于______________________________。

⑫预算准备金___万元,主要用于______________________________。

⑬财政专项资金项目___万元*(需要重点说明)*,主要用于______________________________。

⑭政府投资项目___万元*(需要重点说明)*,主要用于______________________________。

⑮政府性基金项目___万元*(需要重点说明)*,主要用于______________________________。

⑯其他项目___万元,主要用于______________________________。

二、市财政公物和票据管理中心

市财政票据管理中心预算___万元,包括人员支出___万元、公用支出___万元、对个人和家庭的补助支出___万元、项目支出___万元。

(1)人员支出___万元,主要是在职人员工资福利支出。

(2)公用支出___万元,主要包括公用综合定额经费、水电费___万元、物业管理费___万元、工会经费和职工福利费等。

(3)对个人和家庭补助支出___万元,主要是离退休人员经费。

(4)项目支出___万元,为财政票据管理___万元,主要用于____________________。

三、市财政信息中心

市财政信息中心预算___万元,包括人员支出___万元、公用支出___万元、对个人和家庭的补助支出___万元、项目支出___万元。

(1)人员支出___万元,主要是在职人员工资福利支出。

(2)公用支出___万元,主要包括公用综合定额经费、水电费___万元、物业管理费___万元、工会经费和职工福利费等。

(3)对个人和家庭补助支出___万元,主要是离退休人员经费。

(4)项目支出___万元,为信息管理___万元,主要用于______________________。

四、市会计学会

市会计学会预算___万元,包括人员支出___万元、公用支出___万元、对个人和家庭的补助支出___万元、项目支出___万元。

(1)人员支出___万元,主要是在职人员工资福利支出。

(2)公用支出___万元,主要包括公用综合定额经费、水电费___万元、物业管理费___万元、工会经费和职工福利费等。

(3)对个人和家庭补助支出___万元,主要是离退休人员经费。

(4)项目支出___万元,为会计管理业务___万元,主要用于____________________。

第四部分　政府采购预算情况

市财政局政府采购项目纳入×年部门预算共计___万元,其中包括×年当年政府采购项目指标___万元和×年待支付以前年度政府采购项目指标___万元。(**待支付以前年度政府采购项目**主要用于×年及以前年度已实施招标待支付尾款的政府采购项目)

第五部分　“三公”经费财政拨款预算情况

一、“三公”经费的单位范围

市财政局因公出国(境)费用、公务接待费、公务用车购置和运行维护费开支单位包括委本级和4个下属事业单位。

二、“三公”经费财政拨款预算情况说明

×年“三公”经费财政拨款预算___万元,比×年“三公”经费财政拨款预算增加(减少)___万元。

1. 因公出国(境)费用

×年预算数0万元。为进一步规范因公出国(境)经费管理,我市因公出国(境)经费完全按零基预算的原则根据市因公出国计划预审会议审定计划动态调配使用,因此各单位×年因公出国(境)经费预算数为零,在实际执行中根据计划据实调配。

2. 公务接待费

×年预算数___万元，比×年增加(减少)___万元。*主要开支方向及经费增减原因说明。*

3. 公务用车购置和运行维护费。×年预算数___万元，其中：公务用车购置费×年预算数___万元，比×年预算数增加(减少)___万元；公务用车运行维护费×年预算数___万元，比×年预算数增加(减少)___万元。*(车辆数量、主要开支情况及经费增减原因说明。)*

第六部分　部门预算绩效管理情况

一、实施部门预算绩效管理的单位范围

市财政局实施部门预算绩效管理的单位范围包括市财政局本级、市财政公物和票据管理中心、市财政信息中心、市会计学会共四家基层单位。

二、实施部门预算绩效管理的项目情况及工作要求

×年市财政局所有项目支出预算纳入部门预算绩效管理和编制预算绩效目标(具体见附表)。相关项目在执行时需在年中(7月底前)编报绩效监控情况，并在年度预算执行完毕或项目完成后，需于次年3月底前开展预算绩效自评或绩效评价，形成绩效报告报送财政部门备案。财政部门结合实际情况，选取部分项目或单位实施重点绩效评价。

第七部分　其他需要说明情况

一、机关运行经费

×年本部门本级、××中心……(包括所有行政机关及参照公务员管理的事业单位)机关运行经费财政拨款预算×万元(与部门预算中行政机关及参照公务员管理的事业单位一般公共预算财政拨款基本支出中公用经费之和保持一致)，比×年预算增加×万元，增长×。主要是……*(经费增减变化的主要原因)*。

二、国有资产占有使用情况

截至×年1月31日，本部门所属预算单位共有车辆___辆，其中，一般公务用车___辆、一般执法执勤用车___辆、特种专业技术用车___辆、其他用车___辆。单位价值50万以上通用设备___台(套)，单位价值100万元以上专用设备___台(套)。

×年部门预算安排购置一般公务用车___辆、一般执法执勤用车___辆、特种专业技术用车___辆、其他用车___辆。安排购置价值50万元以上通用设备___台(套)，单位价值100万元以上专用设备___台(套)。

三、其他

本单位无政府性基金预算支出、国有资本经营预算支出和上级专项转移支付支出预算。*(该部分根据单位自身资金情况填写，与草案内容保持一致)*

第八部分　名词解释

(1)一般公共预算拨款收入：指本级财政当年拨付的资金。

(2)其他收入：指除上述“一般公共预算拨款收入”“事业收入”“事业单位经营收入”等以外的收入。其他收入主要是按规定动用的存款利息收入等。

(3)一般公共服务支出:反映政府提供一般公共服务的支出。

(4)住房保障支出:集中反映政府用于住房方面的支出。

(5)上年结转:指以前年度尚未完成、结转到本年仍按原规定用途继续使用的资金。

(6)基本支出:指为保障机构正常运转、完成日常工作任务而发生的人员支出(包括基本工资、津贴补贴等)和公用支出(包括办公费、邮电费、差旅费及印刷费等)。

(7) 项目支出:指在基本支出之外为完成特定行政任务和事业发展目标所发生的支出。

(8)年末结转和结余:指本年度或以前年度预算安排或因客观条件发生变化无法按原计划实施,需要延迟到以后年度按有关规定继续使用的资金。

(9)“三公”经费:财政拨款安排的因公出国(境)费、公务用车购置及运行费和公务接待费。其中,因公出国(境)费反映单位公务出国(境)的国际旅费、国外城市间交通费、住宿费、伙食费及培训费等支出;公务用车购置及运行费反映单位公务用车车辆购置支出(含车辆购置税)及租用费、燃料费、维修费、保险费、过路过桥费等支出;公务接待费反映单位按规定开支的各类公务接待(含外宾接待)支出。

(10)机关运行经费:为保障行政单位(包括参照公务员法管理的事业单位)运行用于购买货物和服务的各项资金,包括办公及印刷费、邮电费、差旅费、会议费、福利费、日常维修费、专用材料及一般设备购置费、办公用房水电费、办公用房取暖费、办公用房物业管理费、公务用车运行维护费以及其他费用。

(各单位(部门)可结合预算草案具体内容和工作职能,自行调加名词解释条目,数量不限)

附表:

(1)部门收支预算总表(表6-92)。

(2)部门收入预算总表(表6-93)。

(3)部门支出预算总表(表6-94)。

(4)基本支出预算表(表6-95)。

(5)项目支出预算表(表6-96)。

(6)财政拨款收支总体情况表(表6-97)。

(7)一般公共预算支出情况表(表6-98)。

(8)政府性基金预算支出情况表(表6-99)。

(9)国有资本经营预算支出情况表(表6-100)。

(10)上级专项转移支付支出预算表(表6-101)。

(11)政府采购项目支出预算表(表6-102)。

(12)“三公”经费财政拨款预算情况表(表6-103)。

(13)部门预算绩效管理项目情况表。(列示的项目要与草案正文第三部分的“项目支出”的名称保持一致)(表6-104)。

注:在部门预算草案格式示例中,带下画线部分在正式上报时应予以删除。

第6.7节　预算报告信息化指南

6.7.1　菜单修改

1)一般性经费

(1)项目预置。

(2)部门建议数下达。

(3)部门申报“一上”。

(4)汇总申报“一上”。

(5)部门控制数下达。

(6)部门申报“二上”。

(7)汇总申报“二上”。

(8)预算批复。

(9)基本配置。

(10)流程配置。

2)专项资金

(1)项目预置。

(2)部门申报“一上”。

(3)汇总申报“一上”。

(4)部门控制数下达。

(5)部门申报“二上”。

(6)汇总申报“二上”。

(7)预算批复。

(8)基本配置。

(9)流程配置。

3)政府性基金

(1)项目预置。

(2)部门申报“一上”。

(3)汇总申报“一上”。

(4)部门控制数下达。

(5)部门申报“二上”。

(6)汇总申报“二上”。

(7)预算批复。

(8)基本配置。

(9)流程配置。

4)政府投资项目

(1)部门申报。

(2)汇总申报。
(3)预算批复。
(4)基本配置。
(5)流程配置。

6.7.2 流程梳理

1)"一上"流程

(1)财务主管部门编辑各单位(部门)建议数并下达(分批次下建议数,道路管养、智能、其他)。

(2)各单位财务人员编辑部门建议数并下达。

(3)各单位财务人员通过《项目预置》菜单导入本年预算项目。

(4)部门根据建议数申报本部门预算项目并提交单位领导审核。

(5)归口统筹单位(部门)审核(线下)。

(6)财务主管部门审核汇总,其后流程走线下。

(7)主管领导审核(线下)。

(8)决策会议审定(线下)。

2)"二上"流程

(1)财务主管部门编辑各单位控制数并下达。

(2)各单位财务人员编辑部门控制数并下达。

(3)部门根据控制数修改本部门预算项目并提交单位领导审核。

(4)财审处审核汇总,其后流程走线下。

(5)主管领导审核(线下)。

(6)决策会议审定(线下)。

6.7.3 科目体系

科目体系见表6-105。

科目体系 表6-105

功能科目	履职分类(一级)	履职分类(二级)
公路建设	交通建设管理	交通基建档案管理
		征地拆迁业务经费
		重大建设项目简报编制
		项目组织实施与监督
		重大项目推进经费
		工程管理及招投标项目
公路养护	公路养护	道路设施管养
		交通安全设施维护

续上表

功 能 科 目	履职分类(一级)	履职分类(二级)
交通运输信息化建设	信息化运维	信息化系统运维体系支撑
		信息化系统维护
		技术服务购买
		信息化业务管理
公路和运输安全	交通应急	交通应急业务
		应急设备及物资购置维护
		交通战备业务
	交通运输安全	交通运输安全业务
		安全生产月活动
公路运输管理	交通运输执法	路政执法
		运政执法
	节能减排	节能减排业务
	交通运输综合管理	综合文秘支出
		人事纪检支出
		财审支出
		综合法律支出
		规划设计管理
		发展计划管理
		港航管理
		航空管理
		工程管理及招投标业务
		轨道交通管理
		小汽车定编管理
	公交客运交通管理	公共交通管理
		客运交通管理
		客运从业资格考试管理
		机动车维修管理
		机动车驾培(机动车驾驶人培训)管理
	货运交通管理	货运交通管理
		货运从业资格考试管理
		危化品安全管理

续上表

功能科目	履职分类(一级)	履职分类(二级)
公路运输管理	交通工程质量监督	工程质量监督业务
		造价协审业务
		质量检测设备购置
	信息咨询管理	投诉受理及网络处理
		投诉信息发布
		信访报表统计
		信息分析通报经费
	办公设备购置	办公设备购置
	综合交通运行指挥	综合交通运行指挥
		综合交通信息发布
		智能交通平台与项目运维管理
	前期费	前期费
	严控类项目	因公出国(境)
		公务接待
		公务用车购置及运行
		晚会
		展览
		庆典
		论坛
		其他
	预算准备金	预算准备金
	其他项目	其他项目
	待支付以前年度采购项目	待支付以前年度采购项目
公路和运输技术标准化建设	交通规划课题	交通规划课题
航道维护	其他项目	其他项目
其他公路水路运输支出	待支付以前年度采购项目	待支付以前年度采购项目
对城市公交的补贴	公交客运交通管理	公共交通管理
对出租车的补贴	公交客运交通管理	客运交通管理
成品油价格改革补贴其他支出	交通运输综合管理	—
公共交通运营补助	公交客运交通管理	公共交通管理

续上表

<table>
<tr><td>功 能 科 目</td><td>履职分类(一级)</td><td>履职分类(二级)</td></tr>
<tr><td rowspan="2">其他交通运输支出</td><td>其他项目</td><td>其他项目</td></tr>
<tr><td>待支付以前年度采购项目</td><td>待支付以前年度采购项目</td></tr>
</table>

6.7.4　增加项目要素

(1)一般性资金要素(表6-106)。

一般性资金要素　　表6-106

<table>
<tr><td>项目名称</td><td colspan="4">填写</td><td>项目编号</td><td colspan="4">填写</td></tr>
<tr><td>开始日期</td><td colspan="4">填写</td><td>结束日期</td><td colspan="4">填写</td></tr>
<tr><td></td><td colspan="4"></td><td>申请日期</td><td colspan="4">填写</td></tr>
<tr><td rowspan="2">“一上”金额</td><td colspan="2">年度总预算</td><td colspan="2">自动生成</td><td rowspan="2">“二上”金额</td><td colspan="2">年度总预算</td><td colspan="2">自动生成</td></tr>
<tr><td colspan="2">年度支出预算</td><td colspan="2">自动生成</td><td colspan="2">年度支出预算</td><td colspan="2">自动生成</td></tr>
<tr><td>支出类型</td><td colspan="4">选择(基本支出、项目支出)</td><td>申报部门(科室)</td><td colspan="4"></td></tr>
<tr><td>下一年支出预算</td><td colspan="9">自动生成</td></tr>
<tr><td>第三年支出预算</td><td colspan="9">自动生成</td></tr>
<tr><td>功能科目</td><td>选择</td><td colspan="2">履职分类</td><td>选择</td><td>存续期限</td><td>选择(一次性项目、经常性项目)</td><td colspan="2">项目属性</td><td>选择(新增项目、上年延续、上年结转)</td></tr>
<tr><td>是否跨年项目</td><td colspan="4">是　否</td><td>是否政府采购</td><td colspan="4">是　否</td></tr>
<tr><td>是否财政绩效项目</td><td colspan="4">是　否</td><td>项目负责人</td><td>填写</td><td colspan="2">负责人联系方式</td><td>填写</td></tr>
<tr><td>是否归口项目</td><td colspan="4">是　否</td><td>归口板块</td><td colspan="4">选择</td></tr>
</table>

注:表中下画线部门在正式上报时应予以删除。

(2)专项资金、政府性基金要素(表6-107)。

专项资金、政府性基金要素　　表6-107

<table>
<tr><td>项目名称</td><td colspan="3">填写</td><td>项目编号</td><td colspan="2">填写</td></tr>
<tr><td>开始日期</td><td colspan="3">填写</td><td>结束日期</td><td colspan="2">填写</td></tr>
<tr><td>申请日期</td><td>填写</td><td>申报部门(科室)</td><td colspan="4"></td></tr>
<tr><td rowspan="2">“一上”金额</td><td>年度总预算</td><td>自动生成</td><td rowspan="2">“二上”金额</td><td colspan="2">年度总预算</td><td>自动生成</td></tr>
<tr><td>年度支出预算</td><td>自动生成</td><td colspan="2">年度支出预算</td><td>自动生成</td></tr>
</table>

续上表

<table>
<tr><td>下一年支出预算</td><td colspan="7">自动生成</td></tr>
<tr><td>第三年支出预算</td><td colspan="7">自动生成</td></tr>
<tr><td>功能科目</td><td>填写</td><td>履职分类</td><td>填写</td><td>专项资金类型</td><td>选择(交通专项资金、路隧专项资金、现代物流业发展专项资金、循环经济与节能减排专项资金、港口建设费分成资金、国土基金交通前期费)</td><td>是否财政绩效项目</td><td>是
否</td></tr>
<tr><td>是否归口项目</td><td>是　否</td><td>归口板块</td><td colspan="5">选择</td></tr>
</table>

(3)政府投资项目要素(表6-108)。

政府投资项目要素　　表6-108

<table>
<tr><td>项目名称</td><td colspan="4">填写</td><td>项目编号</td><td colspan="2">填写</td></tr>
<tr><td>开始日期</td><td colspan="4">填写</td><td>结束日期</td><td colspan="2">填写</td></tr>
<tr><td>申请日期</td><td colspan="4">填写</td><td>年度投资计划</td><td colspan="2"></td></tr>
<tr><td>申报部门(科室)</td><td colspan="7"></td></tr>
<tr><td>功能科目</td><td>填写</td><td>履职分类</td><td colspan="2">选择(政府投资项目建设)</td><td colspan="2">项目属性</td><td>选择(新建政府投资项目、续建政府投资项目)</td></tr>
<tr><td>建设类型</td><td colspan="2">选择(道路、场站、其他)</td><td>是否归口项目</td><td>是　否</td><td colspan="2">归口板块</td><td>选择</td></tr>
</table>

6.7.5　增加预算文件查询功能

增加国家或地方政府有关预算文件法规、制度的相关规定和要求,增加当年预算编制文件,如《国务院关于实行中期财政规划管理的意见(国发〔2015〕3号)》文件。

6.7.6　编制预算标准表

×年度预算费用标准表见表6-109。

（填写年份）**年度预算费用标准表**　　表6-109

<table>
<tr><th>预算类型</th><th colspan="3">费用类型</th><th>标　　准</th><th>文件依据</th></tr>
<tr><td rowspan="20">一般性经费</td><td rowspan="18">部门预算</td><td colspan="2">人员支出</td><td>按地方人事部门规定的工资及津贴标准执行</td><td></td></tr>
<tr><td rowspan="4">定额公用支出</td><td>综合定额</td><td>按地方财政当年度预算编制标准</td><td rowspan="4">地方政府有关本级行政事业单位经费支出定额标准的规定</td></tr>
<tr><td>福利费</td><td></td></tr>
<tr><td>工会经费</td><td>按单位发放的职工工资总额的固定比例编列</td></tr>
<tr><td>交通费</td><td>按地方财政部门当年度预算编制标准</td></tr>
<tr><td rowspan="2">物业管理费</td><td>自管</td><td>按照实际成本编列</td><td></td></tr>
<tr><td>委托</td><td>已有合同按物业管理合同约定金额编列</td><td>地方政府有关物业管理服务收费管理的规定</td></tr>
<tr><td colspan="2">水电费</td><td>参照上年度实际发生额、结合增减因素填列</td><td></td></tr>
<tr><td colspan="2">差旅费</td><td></td><td>地方政府关于交通运输委员会差旅费管理的相关规定</td></tr>
<tr><td colspan="2">出国费</td><td></td><td>《因公临时出国经费管理办法》（财行〔2013〕516号）</td></tr>
<tr><td colspan="2">会议费</td><td></td><td>地方政府有关党政机关和事业单位会议费管理的规定</td></tr>
<tr><td colspan="2">培训费</td><td></td><td>地方政府有关机关培训费管理的规定</td></tr>
<tr><td colspan="2">专家评审（咨询）费</td><td></td><td>地方政府有关交通运输委员会会议费管理的规定</td></tr>
<tr><td colspan="2">讲课费</td><td></td><td>地方政府有关机关培训费管理的规定</td></tr>
<tr><td colspan="2">误餐费</td><td></td><td>地方政府有关交通运输部门误餐费管理的规定</td></tr>
<tr><td colspan="2">道路管养</td><td>按养护级别及养护标准执行</td><td>地方政府有关公路养护工程预算编制、预算定额、市政维修工程消耗量标准的规定</td></tr>
<tr><td rowspan="2">政府采购</td><td>办公设备</td><td>按办公设备配置标准执行</td><td>《关于调整市直党政机关办公设备配置标准的通知》（深财〔2008〕4号）</td></tr>
<tr><td>专项设备</td><td>按专项设备配置标准执行</td><td></td></tr>
<tr><td colspan="3">办公室装修</td><td></td><td>地方政府有关党政机关公用设施配置标准的规定</td></tr>
<tr><td colspan="3">公交补贴资金</td><td>按资金管理办法规定编列</td><td>地方政府有关公共交通财政定额补贴政策的规定</td></tr>
</table>

续上表

预算类型	费用类型	标准	文件依据
专项资金	交通专项资金	按资金管理办法规定编列。其中，公交场站、交通枢纽按《政府投资交通场站运行维护费用标准（征求意见稿）》编列；的士站管理经费按机场、枢纽、口岸的士站管理经费相关标准进行测算	地方政府有关交通专项资金管理的规定
	路隧专项资金	按资金管理办法规定编列	地方政府有关路隧项目偿还及发展专项资金管理的规定
	现代物流业发展专项资金	按资助管理办法规定的资助条件及标准编列	地方政府有关现代物流发展专项资金管理的规定
	循环经济和节能减排补贴资金	按资金管理办法规定编列	地方政府有关循环经济与节能减排专项资金管理的规定
政府性基金	港口建设分成资金	按资金管理办法规定编列	地方政府有关港口建设费管理的规定
	国土基金交通前期费	按交通规划及课题研究项目取费规定编列	地方政府有关交通运输管理部门规划及课题研究类项目管理的规定
政府投资项目		按相关规定编列	地方政府有关投资项目管理的规定
经费自给事业单位	人员支出	实行绩效工资制度，结合各单位绩效情况及核准总额编列	地方政府有关事业单位工资总额核准的规定
	定额公用支出	按财政部门当年度支出定额标准	地方政府有关行政事业单位经费定额的规定
	交通费	按财政部门当年度支出定额标准	

第7章 交通运输预算执行监控

预算执行主要是根据年度预算批复下达情况和分月支出计划和采购计划，及时、合理地推进采购和支付工作。为了及时、全面地掌握全局预算执行情况和存在的问题，交通运输管理部门每月收集汇总、研究分析月度预算数据执行情况，并通报督促各预算单位(部门)做好预算执行工作。

1. 预算执行指标

预算执行指标包括年度预算支出完成率和年度预算采购完成率两项指标。

(1)年度预算支出完成率。

年度预算支出完成率为当年应支付预算指标完成情况百分比，计算公式如下：

$$\text{年度预算支出完成率}=\frac{\text{往年结转指标支付数}+\text{当年预算指标支付数}}{\text{往年结转支付指标}+\text{当年预算支付指标}}\times 100\% \quad (7\text{-}1)$$

(2)年度预算采购完成率。

年度预算采购完成率为当年政府集中采购项目完成情况百分比，分为以下两种：

①按采购金额计算：

$$\text{年度预算采购完成率}=\frac{\text{完成集中采购项目预算数}}{\text{当年集中采购项目预算数}}\times 100\% \quad (7\text{-}2)$$

②按项目数计算：

$$\text{年度预算采购完成率}=\frac{\text{完成集中采购项目数}}{\text{当年集中采购项目数}}\times 100\% \quad (7\text{-}3)$$

(3)关于执行数据的确认。

①关于支付的确认。

a. 属于直接支付的项目，将单据送到国库支付中心，银行实际完成支付则视为支付完成。

b. 属于授权支付的项目，以发出支付指令，银行实际完成支付为准。

②关于采购的确认。

a. 属于新采购的项目，以收到中标通知书的时间确认采购完成。

b. 属于延续合同项目，以录入地方财政部门获批的时间确认为采购完成。

2. 预算执行分析方法

(1)总体分析和分项分析。

(2)不同类型的资金维度进行分析。

(3)不同的项目维度进行分析。

(4)不同的单位维度进行分析并进行排名。

3. 预算执行数据的报送

交通运输部门的相关单位(部门)作为预算执行主体,需配合财务主管部门,在规定的时间内通过地方财政资金管控系统录入并提交上月本单位(部门)预算执行数据,报送内容包括:

(1)年度预算支出完成情况。

(2)“三公”经费支出完成情况。

(3)年度预算采购完成情况。

(4)政府投资项目支出完成情况。

(5)中央、省级转移资金支出完成情况。

4. 预算执行监督

(1)排序并通报。每月按照预算执行快慢进行排序并通报。

(2)约谈。对于落后单位(部门)由分管领导进行约谈。

5. 相关附件

附件7-1:交通运输管理部门关于×年1—×月预算两率完成情况的通报(样板,以深圳市为例)。

附件7-1:

深交字〔××××〕×××号

交通运输管理部门关于×年1—×月预算两率完成情况的通报

××单位:

现就我部门×年1—×月预算“两率”完成情况分析并通报如下。

一、统计口径

(1)本报告数据为各单位(部门)×年已批复的全口径预算以及相匹配的预算执行数据。

(2)相关预算执行数据在交通运输管理部门财政资金安全管控系统中自动获取。

(3)本通报已使用机构改革后新的机构名称,涉及职能调整后的预算指标已基本完成划转。

二、总体情况

1. 预算支出完成率

全局年度已批复预算为×亿元,1—×月累计支出×亿元,预算支出完成率为×%(时序进度为×%)。其中,一般性经费完成×%,专项资金完成×%,政府性基金完成×%,政府投资项目完成×%。

(1)完成率排在前5名的单位是:单位名称及完成率。(配图表)

(2)完成率排在后5名的单位是:单位名称及完成率。(配图表)

(3)业务板块支出完成情况(表1)。

业务板块支出完成情况

表1

金额:亿元

序号	项　　目	本年已批复预算金额	本年累计支出金额	支出完成率
1	高速公路回购资金	—	—	—
2	公交(含出租车)补贴	—	—	—
3	物流专项资金	—	—	—
4	政府投资项目	—	—	—
5	道路管养经费	—	—	—
6	引航费资金	—	—	—
7	泥头车淘汰补贴	—	—	—
8	交通安全设施维护经费	—	—	—
9	智能化运维经费	—	—	—
10	循环经济与节能减排专项资金	—	—	—
11	规划及课题研究经费	—	—	—

2.采购项目完成率

全局年度已批复采购预算为×亿元,已完成采购×亿元,完成率为×%。其中,一般性经费完成×%,专项资金完成×%,政府性基金完成×%。

(1)完成率排在前5名的单位是:单位名称及完成率。(配图表)

(2)完成率排在后5名的单位是:单位名称及完成率。(配图表)

(3)业务板块采购完成情况(表2)。

业务板块采购完成情况

表2

金额:亿元

序号	项　　目	本年已批复采购预算	本年已完成采购预算	采购完成率
1	交通安全设施维护经费	—	—	—
2	道路管养经费	—	—	—
3	智能化运维经费	—	—	—
4	规划及课题研究经费	—	—	—

三、分项情况

1. 一般性经费

1) 预算支出完成率

年度已批复预算为×万元,1—×月累计支出×万元,支出完成率为×%。

(1) 按项目类别分析。

年度人员支出安排×万元,1—×月累计支出×万元,完成×%;公用支出安排×万元,累计支出×万元,完成×%;项目支出安排×万元,累计支出×万元,完成×%。(配图表)

(2) 按执行单位分析。

①完成率排在前5名的单位是:单位名称及完成率。(配图表)

②完成率排在后5名的单位是:单位名称及完成率。(配图表)

2) 采购项目完成率

年度已批复采购预算为×万元,1—×月已完成采购预算×万元,完成率为×%。

(1) 完成率排在前5名的单位是:单位名称及完成率。(配图表)

(2) 完成率排在后5名的单位是:单位名称及完成率。(配图表)

2. 专项资金

1) 预算支出完成率

(1) 年度已批复专项资金预算合计×万元,1—×月累计支出×万元,支出完成率为×%。

①交通专项资金年度已批复预算×万元,累计支出×万元,支出完成率为×%。

②路隧专项资金年度已批复预算×万元,累计支出×万元,支出完成率为×%。

③物流专项资金年度已批复预算×万元,累计支出×万元,支出完成率为×%。

④循环经济与节能减排专项资金年度已批复预算×万元,累计支出×万元,支出完成率为×%。

⑤安全生产专项经费年度已批复预算×万元,累计支出×万元,支出完成率为×%。

(2) 完成率排在前5名的单位是:单位名称及完成率。(配图表)

(3) 完成率排在后5名的单位是:单位名称及完成率。(配图表)

2) 采购项目完成率

(1) 年度已批复专项资金采购预算×万元,已完成×万元,完成率为×%。

①交通专项资金年度已批复采购预算×万元,已完成×万元,完成率为×%。

②路隧专项资金年度已批复采购预算×万元,已完成×万元,完成率为×%。

③安全生产专项经费年度已批复采购预算×万元,已完成×万元,完成率为×。

(2) 完成率排在前5名的单位是:单位名称及完成率。(配图表)

(3) 完成率排在后5名的单位是:单位名称及完成率。(配图表)

3. 政府性基金

1) 预算支出完成率

年度已批复政府性基金预算合计×万元,1—×月累计支出×万元,支出完成率为×%。

其中,港建费分成资金年度已批复预算×万元,1—×月累计支出×万元,支出完成率为×%;国土基金交通前期费年度已批复预算×万元,1—×月累计支出×万元,支出完成率为×%。

2)采购项目完成率

年度已批复政府性基金采购预算×万元,已完成×万元,完成率为×%。其中:港建费分成资金年度已批复采购预算×万元,已完成×万元,完成率为×%;国土基金交通前期费年度已批复采购预算×万元,已完成×万元,完成率为×%。

4. 政府投资项目

年度已批复政府投资项目计划为×万元,1—×月累计支出×万元,支出完成率为×%。

5. 中央、省级转移资金

年度已批复中央、省级转移资金计划为×万元,1—×月累计支出×万元,支出完成率为×%。

四、下一步工作要求

××:

特此通报。

附表7-1:×年1—×月各资金板块支出完成情况总表。

附表7-2:×年1—×月各单位支出完成情况总表。

附表7-3:×年1—×月各单位采购完成情况总表(一)。

附表7-4:×年1—×月各单位采购完成情况总表(二)。

附表7-5:×年1—×月各部门支出完成情况总表。

附表7-6:×年1—×月各部门采购完成情况总表(一)。

附表7-7:×年1—×月各部门采购完成情况总表(二)。

附表7-8:×年1—×月各单位支出完成情况表(一般性经费)。

附表7-9:×年1—×月各单位采购完成情况表(一般性经费)。

附表7-10:×年1—×月各单位支出完成情况表(专项资金)。

附表7-11:×年1—×月各单位支出完成情况表(交通专项资金)。

附表7-12:×年1—×月各单位支出完成情况表(路隧专项资金)。

附表7-13:×年1—×月各单位支出完成情况表(物流专项资金)。

附表7-14:×年1—×月各单位支出完成情况表(循环经济与节能减排专项资金)。

附表7-15:×年1—×月各单位支出完成情况表(安全生产专项经费)。

附表7-16:×年1—×月各单位支出完成情况表(政府性基金)。

附表7-17:×年1—×月各单位支出完成情况表(港建分成费基金)。

附表7-18:×年1—×月各单位支出完成情况表(国土基金)。

附表7-19:×年1—×月各专项资金采购完成情况表。

附表7-20:×年1—×月各单位采购完成情况表(专项资金)。

附表7-21:×年1—×月各单位采购完成情况表(交通专项资金)。

附表7-22:×年1—×月各单位采购完成情况表(路隧专项资金)。

附表7-23：×年1—×月各单位采购完成情况表(安全生产专项经费)。
附表7-24：×年1—×月各政府性基金采购完成情况表。
附表7-25：×年1—×月各单位采购完成情况表(政府性基金)。
附表7-26：×年1—×月各单位采购完成情况表(国土基金)。
附表7-27：×年1—×月各单位采购完成情况表(港建费分成资金)。
附表7-28：×年1—×月各单位政府投资项目支出完成情况表。
附表7-29：×年1—×月各单位中央、省级转移资金支出完成情况表。

交通运输管理部门
×年×月×日

抄送：部门领导。

附表 7-1：

×年 1—×月各资金板块支出完成情况总表

单位：万元

项　　目	本年已批复预算金额	本年累计支出金额	本年支出完成率	上年同期完成率	对比（+/-）
一、一般性经费					
（一）部门预算					
（二）公交（含出租车）补贴					
（三）高速路回购资金					
（四）引航费资金					
（五）泥头车淘汰补贴					
二、专项资金					
（一）交通专项资金					
（二）路隧专项资金					
（三）物流专项资金					
（四）循环经济与节能减排资金					
（五）安全生产专项经费					
三、政府性基金					
（一）港建费分成资金					
（二）国土基金交通前期费					
四、政府投资项目					
合计					

附表 7-2：

×年 1—×月各单位支出完成情况总表

单位：万元

单位名称	本年已批复预算金额	本年累计支出金额	本年支出完成率	执行排名	上年同期完成率	对比（+/-）

附表7-3：

×年1—×月各单位采购完成情况总表(一)

单位:万元

单位名称	本年已批复采购预算	本年已完成采购预算	本年采购完成率	执行排名	上年同期完成率	对比(+/-)

附表7-4：

×年1—×月各单位采购完成情况总表(二)

单位名称	本年已批复采购预算		本年已完成采购预算		本年采购完成率		执行排名
	项目数(个)	金额(万元)	项目数(个)	金额(万元)	项目完成率	金额完成率	

附表 7-5：

×年 1—×月各部门支出完成情况总表

单位：万元

单位名称	本年已批复预算金额	本年累计支出金额	本年支出完成率	执行排名	上年同期完成率	对比（+/-）
合计						

附表 7-6：

×年 1—×月各部门采购完成情况总表（一）

单位：万元

单位名称	本年已批复采购预算	本年已完成采购预算	本年采购完成率	执行排名	上年同期完成率	对比（+/-）
合计						

附表 7-7：

×年 1—×月各部门采购完成情况总表（二）

单位名称	本年已批复采购预算		本年已完成采购预算		本年采购完成率		执行排名
	项目数（个）	金额（万元）	项目数（个）	金额（万元）	项目完成率	金额完成率	
合计							

附表7-8：

×年1—×月各单位支出完成情况表(一般性经费)

单位：万元

单位名称	本年已批复预算金额	本年累计支出金额	本年支出完成率	执行排名
合计				

附表7-9：

×年1—×月各单位采购完成情况表(一般性经费)

单位名称	本年已批复采购预算		本年已完成采购预算		本年采购完成率		执行排名
	项目数(个)	金额(万元)	项目数(个)	金额(万元)	项目完成率	金额完成率	
合计							

附表7-10：

×年1—×月各单位支出完成情况表(专项资金)

单位：万元

单位名称	本年已批复预算金额	本年已下达支付指标	本年累计支出金额	本年支出完成率	执行排名
合计					

附表 7-11：

×年 1—×月各单位支出完成情况表(交通专项资金)

单位：万元

单位名称	本年已批复预算金额	本年已下达支付指标	本年累计支出金额	本年支出完成率	执行排名
合计					

附表 7-12：

×年 1—×月各单位支出完成情况表(路隧专项资金)

单位：万元

单位名称	本年已批复预算金额	本年已下达支付指标	本年累计支出金额	本年支出完成率	执行排名
合计					

附表 7-13：

×年 1—×月各单位支出完成情况表(物流专项资金)

单位：万元

单位名称	本年已批复预算金额	本年累计支出金额	本年支出完成率
合计			

附表 7-14：

×年 1—×月各单位支出完成情况表(循环经济与节能减排专项资金)

单位：万元

单位名称	本年已批复预算金额	已下达支付指标	本年累计支出金额	本年支出完成率
合计				

附表 7-15：

×年 1—×月各单位支出完成情况表(安全生产专项经费)

单位：万元

单位名称	本年已批复预算金额	已下达支付指标	本年累计支出金额	本年支出完成率
合计				

附表 7-16：

×年 1—×月各单位支出完成情况表(政府性基金)

单位：万元

单位名称	本年已批复预算金额	本年已下达支付指标	本年累计支出金额	本年支出完成率	执行排名
合计					

附表 7-17：

×年1—×月各单位支出完成情况表（港建分成资基金）

单位：万元

单位名称	本年已批复预算金额	本年已下达支付指标	本年累计支出金额	本年支出完成率
合计				

附表 7-18：

×年1—×月各单位支出完成情况表（国土基金）

单位：万元

单位名称	本年已批复预算金额	已下达支付指标	本年累计支出金额	支出完成率
合　计				

附表 7-19：

×年1—×月各专项资金采购完成情况表

资金类型	本年已批复采购预算		本年已完成采购预算		采购完成率	
	项目数（个）	金额（万元）	项目数（个）	金额（万元）	项目完成率	金额完成率
合计						

附表7-20：

×年1—×月各单位采购完成情况表(专项资金)

单位名称	本年已批复采购预算		本年已完成采购预算		本年采购完成率		执行排名
	项目数(个)	金额(万元)	项目数(个)	金额(万元)	项目完成率	金额完成率	
合计							

附表7-21：

×年1—×月各单位采购完成情况表(交通专项资金)

单位名称	本年已批复采购预算		本年已完成采购预算		本年采购完成率		执行排名
	项目数(个)	金额(万元)	项目数(个)	金额(万元)	项目完成率	金额完成率	
合计							

附表7-22：

×年1—×月各单位采购完成情况表(路隧专项资金)

单位名称	本年已批复采购预算		本年已完成采购预算		本年采购完成率		执行排名
	项目数(个)	金额(万元)	项目数(个)	金额(万元)	项目完成率	金额完成率	
合计							

附表 7-23：

×年 1—×月各单位采购完成情况表(安全生产专项经费)

单位:万元

单位名称	项目数	金额	项目数	金额	项目率	金额率
合计						

附表 7-24：

×年 1—×月各政府性基金采购完成情况表

资金类型	本年已批复采购预算		本年已完成采购预算		本年采购完成率	
	项目数(个)	金额(万元)	项目数(个)	金额(万元)	项目完成率	金额完成率
合计						

附表 7-25：

×年 1—×月各单位采购完成情况表(政府性基金)

单位:万元

单位名称	项目数	金额	项目数	金额	项目率	金额率
合计						

附表7-26：

×年1—×月各单位采购完成情况表(国土基金)

单位名称	本年已批复采购预算		本年已完成采购预算		采购完成率	
	项目数(个)	金额(万元)	项目数(个)	金额(万元)	项目完成率	金额完成率
合计						

附表7-27：

×年1—×月各单位采购完成情况表(港建费分成资金)

单位名称	本年已批复采购预算		本年已完成采购预算		采购完成率	
	项目数(个)	金额(万元)	项目数(个)	金额(万元)	项目完成率	金额完成率
合计						

附表7-28：

×年1—×月各单位政府投资项目支出完成情况表

单位：万元

单位名称	年度投资计划	年度累计支出金额	本年支出完成率	执行排名
合计				

附表 7-29：

×年 1—×月各单位中央、省级转移资金支出完成情况表

单位：万元

单位名称	本年已批复预算金额	本年累计支出金额	本年支出完成率	执行排名
合计				

附件7-2:财政预算管理与支出进度情况指标评分标准。

附件7-2:

财政预算管理与支出进度情况指标评分标准

<table>
<tr><td rowspan="4">基本信息</td><td>指标名称</td><td colspan="5">财政预算管理与支出进度情况</td></tr>
<tr><td>数据采集单位及业务处室</td><td></td><td>联系人</td><td></td><td>电话</td><td></td></tr>
<tr><td>评估对象及权重</td><td colspan="5"></td></tr>
<tr><td>评估周期</td><td colspan="2"></td><td>数据报送时间</td><td colspan="2"></td></tr>
<tr><td>指标释义</td><td colspan="6">预算绩效管理情况是指市政府部门预算绩效管理情况,包括基础工作、事前绩效评估和绩效目标管理、绩效监控管理、绩效评价管理、评价结果应用等指标内容。
支出进度是指政府部门按照《中华人民共和国预算法》《财政部关于修订〈财政管理工作绩效考核与激励办法〉的通知》(财预〔2018〕222号)等有关规定依法完成预算执行的情况。综合考虑一般公共预算、政府性基金预算的支出进度情况,并按照月度支出进度计算半年、全年支出进度考核得分</td></tr>
<tr><td colspan="7">评分标准</td></tr>
<tr><td colspan="7">一、财政预算绩效管理(权重占50%,考核周期:年度)</td></tr>
</table>

评估项	评估内容	分值(分)	评分标准
基础工作(10分,截至当年年底基础工作情况)	指标体系	10	(1)按财政部门要求,建立并报送本部门整体支出绩效评价指标体系框架(6分)。 (2)按财政部门要求,建立并报送本部门项目支出绩效评价指标体系(每项2分,最高4分)
事前绩效评估和绩效目标管理(25分,填报的是考核年+1年预算绩效目标管理情况)	事前绩效评估	5	(1)按财政部门要求,在申请预算时向财政部门提交新增项目或政策事前绩效评估报告(3分)。 (2)在预算绩效管理信息系统中,对新增项目进行重点审核并形成审核结果(2分)。 部门无新增项目预算的,此项默认得分
	目标编报	12	(1)在预算绩效管理信息系统中,按规定时间完成绩效目标编报(4分,迟报一项扣1分,直至4分扣完为止)。 (2)编报绩效目标符合规定的格式要求、相关内容完整(4分,一项不符合要求扣1分,直至4分扣完为止)。 (3)按照财政部门要求的范围编报绩效目标(4分,漏报一项扣1分,直至4分扣完为止)
	目标审核	8	在预算绩效管理信息系统中,对所属基层预算单位编报的绩效目标进行审核,提出实质性审核意见(8分,未提出实质性审核意见的,一项扣2分,直至8分扣完为止)
绩效监控管理(12分,当年度实施绩效监控情况)	监控管理	12	按照财政部门要求,开展绩效监控管理(12分,迟报或漏报一项扣2分,直至12分扣完为止)

续上表

评　估　项	评估内容	分值(分)	评分标准
绩效评价管理(30分,当年完成上一年度的绩效评价情况)	开展绩效自评	15	(1)按照财政部门要求,开展本部门整体支出绩效自评并提交绩效自评报告(5分,内容不完整、格式不规范的扣1分,未对部门履职目标分析绩效的扣1分,只谈成绩不分析问题的扣1分,不结合问题提出改进措施的扣1分)。 (2)按照财政部门要求,对纳入绩效目标管理的项目支出开展绩效自评(5分,绩效自评填报内容不完整、格式不规范的,一项扣1分;绩效自评项目遗漏的,一项扣1分,直至5分扣完为止)。 (3)各主管部门按照财政部门要求,分别对地方级财政专项资金整体支出、政府投资项目支出、政府性基金支出、社会保险基金支出、国有资本经营预算支出开展绩效自评(5分,主管部门遗漏一项扣1分,直至5分扣完为止,其他部门默认得分)
	重点项目支出绩效评价	15	按照是否纳入财政部门当年重点绩效评价分为两类: (一)类,本部门未纳入财政部门当年重点绩效评价。 按照财政部门要求开展重点项目支出绩效评价或再评价(15分)。 (二)类,本部门纳入财政部门当年重点绩效评价。 (1)按照财政部门要求开展重点项目支出绩效评价或再评价(6分)。 (2)纳入财政部门重点绩效评价的,绩效评价结果为"优"或"良"(5分);绩效评价结果为"中"(2分);绩效评价结果为"差"(0分)。 (3)被考核部门积极配合财政部门开展重点绩效评价,提供材料和反馈信息及时、完整(4分)
评价结果应用(18分,当年完成上一年度的绩效评价结果应用情况)	整改落实	4	按照是否纳入财政部门当年重点绩效评价分为两类: (一)类,本部门未纳入财政部门当年重点绩效评价。 根据绩效自评结果落实整改(4分)。 (二)类,本部门纳入财政部门当年重点绩效评价。 (1)根据绩效自评结果落实整改(2分)。 (2)根据财政部门重点评价结果落实整改(2分)
	评价结果公开	4	按财政部门要求,将本部门绩效评价结果向社会公开(4分)
	结果应用	10	根据绩效评价结果对本部门预算安排或政策进行调整,优化支出结构,完善预算管理机制(10分)
加分项(5分,截至当年年底工作亮点)	工作亮点	5	(1)本年度预算绩效管理工作获得省部级及以上领导批示肯定,或者有关经验做法在中央推广运用(5分)、在省推广运用(3分)。 (2)本年度在预算绩效管理方面开展调研,研究成果在省级以上公开刊物发表(2分)

续上表

二、支出进度情况(权重占50%,考核周期:半年)

支出进度满分100分,其中基准分70分,支出执行率30分。支出执行率取每季度末月份的支出进度计算取得,半年考核得分按两季度得分平均计算。

对年度预算既有一般公共预算,又有政府性基金预算的单位,季度末一般公共预算与政府性基金预算均达到或超过时序进度的,本季度计满分。

对年度预算只有一般公共预算或只有政府性基金预算的单位,其一般公共预算或政府性基金预算季度末月份达到或超过时序进度的,本季度计满分。

对本季度末月份未达到时序进度的单位,本季度其他月份一般公共预算或政府性基金支出进度每达到一次时序进度奖励5分,支出执行率得分按公式计算。若计算过程中没有可比较的单位,或所有单位一般公共预算,或政府性基金预算,均达到或超过时序进度的,被考核单位得分按季度末月份支出进度占季度时序进度的比例乘以分值计算支出执行率得分。季度得分加奖励分后超过100分的,按100分计。另加扣分项,人大、监察、财政部门开展的监督检查中,发现在支出执行中有违规行为并受到问责的,发现一起扣1分。

1. 确定分月支出进度

从地方财政部门开始通报支出进度的月份算起,按月计算当月支出进度,分为一般公共预算和政府性基金支出进度两个指标。其具体计算公式为

$$\text{一般公共预算支出进度}=\frac{\text{一般公共预算累计支出额}}{\text{一般公共预算支出目标}} \tag{1}$$

$$\text{政府性基金支出进度}=\frac{\text{政府性基金预算累计支出额}}{\text{政府性基金预算支出目标}} \tag{2}$$

其中:支出目标=年初预算+年中追加(减)

注:政府采购节约资金可作为扣减项在支出目标中扣除;政府投资未下达的投资计划可作为扣减项在支出目标中扣除。

2. 确定季度支出进度

季度支出进度=季度末月份累计支出进度(3月、6月、9月、12月月末支出进度)

3. 调整计算支出执行率得分

将各单位季度支出进度通过公式调整计算出支出执行率得分。支出执行率得分计算公式为

$$\text{支出执行率得分}=\frac{\text{本单位季度末实际支出进度}-\text{各单位度末支出进度最低值}}{\text{季度时序进度目标值}-\text{各单位季度末支出进度最低值}}\times\text{分值} \tag{3}$$

其中,支出执行率得分可分为一般公共预算得分和政府性基金得分;季度时序进度目标值:一季度25%,二季度50%,三季度75%,四季度100%。

分值:单位若只有一般公共预算安排则分值为30分;若单位既有一般公共预算安排又有政府性基金预算安排,则一般公共预算分值为24分,政府性基金分值为6分,该单位总支出执行率得分为一般公共预算支出率得分与政府性基金支出率得分之和。

4. 确定季度支出进度得分

根据基准分、支出执行率得分,汇总计算季度支出进度得分。季度支出进度得分计算公式为

$$\text{季度支出进度得分}=\text{基准分}+\text{支出执行率分}+\text{奖励分}-\text{扣分项} \tag{4}$$

5. 确定半年考核得分

$$\text{上半年考核得分}=\frac{\text{一季度支出进度得分}+\text{二季度支出进度得分}}{2} \tag{5}$$

$$\text{下半年考核得分}=\frac{\text{三季度支出进度得分}+\text{四季度支出进度得分}}{2} \tag{6}$$

三、评估规则及计算公式

$$\begin{aligned}\text{财政预算绩效管理年度得分}=&\text{基础工作得分}+\text{事前绩效评估和绩效目标管理得分}+\\&\text{绩效监控管理得分}+\text{绩效评价管理得分}+\text{评价结果应用得分}\end{aligned} \tag{7}$$

$$\text{支出进度年度得分}=\frac{\text{上半年得分}+\text{下半年得分}}{2} \tag{8}$$

$$\text{指标年度得分}=\text{财政预算绩效管理年度得分}\times 50\%+\text{支出进度年度得分}\times 50\% \tag{9}$$

第8章 交通运输预算调整

第8.1节　年度预算追加

年度申请追加预算的，除新增机构、职能和人员，以及地方政府或上级部门临时增加的工作任务外，年度中原则上不予追加预算。确需年度中申请追加预算的，按照局规定的权限及流程“一事一请”。

8.1.1　权限及流程

各单位追加预算，财务主管部门和主管领导负责审核、审批事项及金额较低的预算，金额较高的预算由决策会议审定。

8.1.2　申请需提供的材料

(1)申请书(请示)。

(2)费用测算表(表8-1)。

(3)项目计划书(规划及课题研究类项目、咨询类项目、智能化运维项目需编制，样板详见6.5.1中“1)预算编制指引表”)。

(4)相关依据文件(任务来源等依据)。

(5)相关佐证材料(含费用测算的标准、工作量等)。

8.1.3　申请书(请示)提纲

申请书(请示)提纲包括但不限于：

(1)背景依据(任务来源)。

(2)工作方案或内容。

(3)绩效目标。

(4)费用测算(属跨年度支付事项的，应列明当年支付预算)。

费用测算表

表 8-1

填报单位：　　　　　　　　　　　　　　　　　　　　　　　　　　　　　金额：万元

序　号	项目名称	申报依据	本年度预算					费用测算	备　注
			政府采购预算		非政府采购预算	合计			
			招标规模（虚拟指标）（A）	年度支出预算（B）	年度支出预算（C）	年度总预算（A+C）	年度支出预算（B+C）		

制表人：　　　　　　　　　　　　　　　　制表时间：

第8.2节　年度预算调整

年度预算调整是指在批复的预算盘子内,根据工作需要调整预算金额和采购品目的。

8.2.1　权限及流程

各单位年度中预算内调整,财务主管部门和主管领导负责审核、审批事项及金额较低的预算,金额较高的预算由决策会议审定。

8.2.2　申请需提供的材料

(1)申请书(请示)。

(2)调整的依据文件。

(3)预算调整情况表(表8-2)。

8.2.3　申请书(请示)提纲

申请书(请示)提纲包括但不限于:

(1)预算情况。预算情况包括批复预算情况、预算指标现状,是否进行了采购或支付等。

(2)调整的原因。

(3)调整的项目名称及金额。

8.2.4　禁止调整事项

(1)人员支出、公用支出、项目支出间不得调整。

(2)不同资金类型间不得调整。

(3)不同功能科目之间不得调整。

(4)不同履职分类之间不得调整。

预算调整情况表

表 8-2

单位：万元

序号	指标调入单位	指标调入项目名称	调出指标单位	调出指标项目名称	金额	功能科目	是否政府采购	采购品目	调整的原因	备注

制表人：　　　　　　　　　　制表时间：

第 8.3 节　年度预算调减

8.3.1　权限及流程

各单位年度中预算调减,财务主管部门和主管领导负责审核、审批事项及金额较低的预算,金额较高的预算由决策会议审定。

8.3.2　申请需提供的材料

(1)申请书(请示)。

(2)调减的依据文件。

(3)预算调减情况表(表 8-3)。

8.3.3　申请书(请示)提纲

(1)预算情况。预算情况包括批复预算情况、预算指标的现状、是否进行了采购或支付。

(2)调减的原因及金额。

8.3.4　其他需说明的事项

年度预算调减均需报市财政局同意,最终以市财政局审批意见为准。

预算调减情况表

表 8-3

单位：万元

序号	单位名称	支出类别（基本支出、项目支出）	功能科目	项目名称	预算批复数	预计全年可支出数	需调减数	调减原因	是否政府集中采购指标

制表人： 制表时间：

第9章 交通运输预算绩效管理

第9.1节 编制要求

根据地方政府有关预算绩效管理、预算绩效目标管理工作的相关规定，预算单位在申报预算前应对预算申报内容进行深入的必要性和可行性研究，设定绩效目标。按照地方政府和财政部门对绩效管理的要求，各预算单位全预算口径纳入绩效管理，各预算单位绩效目标编报按照“谁申请资金，谁编报目标”原则进行。项目绩效目标表与预算项目申报提交同步进行。

在预算编制中，新增预算项目应当开展事前绩效评估，在项目库系统中完成。其中，基层预算单位负责编制新增项目绩效目标，一级预算单位在此基础上进行绩效评估。地方财政部门将根据基层单位编制和一级单位评估情况，对新增项目实施集中评审。

第9.2节 编制流程

1）新增预算项目事前绩效目标编报与评估

基层预算单位在项目库系统中的“项目基本信息”页面中，对属于新增项目的，在“是否新增预算”选择“是”；在“事前绩效评估”页签中，结合单位履职、新增项目政策立项情况以及年度工作计划等，对年度目标、投入目标、产出目标、效益目标等逐项细化分解，填报相应绩效指标和目标值。各项绩效指标应细化、量化，明确指标的目标值。

基层预算单位组织新增项目事前绩效评估情况初审，并在“事前绩效评估情况”栏目中按照项目立项必要性、投入经济性、绩效目标合理性、实施方案有效性、筹资合规性等方面填报评估初审意见。

一级预算单位从项目立项必要性、投入经济性、绩效目标合理性、实施方案有效性、筹资合规性等方面对新增项目实施绩效评估，并在“事前绩效评估情况”栏目中填报评估审核情况。事情绩效评估情况表将根据预算单位填报情况在项目库系统中自动生成。

2）一级项目绩效目标编审

基层预算单位负责编制一级项目支出绩效目标，一级项目来源与项目库系统对接，基层预算单位完成项目挑选后自动匹配对应一级项目名称、项目类型、项目预算总金额、本年度项目金额、财政拨款资金、其他资金等信息，基层预算单位完成项目详细信息、预算明细、绩效目标内容的编报，细化、量化各项指标，明确指标目标值。预算绩效管理信息系统自动生成一级项目绩效目标表。

一级预算单位从完整性、相关性、适当性、可行性等四个方面进行审核。

3)部门整体支出绩效目标编审

基层预算单位按照年度主要任务、年度总体目标、年度绩效指标等方面进行编报。其中,年度主要任务从单位(部门)职责、单位(部门)中长期规划和年度工作计划角度进行明确;年度总体目标填报单位(部门)预计在本年度内履职所要达到的总体产出和效果;年度绩效指标根据单位(部门)每项工作任务预计要达到的产出和效果,从中概括、提炼出最能反映工作任务预期实现程度的关键性指标,并将其确定为相应的绩效指标。基层预算单位应在申报预算时,同步申报部门整体支出绩效目标。

一级预算单位负责审核。

第9.3节 编制表格

(1)新增项目单位事前绩效评估情况表(表9-1)。

新增项目单位事前绩效评估情况表 表9-1

<table>
<tr><td colspan="7">×年</td></tr>
<tr><td>项目名称</td><td colspan="3"></td><td>项目类别</td><td colspan="2"></td></tr>
<tr><td>项目主管部门</td><td colspan="3"></td><td>项目实施单位</td><td colspan="2"></td></tr>
<tr><td>项目周期</td><td colspan="3"></td><td>项目属性</td><td colspan="2"></td></tr>
<tr><td>预算金额</td><td colspan="2"></td><td>其中</td><td></td><td>其他资金</td><td></td></tr>
<tr><td>年度目标总体描述</td><td colspan="6">概括描述项目在本年度所计划的投入、产出和效益</td></tr>
<tr><td>绩效内容</td><td>绩效指标</td><td colspan="5">目标内容</td></tr>
<tr><td rowspan="2">投入目标</td><td>测算依据</td><td colspan="5">此项反映项目本年度预算支出进度安排情况。根据项目的实施计划安排,填写具体细化的实施内容</td></tr>
<tr><td>资金支出进度</td><td colspan="5">按季度填列各项费用的支出时间和支出金额</td></tr>
<tr><td rowspan="3">产出目标</td><td>数量目标</td><td colspan="5">此项反映预期提供的公共产品和服务数量。填列相应预估的目标值</td></tr>
<tr><td>质量目标</td><td colspan="5">此项反映预期提供的公共产品和服务达到的标准与成效。其中,可量化的用数值描述,不可量化的填写标准的依据来源</td></tr>
<tr><td>工作时效</td><td colspan="5">此项反映预期提供公共产品和服务的时效情况。根据项目实施内容或工作情况,填写时间节点或时间段</td></tr>
<tr><td>效益目标</td><td colspan="6">1. 服务对象满意度
服务对象对相关产出及其影响的认可程度。
2. 社会效益
相关产出对社会发展带来的影响和效果。
3. 生态效益
相关产出对自然环境带来的影响和效果。
4. 经济效益
相关产出对经济发展带来的影响和效果</td></tr>
</table>

续上表

事前绩效评估情况	1. 立项必要性 (1)项目是否符合国家、省和市委市政府战略决策部署。 (2)项目是否与本单位(部门)职能职责和重点工作相关。 (3)项目的现实必要性。 2. 投入经济性 (1)预算编制是否科学、合理,依据是否充足。 (2)项目经济论证是否充分。 (3)项目预期开展方式以及所需的人、财、物配置是否符合厉行节约的要求,适用标准是否恰当。 (4)成本投入是否符合市场规律和物价水平。 3. 绩效目标合理性 (1)项目绩效目标是否与部门履职、中长期事业发展规划以及工作计划相关。 (2)绩效指标是否细化、量化,是否明确指标目标值。 (3)设定的目标值是否可行可测。 4. 实施方案可行性 (1)项目实施方案内容是否完整、明确、合理、可行。 (2)体制机制、措施以及场地、技术等保障是否有力。 (3)相关管理制度和操作细则是否健全。 5. 筹资合规性 (1)项目是否属于财政资金支持范围;筹集资金的方式是否合法合规,依据是否充分。 (2)财政资金是否存在重复投入风险。 (3)后续投入资金是否明确。 **综合评估结果:建议予以支持,申请单位需进一步完善项目前期论证**(参考写法,不限于此)

(2)一级项目支出绩效目标编制(表9-2)。

一级项目支出绩效目标编制　　表9-2

项目名称		主管单位	
项目类型		资金用途	
计划开始日期		计划完成日期	
项目总金额		本年度项目金额	
财政拨款资金		其他资金	
中央转移支付资金		政府购买服务资金	
项目概况	1. 项目背景 主要介绍项目设立的背景情况。背景介绍按照国家层面→省级→市级层面<u>*(相关背景描述需到具体项目这一级别)*</u>的顺序对背景进行介绍。宏观层面(国家级或省级)可以简述,市级(部门级)的背景情况进行描述说明。 2. 项目内容:介绍项目的开展具体工作内容,具体工作内容建议分点列示,如之前开展过的项目需介绍项目的历史开展情况,包括开展内容、范围及历史绩效。 3. 项目范围:介绍项目覆盖或涉及的地理范围(行政区划范围),以及涉及的受益人员范围。 4. 组织框架:介绍项目的组织架构,即项目实施涉及的组织,以及各组织的分工和职责		
项目用途	简要说明项目主要用于哪些方面		

续上表

固定资产采购金额	*列出所有固定支出采购总金额*	采购品目	*列出所有采购品目名称*
项目总(中期)目标	对财政资金支出的目的、范围、对象、产出、结果等要素进行概括性、相对宏观的文字描述,尤其要描述清楚项目预期要达到目标		
年度绩效目标	对项目总目标的进一步细化、明确化。 (1)预期要达到的产出:从覆盖范围、完成数量、完成质量和完成的时效性角度进行表述。 (2)围绕项目实施后产生的经济、社会、环境、利益相关者满意度等方面综合效益设立相应目标,根据项目特点表述,不需要全部囊括		
产出目标			
二级目标	指标内容	指标目标值	目标值来源
数量	产品、服务、成果等数量	目标值是指标期望实现的结果	历史标准、行业标准、计划标准或财政部门认可的其他标准
质量	项目执行提高的公共产品和服务达到的标准与成效		
时效	项目完成及时率		
效果目标			
二级目标	指标内容	指标目标值	目标值来源*
社会效益	根据项目设立的主要目的,提炼可量化信息填报	指标具体值时的依据和参考标准	历史标准、行业标准、计划标准或财政部门认可的其他标准
经济效益			
满意度	服务对象满意度		

(3)单位(部门)整体支出绩效目标编制(表9-3)。

单位(部门)整体支出绩效目标编制 表9-3

(×年度)					
单位(部门)名称			主管部门		
年度主要任务	任务名称	主要内容	预算金额(万元)		
			总额	财政拨款	其他资金
	基本支出事项	(1)根据单位(部门)本年度在编人数(含工勤人员)计算的人员经费; (2)根据部门预算编制标准计算的公用经费金额	×	×	×
	工作任务一	(1)工作内容; (2)达到成效	×	×	×
	工作任务二	(1)工作内容; (2)达到成效	×	×	×
	……	(1)工作内容; (2)达到成效	×	×	×
	金额合计		×	×	×

续上表

年度总体目标	概括描述本单位（部门）在本年度所计划的投入、产出和效益			
年度绩效指标	一级指标	二级指标	三级指标	目标值
	产出指标	数量指标	反映预期提供的公共产品和服务达到的数量	预估相应的目标值
		质量指标	反映预期提供的公共产品和服务达到的标准与成效	可对应量化的用数字描述，不可量化的填写标准的依据来源
		时效指标	反映预期提供的公共产品和服务的时效情况	预估相应的目标值
		成本指标	反映部门履职产生的成本控制情况	预估相应的目标值
	效益指标	经济效益	部门履职对经济发展带来的影响和效果	预估相应的目标值
		社会效益指标	部门履职对社会发展带来的影响和效果	预估相应的目标值
		生态效益	部门履职对自然环境带来的影响和效果	预估相应的目标值
		可持续影响指标	对部门高效履职、持续发展的影响因素	预估相应的目标值
	满意度指标	服务对象满意度指标	服务对象对相关产出及其影响的认可程度	预估相应的目标值

第9.4节　范例样表

（1）新增项目单位事前绩效评估情况表（样例）（表9-4）。

新增项目单位事前绩效评估情况表（样例）　　表9-4

×年					
项目名称	××医院试运行人员及运行经费		项目类别	××	
项目主管部门	××		项目实施单位	××	
项目周期	×年1月1日至×年12月31日		项目属性	公益性	
预算金额	×	其中：财政拨款	×	其他资金	×
年度目标总体描述	通过预算资金投入，实现市中心医院试运行，确保市委、市政府重大民生项目尽早投入使用，加快推进“健康”建设，使广大人民群众尽早享受到优质医疗资源服务				
绩效内容	绩效指标	目标内容			
投入目标	测算依据	（1）运行经费：根据市人民医院相关支出数进行预估（例如，人数×人均金额）。 （2）服务经费：根据运行规模、人员数量、市场一般价格进行预估（例如，门诊人数×人均成本+病床数量×人均成本……）。 （3）人员经费：根据人员工资标准测算（例如，人数×平均工资数）			
	资金支出进度	例如，一季度末支出达到总额的25%；二季度末支出达到总额的50%；三季度末支出达到总额的75%；四季度末支出达到总额的100%			

续上表

产出目标	数量目标	人员工资及福利发放完成率达到100%，每季度举办4次人员培训
	质量目标	药品验收合格率、耗材验收合格率、培训合格率、用车合规率、人员工资及福利发放合规率、专用材料验收合格率、人员到位保障率均达到100%
	工作时效	×年7月前完成药品和耗材购置，培训按计划及时举办，专用材料购置及时率100%
效益目标	**1. 服务对象满意度** 医护人员满意度达到80%，病患服务满意度达到80%，等等。 **2. 社会效益** 医疗药品及耗材投入使用率达到100%，医疗药品及耗材需求保障度达到100%，等等	
事前绩效评估情况	**1. 立项必要性** 《市"十三五"国民经济与社会发展规划》《市"十三五"期间医疗卫生事业发展规划》等均指出要为人民群众提供优质医疗资源服务，从而实现"大病不出门"的目标任务，满足人民群众多元化、高层次的健康需求。据此，市委市政府决议推进市中心医院建设，该项目现已纳入《市政府年度重点工作任务》和《市年度重点工作任务》逐年推进。 **2. 投入经济性** 预算编制科学性、合理性不足，项目经济论证不充分，成本控制措施需进一步完善。 **3. 绩效目标合理性** 由于医院运行方案尚无法确定，尚未提出该项目中期目标。中心医院根据医院职能和年度工作计划填报了绩效目标申报表，对于各项经费投入所对应的产出和效果进行细化分解，各项指标和目标值设置较为合理。 **4. 实施方案可行性** 方案整体可行，但具体预算项目需进一步补充依据，完善和精细化测算成本。例如，水电气运行经费预算×万元，需要进一步科学核算，不能单参照××人民医院的运营费，新建医院需根据大型设备的数量及使用情况、病床使用率、门诊诊室的使用率等一系列指标进行预估算。 **5. 筹资合规性** 该项目财政投入能力风险较小，不存在重复投入风险，但项目执行和导致的财政资金投入有较大风险。 **综合评估结果：建议予以支持，申请单位需进一步完善项目前期论证**（参考写法，不限于此）	

（2）一级项目支出绩效目标编制（样例）（表9-5）。

一级项目支出绩效目标编制（样例） 表9-5

项目名称	公交客运交通管理	主管单位	××
项目类型	一般性项目支出	资金用途	业务类
计划开始日期	×-1-1	计划完成日期	×-12-31
项目总金额（元）	×	本年度项目金额（元）	×
财政拨款资金（元）	×	其他资金（元）	×
中央转移支付资金（元）	×	政府购买服务资金（元）	×
项目概况	（1）公共交通管理经费（出租车双满意度调查）：为提升我市出租小汽车行业管理水平，规范与提升出租小汽车企业经营行为和驾驶员服务行为，促进出租小汽车行业持续健康发展，为广大市民提供优质服务，为交通管理部门提供科学的决策依据。		

续上表

<table>
<tr><td>项目概况</td><td colspan="3">(2)客运交通管理经费:交通运输部《关于提升交通运输从业人员素质工程工作方案》和省厅相关工作会议精神,结合年度我市道路旅客运输行业发展需要,继续开展年深圳市道路客运企业管理人员培训项目。
(3)离退休人员工资补差经费:为补差离退休人员的工资。
(4)往年公交特许经营企业成本监审项目:结合财政补贴政策要求,需对我市公交特许经营企业财政补贴资金使用、财务管理、经营收入、成本项目、人工成本支出情况、新能源公交车运营成本等方面进行年度监督审计,促进企业建立健全内部控制制度,保护资产的安全和完整,并按《企业会计准则》及政府部门规定编制财务及业务报表,保证财务及业务资料的真实、合法,最终确保财政补贴资金安全、规范、高效使用。
(5)客运从业资格考试管理经费:根据《出租汽车驾驶员从业资格管理规定》(交通运输部令2016年第63号)的要求开展巡游车租车从业资格考试项目、根据《道路运输从业人员管理规定》(交通运输部令〔2016〕52号)开展道路旅客运输驾驶员从业资格考试项目。
(6)其他公共交通管理经费:公共交通年审等工作费用。
(7)公交补贴:根据我市补贴政策,对公交企业进行补贴拨付,以保障公交行业稳定发展,公交企业正常运营,提供公交服务水平。
(8)春运工作经费:根据市春运工作联席会议,做好春运期间旅客出行信息引导工作,并为市春运工作联席会议各成员单位春运工作提供指引</td></tr>
<tr><td>项目用途</td><td colspan="3">(1)公共交通管理经费(出租车双满意度调查):建立测评信息数据库系统,主管部门可通过系统查询全行业和各企业的测评情况。
(2)客运交通管理经费:开展年地方道路客运企业管理人员培训项目。
(3)离退休人员工资补差经费:补差离退休人员的工资。
(4)往年公交特许经营企业成本监审项目:对我市公交特许经营企业财政补贴资金使用、财务管理、经营收入、成本项目、人工成本支出情况、新能源公交车运营成本等方面进行年度监督审计。
(5)客运从业资格考试管理经费:开展道路旅客运输驾驶员从业资格考试项目。
(6)其他公共交通管理经费:开展公共交通年审等工作。
(7)公交补贴:在上一年度完成运营补贴的预拨,以及12个月度的刷卡补贴,以及4个季度的燃油补贴的拨付。
(8)春运工作经费:做好春运期间旅客出行信息引导工作</td></tr>
<tr><td>固定资产采购金额(元)</td><td>×</td><td>采购品目</td><td>××</td></tr>
<tr><td>项目总(中期)目标</td><td colspan="3">(1)完成上一年度第一季度和第二季度的出租车双满意度调查,进一步提升行业管理人员作为一线管理者在营运、安全、服务等方面的执行能力,落实低碳绿色发展理念,减少出租车尾气排放,推进出租车纯电动化工作。
(2)促进企业建立健全内部控制制度,保护资产的安全和完整,并按《企业会计准则》及政府部门的规定编制财务及业务报表,保证财务、业务资料的真实、合法,最终确保财政补贴资金安全、规范、高效使用。
(3)开展网约车驾驶员从业资格考试工作,选取优秀驾驶员。
(4)充分激发互联网大众创业万众创新活力,推进互联网在城市经济社会各领域的广泛应用,推动互联网经济突破发展,打造智慧城市,促进经济转型发展和提升社会治理水平,加快城市经济持续健康发展和社会全面进步。
(5)对公交企业进行补贴拨付,以保障公交行业稳定发展,公交企业正常运营,提高公交服务水平,保障社会稳定,确保顺利、圆满地完成春运工作</td></tr>
</table>

续上表

年度绩效目标	(1)出租车双满意度调查:完成上一年度第一季度和第二季度的出租车双满意度调查测评。 (2)客运交通管理经费:进一步提升行业管理人员作为一线管理者在营运、安全、服务等方面的执行能力。 (3)离退休人员工资补差经费:补差离退休人员的工资。 (4)城市巡游出租车行业全面电动化项目经费:落实低碳绿色发展理念,减少出租车尾气排放,推进出租车纯电动化工作。 (5)上一年度公交特许经营企业成本监审项目:促进企业建立健全内部控制制度,保护资产的安全和完整,并按《企业会计准则》及政府部门规定编制财务及业务报表,保证财务、业务资料的真实、合法,最终确保财政补贴资金安全、规范、高效使用。 (6)客运从业资格考试管理经费:开展网约车驾驶员从业资格考试工作,选取优秀驾驶员。 (7)其他公共交通管理经费:开展公共交通年审等工作。 (8)公交车辆免费 WLAN 服务购买费用:充分激发互联网“大众创业　万众创新”活力,推进互联网在城市经济社会各领域的广泛应用,推动互联网经济突破发展,打造智慧城市,促进经济转型发展和提升社会治理水平,加快城市经济持续健康发展和社会全面进步。 (9)公交补贴:对公交企业进行补贴拨付,以保障公交行业稳定发展,公交企业正常运营,提高公交服务水平,保障社会稳定。 (10)春运工作经费:为确保顺利、圆满地完成春运工作			
一级指标	二级指标	指标内容	指标目标值	目标值来源
产出目标	数量	课题成果数量	2	根据《××汽车服务质量信誉考核办法》有关规定
		专家评审次数	2	根据《××汽车服务质量信誉考核办法》有关规定
		开发、维护、测试人员数量	26	根据地方政府有关重点工作责任分工的相关要求
		数据应用平台建设	4	根据地方政府有关重点工作责任分工的相关要求
		每台公交车每月流量	至少 40G	根据地方政府有关重点工作责任分工的相关要求
		公交车共享流量池	全市×台公交车	根据地方政府有关重点工作责任分工的相关要求
	质量	公共交通高峰期分担率	0.5	公交分担率报告
		补贴金额准确率	1	等于(补贴准确拨付金额/补贴拨付金额)×100%
		合同要求达成率	1	根据《××汽车服务质量信誉考核办法》有关规定
		课题成果利用率	1	根据《××汽车服务质量信誉考核办法》有关规定
		专家评审通过率	1	根据《××汽车服务质量信誉考核办法》有关规定
		培训人员合格率	100%	根据地方政府有关重点工作责任分工的相关要求
		系统功能实现程度	100%	根据地方政府有关重点工作责任分工的相关要求

续上表

一级指标	二级指标	指标内容	指标目标值	目标值来源
产出目标	时效	补贴发放及时性	90%	根据地方政府有关行业运营补贴的相关要求
		工作及时完成率	1	根据《××汽车服务质量信誉考核办法》有关规定
		预算申报文件提交时长	1	根据《××汽车服务质量信誉考核办法》有关规定
		培训完成及时性	100%	根据地方政府有关重点工作责任分工的相关要求
		项目实施计划	根据公交车无线网络覆盖项目建设涉及的9个部分逐一安排，严格按计划开展项目	根据地方政府有关重点工作责任分工的相关要求
效果目标	经济效益	客运行业管理成本节约情况	企业成本保持在合理范围	公交成本监审
		交通行业经济效益提升情况	达到良好程度	季度报表
		驾驶员营收增长	5%	出租车车载终端
	社会效益	公交服务指数	84%	公共交通服务指数调查结果的通报
		关键问题的解决程度	达到良好程度	季度报表
		受益用户数量	50万人次以上	免费WLAN服务调查结果
	生态效益	节能减排情况	达到良好程度	季度报表
		新能源车辆占比	95%	按企业申请发生总量
	满意度	企业满意度	100%	问卷调查
		群众满意度	同比上升3%	问卷调查

(3)单位(部门)整体支出绩效目标(样例)(表9-6)。

单位(部门)整体支出绩效目标(样例)　　表9-6

<table>
<tr><td colspan="6">(×年度)</td></tr>
<tr><td colspan="2">单位(部门)名称</td><td>××市社会科学院</td><td>主管部门</td><td colspan="2">××市社会科学院</td></tr>
<tr><td rowspan="3">年度主要任务</td><td rowspan="2">任务名称</td><td rowspan="2">主要内容</td><td colspan="3">预算金额(万元)</td></tr>
<tr><td>总额</td><td>财政拨款</td><td>其他资金</td></tr>
<tr><td>基本支出事项</td><td>(1)根据单位(部门)本年度在编人数(含工勤人员)计算的人员经费。
(2)根据单位(部门)预算编制标准计算的公用经费金额</td><td>×</td><td>×</td><td>×</td></tr>
</table>

续上表

<table>
<tr><td colspan="2">部门(单位)名称</td><td>××市社会科学院</td><td>主管部门</td><td colspan="2">××市社会科学院</td></tr>
<tr><td rowspan="7">年度主要任务</td><td rowspan="2">任务名称</td><td rowspan="2">主要内容</td><td colspan="3">预算金额(万元)</td></tr>
<tr><td>总额</td><td>财政拨款</td><td>其他资金</td></tr>
<tr><td>管理社会科学协会</td><td>(1)按照×年工作计划安排,及时完成市所有社会科协组织的培训工作,并组织社科协相关业务骨干参加工作培训,提高工作能力。
(2)通过对社科协会管理及培训工作,确保市×年社会科学协会组织规范程度达到100%,禁止协会发生重大安全事故数,提高协会成员的满意度</td><td>×</td><td>×</td><td>×</td></tr>
<tr><td>宣传社会科学知识</td><td>按照×年工作要求,及时开展社会科学宣传、普及活动,举办精品讲座活动,提高群众对社会科学知晓率;确保社会科学活动覆盖率达到100%</td><td>×</td><td>×</td><td>×</td></tr>
<tr><td>研究社会科学课题,发展社会科学基地建设</td><td>(1)按照年度工作计划,及时完成社会科学课题申报、审核、评审工作,预计完成20项研究课题,并及时完成课题研究验收工作,确保课题验收率达到100%;提高社会科学课题成果转化率,为市社会科学领域政策、规划制定等方面提供相关参考依据。
(2)完成人文社科基地扶持工作,提高优秀人文社科基地占比情况,提高高水平期刊上发表论文数量</td><td>×</td><td>×</td><td>×</td></tr>
<tr><td>建设社会科学信息化资源</td><td>(1)及时对社会科学申报信息化系统、微信公众号及社科联官网进行维护,确保信息化系统故障率为0%。
(2)促进社会科学资源及时与群众、单位机关及时共享,进一步扩大微信公众号影响力</td><td>×</td><td>×</td><td>×</td></tr>
<tr><td colspan="2">金额合计</td><td>×</td><td>×</td><td>×</td></tr>
<tr><td>年度总体目标</td><td colspan="5">(1)围绕市委市政府中心工作,对我市国民经济、社会发展和改革开放中的全局性、战略性、综合性、长期性问题开展研究,为市委市政府提供政策建议和咨询意见。
(2)及时根据部门工作任务,推进社会科学规划、协会管理工作,保障社会科学协会组织规范程度达到100%。
(3)推进社会科学普及、学术活动举办、扶持学会研究以及出版刊物,提升市哲学社会科学学术水平及影响率,形成统筹推进哲学社会科学繁荣发展的良好格局,为我市建设国家中心城市发挥思想库、智囊团作用</td></tr>
</table>

续上表

部门(单位)名称			××市社会科学院	主管部门	××市社会科学院
年度绩效指标	一级指标	二级指标	三级指标	目标值	
	产出指标	数量指标	社会科学协会培训完成率	100%	
			研讨会举办场次	n	
			研究课题项目立项数	n	
			计划扶持出版项目数	n	
			微信公众号日平均访问量	n	
		质量指标	社会科学系会培训到场率	100%	
			社会科学普及活动区域覆盖率	100%	
			社会科学普及活动举办完成率	100%	
			研究课题验收通过率	100%	
			高水平期刊上发表论文(CSSCI或SCI)数	n	
			社会科学精品讲座个数	n	
		时效指标	工作计划完成及时性	100%	
		成本指标	预算执行率	>95%	
			支出进度达标率	>95%	
	效益指标	社会效益指标	社会科学知识知晓率	>85%	
			人文社科基地新增数量	n	
			文章平均转载率	n	
		可持续影响指标	社会科学资源共享机制健全性	健全	
			社会科学协会组织规范程度	规范	
	满意度指标	服务对象满意度指标	协会成员满意度	85%	
			社科活动参与人员满意度	85%	

第10章 交通运输预算档案管理

1. 预算档案管理工作职责

财务主管部门负责指导各单位(部门)预算档案管理工作。

各单位(部门)是预算档案管理的责任主体,负责建立完善本单位(部门)预算档案管理工作制度,收集、整理和归档预算档案资料。

2. 预算档案管理的范围

预算档案材料包括本单位(部门)在预算管理工作或活动中形成的具有利用价值、应当归档保存的各种形式和载体的历史记录,以及与本单位(部门)有关的撤销或者合并单位(部门)的全部预算档案。预算档案材料包括但不限于:

(1)预算管理制度文件。

(2)预算编制通知、编制手册、编制指南文件。

(3)预算培训、交流会议通知及会议材料。

(4)预算申报文件。

(5)预算批复、下达、回复文件。

(6)预算中期调整申报及批复文件。

(7)预算追加申报、批复文件。

(8)预算两率完成情况通报文件。

(9)与财政往来的预算管理相关文件。

(10)与其他单位往来的预算管理文件。

3. 预算档案的管理

(1)当年预算文件材料归档工作一般应于次年3月底前完成,任何人不得将档案资料据为己有或者拒绝归档。

(2)各单位(部门)应加强对不同门类、各种形式和载体预算档案的管理,确保档案资料真实、齐全、完整。

①文书材料的整理归档,依照《归档文件整理规则》(DA/T 22—2015)的有关规定执行。

②财务资料的整理归档,依照《会计档案管理办法》(财政部、国家档案局令第79号)的有关规定执行。

③电子文件(含表格)的整理归档,依照《电子文件归档与电子档案管理规范》(GB/T 18894—2016)的有关规定执行。需要注意的是,重要电子文件应当与纸质文件材料一并归档。

(3)对于保管期限变动、密级调整的预算档案,应当提请本单位(部门)预算档案管理人员审核、预算管理业务负责人审定。

(4)当预算管理单位(部门)撤销或者变动时,应当妥善保管预算管理档案,向相关接收单位(部门)或者同级档案管理部门移交,并向上级预算管理主管部门报告。

(5)当预算档案管理工作人员退休或者工作岗位变动时,应及时对属于归档范围的文件材料进行整理和归档,并办理移交手续,不得带走或者毁弃。

第11章 预算编制科目体系

交通运输管理部门预算编制科目由“国家功能科目+履职分类科目”构成。

1. 科目设计规则

(1)国家功能科目。

由财政部统一设立。按照地方财政局要求,依据交通运输管理部门的职能特点,在《政府收支分类科目》中选取适用科目。

(2)履职分类科目。

①科目与单位(部门)职能相匹配。梳理各单位(部门)需资金保障事项,经提炼形成规范性科目名称。

②设三级科目,分别如下:

履职一级科目　　履职二级科目　履职三级科目(项目名称)

(××管理)　　(××支出)　　(××经费)

2. 科目编码规则

(根据实际情况填写。)

履职一级　000×　(××管理)

履职二级　000×　(××支出)

3. 其他需说明事项

(1)按照市级专项资金管理改革要求,交通专项资金、路隧专项资金预算编制事项纳入一般性经费预算编制。

(2)在新办法和细则未出台前,现代物流业发展专项资金、循环经济与节能减排专项资金仍按原办法和模式进行编制。

4. 相关附件

(1)市交通运输局预算编制科目结构图(资金类型维度)(图11-1)。

(2)市交通运输局预算编制科目结构图(功能科目维度)(图11-2)。

(3)交通运输管理部门选用功能科目表(表11-1)。

(4)一般性经费预算编制科目表(表11-2)。

(5)现代物流业发展专项资金预算编制科目表(表11-3)。

(6)循环经济与节能减排专项资金预算编制科目表(表11-4)。

(7)港口建设费分成资金预算编制科目表(表11-5)。

(8)国土基金交通前期费预算编制科目表(表11-6)。

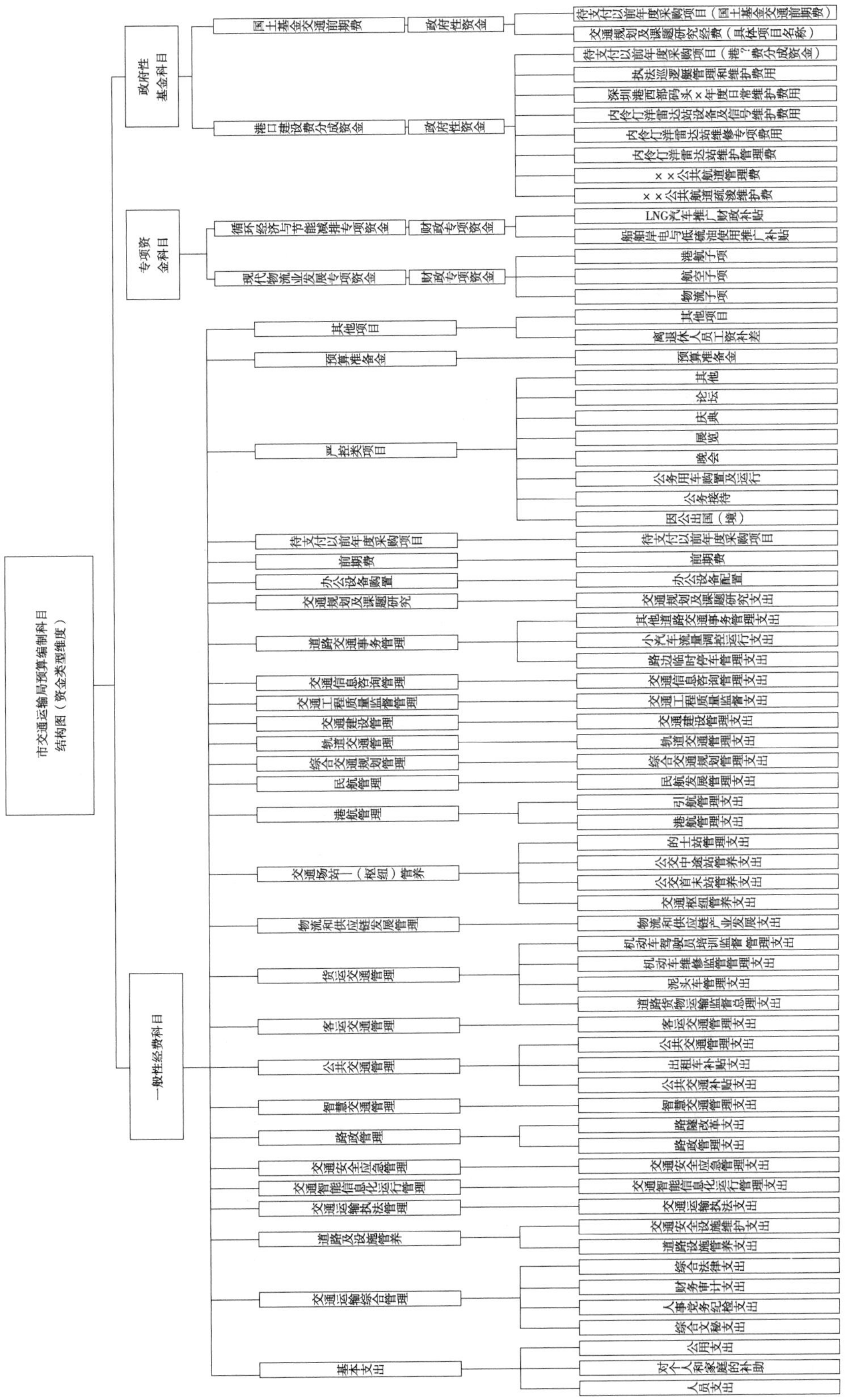

图11-1　市交通运输局预算编制科目结构图（资金类型维度）

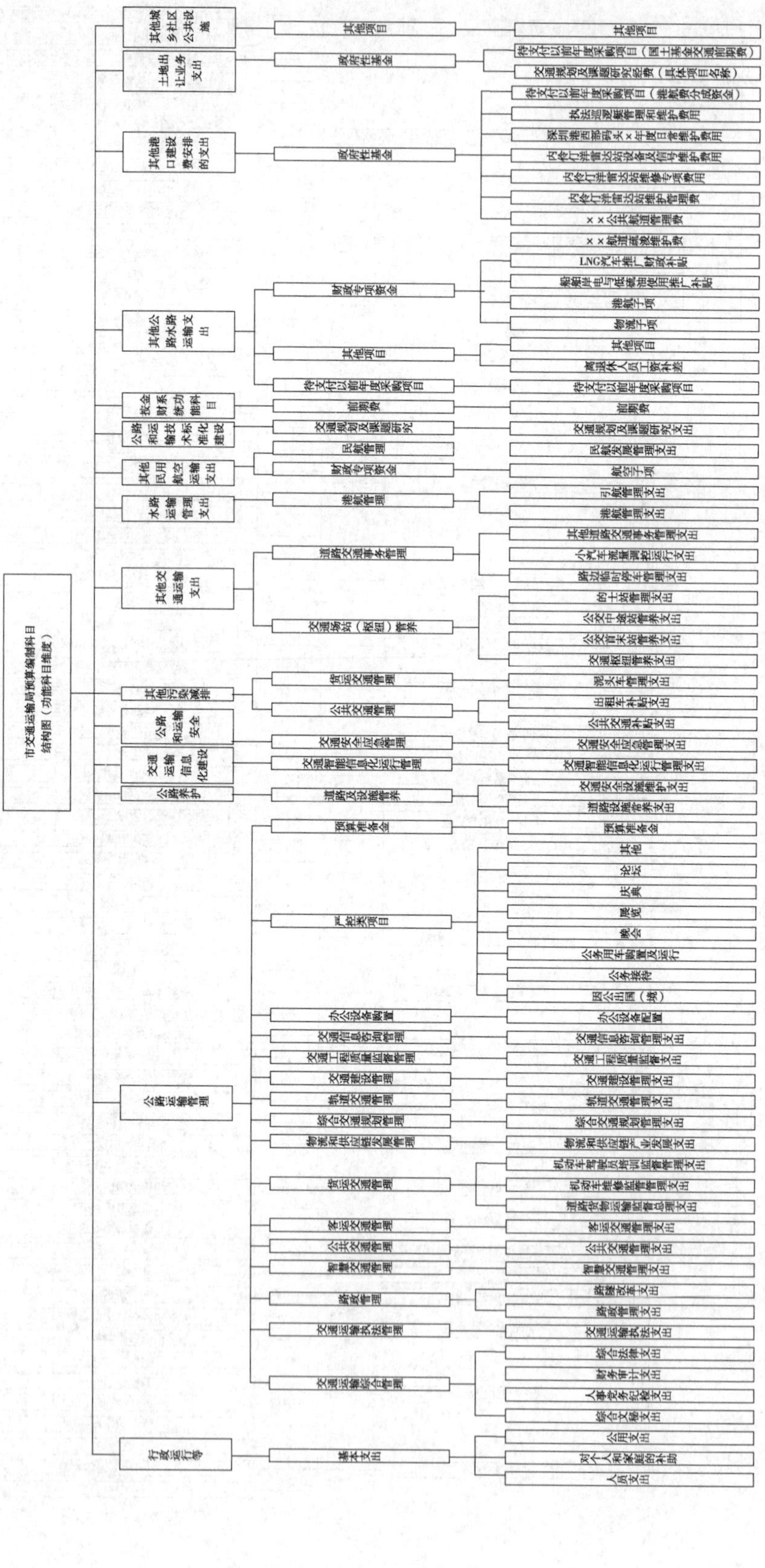

图11-2　市交通运输局预算编制科目结构图（功能科目维度）

表 11-1

交通运输管理部门选用功能科目表

序号	科目代码	科目名称	反映内容
一、基本支出			
1	2140101	行政运行	反映行政单位（包括实现公务员管理的事业单位）的基本支出
2	2080501	归口管理的行政单位离退休	反映实行归口管理的行政单位（包括实行公务员管理的事业单位）开支的离退休经费
3	2080502	事业单位离退休	反映实行归口管理的事业单位开支的离退休经费
4	2080505	机关事业单位基本养老保险缴费支出	反映机关事业单位实施养老保险制度由单位缴纳的基本养老保险费的支出
5	2080506	机关事业单位职业年金缴费支出	反映机关事业单位实施养老保险制度由单位缴纳的职业年金的支出
6	2101101	行政单位医疗	反映财政部门安排的行政单位（包括实行公务员管理的事业单位）基本医疗保险缴费经费，未参加医疗保险的行政单位的公费医疗经费，按国家规定享受离休人员、红军老战士待遇人员的医疗经费
7	2101102	事业单位医疗	反映财政部门安排的事业单位的基本医疗保险缴费经费，未参加医疗保险的事业单位的公费医疗经费，按国家规定享受离休人员、红军老战士待遇人员的医疗经费
8	2210201	住房公积金	反映行政事业单位按人力资源和社会保障部、财政部轨道的基本工资和津贴补贴以及规定比例为职工缴纳的住房公积金
9	2210203	购房补贴	反映按房改政策轨道，行政事业单位向符合条件职工（含离退休人员）、军队（含武警）向转役复员离退休人员发放的用于购买住房的补贴
二、项目支出			
1	2140106	公路养护	反映公路养护支出
2	2140109	交通运输信息化建设	反映交通运输信息化建设支出
3	2140110	公路和运输安全	反映公路和运输安全支出
4	2140112	公路运输管理	反映公路运输管理支出和公路路政管理支出
5	2140114	公路和运输技术标准化建设	反映公路和运输技术标准化建设的支出
6	2140136	水路运输管理支出	反映水路运输管理方面的支出
7	2140199	其他公路水路运输支出	反映除上述项目以外，其他用于公路水路运输方面的支出
8	2140399	其他民用航空运输支出	反映除上述项目以外，其他用于民用航空运输方面的支出

续上表

序号	科目代码	科目名称	反映内容
9	2149999	其他交通运输支出	反映其他交通运输支出中除对公共交通运营补助以外的其他支出
10	2111199	其他污染减排	反映除上述项目以外,其他用于污染减排方面的支出
11	2146399	其他港口建设费安排的支出	反映除上述项目以外的港口建设费支出
12	2120806	土地出让业务支出	反映土地出让收入用于土地出让业务费的开支
13	2120399	其他城乡公共设施	反映除上述项目以外,其他用于城乡社区公共设施方面的支出

一般性经费预算编制科目表

表 11-2

国家功能科目	履职一级	履职二级	履职三级(预算项目名称)		支出内容	适用单位(部门)
一、基本支出						
行政运行	基本支出	人员支出	工资福利支出	在编人员工资	用于按规定发放的各项工资、津贴总额	相关单位(部门)
				工资增资预测	按不超过年初实际工资福利支出10%的比例预先编列的当年增人增资经费,用于满足单位在预算执行中的增人及晋级增资、伤残及死亡抚恤金、丧葬费需求	
				养老临时补贴	用于按照地方规定发放的养老临时补贴,补贴标准通过调整基本工资标准逐步冲销	
行政单位医疗、事业单位医疗、机关事业单位基本养老保险缴费支出、机关事业单位职业年金缴费支出、归口管理的行政单位离退休、事业单位离退休				在编人员社保	用于单位为职工缴纳的社会保险费	
				在编人员年金	用于单位为职工缴纳的职业年金	

续上表

国家功能科目	履职一级	履职二级	履职三级（预算项目名称）		支出内容	适用单位（部门）
住房公积金、购房补贴	基本支出	人员支出	工资福利支出	住房维修金和物业补贴	用于按规定发放的住房维修金和物业补贴（简称“两贴”）	相关单位（部门）
				住房公积金及购房补贴	用于单位为职工缴纳的住房公积金、房改住房补贴	
归口管理的行政单位离退休、事业单位离退休		对个人和家庭的补助	对个人和家庭的补助	离退休经费	用于单位为部分未交足年限的离退休人员缴交的医疗保险	
				改革性补贴	用于单位为离退休人员发放的改革性补贴	
				离退休人员综合定额	用于离退休人员活动经费	
购房补贴				住房维修金和物业补贴	用于按规定发放的住房维修金和物业补贴	
行政运行				生活补助	用于单位按规定开支的优抚对象生活补助费	
				计生奖及其他生活补助	用于计生奖及其他对个人和家庭的补助支出	
行政运行		公用支出	定额公用支出	综合定额（除公务接待费）	按标准安排，用于维持单位一般运行的支出，主要包括办公费、邮电费、通信费、差旅费、会议费、培训费、维修费、零星办公设备购置、咨询费、手续费、劳务费等	
				公务接待	用于公务接待方面的支出	
				福利费	用于按规定提取的福利费	
				工会经费	用于按职工工资总额×2%提取的工会经费，其中40%部分由财政直接支付给市总工会	
				公务车辆交通费	用于各类交通工具的租用费、燃料费、维修费、过桥过路费、保险费等	
				公务交通补贴	用于保障公务人员普通公务出行交通补贴	

续上表

国家功能科目	履职一级	履职二级	履职三级(预算项目名称)		支出内容	适用单位(部门)
行政运行	基本支出	公用支出	非定额公用支出	物业管理费	用于办公用房、职工宿舍等场所的物业管理费	相关单位(部门)
				水费	用于水费支出	
				电费	用于电费支出	
二、项目支出						
公路运输管理(2140112)	交通运输综合管理	综合文秘支出	宣传费		用于单位(部门)综合性宣传活动产生的费用	相关单位(部门)
			物业修缮费		用于局属物业的修缮费用支出	
			综合档案管理经费		用于管理交通运输局的综合档案产生的相关费用	
			会议费		用于综合性大型会议支出	
			统计工作经费		用于交通行业统计分析等支出	
			信访工作经费		用于交通运输行业信访接待、处理等事务产生的相关费用	
			其他综合文秘经费		用于上述科目未包括的其他文秘综合事务支出	
		人事党务纪检支出	培训费		用于职工参加培训产生的费用	相关单位(部门)
			出国费		用于单位出国经费支出	
			组织人事工作经费		用于单位人事方面的支出	
			外事工作经费		用于外事工作产生的相关费用	
			老干部管理工作经费		用于组织老干部相关活动产生的工作经费	
			纪检监察工作经费		用于单位的纪检监察工作经费	
			党务共青妇及精神文明建设经费		用于单位党务、共青妇工作产生的相关费用	
			其他人事党务纪检经费		用于上述科目未包括的其他人事党务纪检支出	

续上表

国家功能科目	履职一级	履职二级	履职三级（预算项目名称）		支出内容	适用单位（部门）
公路运输管理（2140112）	交通运输综合管理	财务支出	审计专项经费		用于单位审计协审等支出	相关单位（部门）
			财务内控业务经费		用于统筹局财务内控业务管理工作的费用支出	
			采购管理经费		用于单位采购管理工作支出	
			预算管理经费		用于预算管理相关工作支出	
			会计辅助业务经费		用于会计辅助业务相关支出	
			财务档案管理经费		用于财务档案管理相关支出	
			其他财审经费		用于上述科目未包括的其他财审支出	
		综合法律支出	法律顾问费		用于单位常规法律审查支出	相关单位（部门）
			专项法律事务费		用于诉讼、复议、仲裁等事项产生的法律事务支出	
			普法专项经费		用于单位普法专项经费支出	
			其他法律经费		用于上述科目未包括的其他综合法律事务支出	
公路养护（2140106）	道路及设施管养	道路设施管养支出	日常养护经费		用于道路保洁、保养、巡查支出	相关单位（部门）
			日常养护小修监理经费		用于道路小修支出	
			道路设施检测经费		用于道路设施检测支出	
			道路设施养护工程管理费		用于道路小修支出	
			大中修工程建安费		用于道路路面大修和中修工程支出	
			大中修工程其他费		用于道路路面大修和中修工程其他支出	
			大中修工程预备费		用于道路路面大修和中修工程预备费用	

续上表

国家功能科目	履职一级	履职二级	履职三级(预算项目名称)		支出内容	适用单位(部门)
公路养护(2140106)	道路及设施管养	道路设施管养支出	交通抢险工程费		用于由于不可抗拒的自然灾害(如风、雨、洪水、地震等)造成公路桥涵等设施的破坏,为应急维持交通所发生的抗灾抢险工程预备费用	相关单位(部门)
			养护预备费		道路养护管理预算执行中,按一定比例预留的道路管养机动经费	
			其他道路设施管养经费		用于上述科目未包括的其他道路设施管养支出	
		交通安全设施维护支出	交通安全设施养护建安费		用于交通安全设施养护的工程支出	相关单位(部门)
			交通安全设施养护其他费		用于交通安全设施养护的工程其他支出	
			交通安全设施养护预备费		用于交通安全设施养护的工程预备费用	
			公交专用道施划建安费		用于公家专用道施划工程支出	
			公交专用道施划其他费		用于公家专用道施划工程其他支出	
			公交专用道施划预备费		用于公家专用道施划工程预备费用	
			其他交通安全设施维护经费		用于上述科目未包括的其他交通安全道路设施维护支出	
公路运输管理(2140112)	交通运输执法管理	交通运输执法支出	路政执法管理经费	路政日常巡查费	用于道路路政巡查支出	相关单位(部门)
				路政宣传费	用于道路路政宣传支出	
				路政执法经费	用于路政执法整治产生的相关费用	
				公路路产赔偿返还修复经费	用于公路路产赔偿返还修复方面的支出	

续上表

国家功能科目	履职一级	履职二级	履职三级（预算项目名称）		支出内容	适用单位（部门）
公路运输管理（2140112）	交通运输执法管理	交通运输执法支出	路政执法管理经费	道路占用挖掘修复费	用于道路占用挖掘修复方面的支出	相关单位（部门）
				基层管理单元费用	用于单位基层管理单元方面的支出	
				派驻路政中队经费	用于派驻辖区路政中队的经费支出	
				交通协查费其他（路政人员）	用于路政人员交通协查支出	
				其他路政执法管理经费	用于上述科目未包括的其他路政执法管理支出	
			运政执法管理经费	打击非法营运奖	用于打击非法营运奖励支出	
				办案费	用于运政执法办案支出	
				交通运输执法经费	用于交通运输执法支出	
				交通基层单元管理经费	用于交通基层单元管理方面的支出	
				派驻执法大队经费	用于派驻辖区执法大队相关支出	
				执法辅助人员经费	用于执法辅助人员支出	
				交通协查费其他（运政执法人员）	用于运政执法人员交通协查支出	
				其他运政执法管理经费	用于上述科目未包括的其他运政执法管理支出	
			公路治超和联合整治经费	治超专项经费	用于治理超载超限行动产生的费用	
				打击非法营运联合整治工作经费	用于打击非法营运联合整治工作的支出	

续上表

国家功能科目	履职一级	履职二级	履职三级(预算项目名称)		支出内容	适用单位(部门)
公路运输管理(2140112)	交通运输执法管理	交通运输执法支出	查扣车停车场管理经费	查扣车停车场管理费	用于查扣车辆停车及管理支出	相关单位(部门)
			执法装备购置及维护经费	交通运输执法装备购置费	用于执法人员服装、装备等配套装置产生的费用	
				交通运输执法装备设备维护经费	用于执法装备和设备维护支出	
			其他交通运输执法经费	其他交通运输执法经费	用于上述科目未包括的其他交通运输执法支出	
交通运输信息化建设(2140109)	交通智能信息化运行管理	交通智能信息化运行管理支出	信息化系统运维体系支撑经费	智能交通日常顾问费	用于智能交通日常年度技术咨询服务费	相关单位(部门)
				信息安全风险评估与等级保护经费	用于公安部指定的信息安全风险评估与等级保护工作经费	
				市交通智能标准化委员会工作经费	用于市交通智能标准化委员会工作经费	
				与交警、城管等部门系统对接经费	用于与交警、城管等部门数据系统接口服务购买经费	
				其他信息化系统维护体系支撑经费	用于上述科目未包括的其他信息化系统运维体系支撑支出	
			信息化系统维护经费	软件维护经费	用于信息化系统软件维护经费	
				硬件维护经费	用于信息化系统硬件维护经费	
				网络链路租用费	用于信息化系统网络链路租用经费	
				与维护相关的硬件购置费	用于与系统维护相关的硬件设备购置费	
				与维护相关的系统软件购置费	用于与维护维护相关的系统软件购置费	
				其他信息化系统维护经费	用于上述科目未包括的其他信息化系统维护支出	
			技术服务购买经费	技术服务购买经费	用于购买专业技术服务支出	

续上表

国家功能科目	履职一级	履职二级	履职三级(预算项目名称)		支出内容	适用单位(部门)
交通运输信息化建设(2140109)	交通智能信息化运行管理	交通智能信息化运行管理支出	信息化业务管理经费	技术交流经费	用于参与或组织智能化项目技术交流活动经费	相关单位(部门)
				项目推广经费	用于推广智能化项目经费	
				其他信息化业务管理经费	用于上述科目未包括的其他信息化业务管理支出	
			智能交通规划及标准编制经费	智能交通规划及标准编制经费	用于智能交通规划及标准修订支出	
			智能交通平台与项目建设管理经费	智能交通平台与项目建设管理经费	用于智能交通平台与项目建设管理支出	
			信息化建设管理经费	信息化建设管理经费	用于信息化建设管理支出	
			综合交通运行监测经费	综合交通运行监测经费	用于综合交通运行监测支出	
			智能交通研究应用经费	智能交通研究应用经费	用于智能交通研究应用支出	
			数据信息集成管理经费	数据信息集成管理经费	用于数据信息集成管理支出	
			综合交通信息发布经费	综合交通信息发布经费	用于综合交通信息发布支出	
			智能交通行业评估经费	智能交通行业评估经费	用于智能交通行业评估支出	
			其他智能信息化运行管理经费	其他智能信息化运行管理经费	用于其他智能信息化运行管理支出	
公路和运输安全(2140110)	交通安全应急管理	交通安全应急管理支出	交通安全管理经费	安全政策法规宣传经费	用于宣传贯彻安全政策法规	相关单位(部门)
				安全生产检查经费	用于交通行业常规性、季节性以及专项安全生产检查活动支出	
				安全教育培训组织费	用于行业安全教育培训产生的费用支出	

续上表

国家功能科目	履职一级	履职二级	履职三级（预算项目名称）		支出内容	适用单位（部门）
公路和运输安全（2140110）	交通安全应急管理	交通安全应急管理支出	交通安全管理经费	安全生产事故调查处置经费	用于调查安全生产事故支出	相关单位（部门）
				重大事故隐患整治经费	用于重大事故安全隐患的认定及整治支出	
				安全标准化工作经费	用于安全标准化考评支出	
				其他交通安全监管经费	用于上述科目未包括的其他安全管理支出	
			交通应急与值守管理经费	应急业务培训组织费	用于组织全市专业队伍进行交通应急专项培训产生的支出	
				交通应急演练经费	用于组织交通运输行业应急演练产生的费用支出	
				轨道交通应急经费	用于轨道交通应急经费支出	
				应急预案编制经费	用于交通应急预案编制支出	
				应急值守经费	用于应急值守人员工资、工作服、夜班餐费补助等支出	
				其他交通应急与值守管理经费	用于上述科目未包括的其他交通应急与值守管理支出	
			交通应急设备、物资购置及维护经费	应急设备及物资购置经费	用于应急专用设备及物质购置支出	
				应急设备及物资维护经费	用于应急设备和物质维护支出	
			交通战备管理经费	交通战备演练经费	用于交通战备演练支出	
				交通战备汽车吊管养经费	用于战备汽车吊管理和维护支出	
				交通战备工作经费	用于交通战备工作支出	
				其他交通战备管理经费	用于上述科目未包括的其他交通战备管理支出	

续上表

国家功能科目	履职一级	履职二级	履职三级(预算项目名称)		支出内容	适用单位(部门)
公路和运输安全(2140110)	交通安全应急管理	交通安全应急管理支出	安全生产月活动经费	安全生产月活动经费	用于开展安全生产月专项活动的支出	相关单位(部门)
			其他交通安全应急管理经费	其他交通安全应急管理经费	用于上述科目未包括的其他交通安全应急战备管理支出	
公路运输管理(2140112)	路政管理	路政管理支出	占用挖掘道路管理经费		用于占用挖掘道路管理支出	相关单位(部门)
			路政管理工作经费		用于路政管理工作支出	
			高速公路路政许可技术协审服务		用于协助我处进行高速公路路政许可设计图纸、施工方案等申请材料进行技术把关	
			高速公路红线测定		用于测定高速公路建筑控制区范围及坐标	
			高速公路和收费公路行业管理经费		用于高速公路和收费公路行业管理支出	
		路隧改革支出	路隧改革经费		用于路隧改革相关工作支出	
	智慧交通管理	智慧交通管理支出	交通行业环保与节能减排管理经费		用于单位环保与节能减排工作支出	
			交通质量标准管理经费		用于交通质量标准管理支出	
			静态交通管理经费		用于静态交通管理支出	
			慢行交通管理经费		用于慢行交通管理支出	
			小汽车增量调控管理经费		用于小汽车增量调控管理支出	
			其他智慧交通管理经费		用于上述科目未包括的其他智慧交通管理支出	
其他污染减排(2111199)	公共交通管理	公共交通补贴支出	公共交通补贴		用于公交企业补贴	相关单位(部门)
		出租车补贴支出	出租车补贴		出租车补贴	

续上表

国家功能科目	履职一级	履职二级	履职三级(预算项目名称)	支出内容	适用单位(部门)
公路运输管理(2140112)	公共交通管理	公共交通管理支出	巡游出租车维稳经费	用于巡游出租车维稳支出	相关单位(部门)
			巡游出租车管理经费	用于巡游出租车管理支出	
			网约车管理经费	用于网约车管理支出	
			小汽车定编管理经费	用于小汽车定编管理工作支出	
			营运市场综合管理经费	用于营运市场综合管理支出	
			公共汽电车管理经费	用于公共汽电车管理支出	
			公共交通保障经费	用于公共交通保障支出	
			其他公共交通管理经费	用于上述科目未包括的其他公共交通管理支出	
	客运交通管理	客运交通管理支出	客运交通管理经费	用于客运交通管理支出	
			客运从业资格考试管理经费	用于客运从业人员资格考试、后续教育和信息管理等事项支出	
			其他客运交通管理经费	用于上述科目未包括的其他客运交通管理支出	
	货运交通管理	道路货物运输监督管理支出	道路货物运输监督管理经费	用于道路货物运输监督管理支出	
			货运从业资格考试管理经费	用于货运从业人员资格考试、后续教育和信息管理等事项支出	
			危化品运输安全管理经费	用于车辆危化品运输安全管理支出	
		机动车维修监督管理支出	机动车维修监督管理经费	用于机动车维修行业的监督管理支出	
		机动车驾驶员培训监督管理支出	机动车驾驶员培训监督管理经费	用于驾培(机动车驾驶人培训)行业监督管理支出	
其他污染减排(2111199)		泥头车管理支出	泥头车管理经费	用于泥头车管理支出	相关单位(部门)

续上表

国家功能科目	履职一级	履职二级	履职三级（预算项目名称）	支出内容	适用单位（部门）
公路运输管理（2140112）	物流和供应链发展管理	物流和供应链产业发展支出	物流产业财政资助管理经费	用于物流产业财政资助管理支出	相关单位（部门）
			物流和供应链产业发展管理经费	用于物流和供应链产业发展管理支出	
			物流和供应链产业推广经费	用于物流和供应链产业推广支出	
			其他物流和供应链产业发展经费	用于上述科目未包括的其他物流和供应链管理支出	
其他交通运输支出（2149999）	交通场站（枢纽）管养	交通枢纽管养支出	交通枢纽管养经费	用于交通枢纽场站管养支出	相关单位（部门）
		公交首末站管养支出	公交首末站管养经费	用于公交首末站管养支出	
		公交中途站管养支出	公交中途站管养经费	用于公交中途站管养支出	
		的土站管理支出	机场、枢纽、口岸的土站管理经费	用于机场、枢纽、口岸的土站管理支出	
水路运输管理支出（2140136）	港航管理	港航管理支出	港航管理经费	用于港口与航道公用基础设施监督管理支出	相关单位（部门）
			港航产业财政资助管理经费	用于港航产业财政资助管理支出	
			港航产业推广经费	用于港航产业推广支出	
			其他港航管理经费	用于上述科目未包括的其他港航管理支出	
		引航管理支出	引航业务综合管理专项经费	用于引航行政综合管理及物博会费用支出	
			引航生产经营支出经费	用于保障引航生产业务的各类支出	
			引航智能化系统运维经费	用于引航动态监控和智能管理系统各类支出	

续上表

国家功能科目	履职一级	履职二级	履职三级(预算项目名称)	支出内容	适用单位(部门)
其他民用航空运输支出(2140399)	民航管理	民航发展管理支出	民航产业发展管理经费	用于民航产业发展管理支出	相关单位(部门)
			民航产业财政资助管理经费	用于民航产业财政资助管理支出	
			民航产业推广经费	用于民航产业推广经费	
			其他民航发展管理经费	用于上述科目未包括的其他民航发展管理支出	
公路运输管理(2140112)	综合交通规划管理	综合交通规划管理支出	交通规划设计管理经费	用于规划设计管理工作经费	相关单位(部门)
			交通需求管理政策经费	用于交通需求管理政策支出	
			交通综合治理管理经费	用于交通综合治理支出	
			其他综合交通规划管理经费	用于上述科目未包括的其他综合交通规划管理支出	
	轨道交通管理	轨道交通管理支出	轨道交通规划与设计经费	用于轨道交通规划与设计支出	相关单位(部门)
			轨道交通建设组织、监督与检查经费	用于轨道交通建设组织、安全监督与检查产生的支出	
			轨道交通风险与安全评估经费	用于轨道交通风险与安全评估支出	
			其他轨道交通管理经费	用于上述科目未包括的其他轨道交通管理支出	
	交通建设管理	交通建设管理支出	交通建设投资计划管理经费	用于交通建设计划管理支出	相关单位(部门)
			交通建设协调组织推进考核经费	用于交通建设协调组织推进考核支出	
			交通建设质量安全造价监督管理经费	用于交通建设质量安全造价监督管理支出	

续上表

国家功能科目	履职一级	履职二级	履职三级（预算项目名称）	支出内容	适用单位（部门）
公路运输管理（2140112）	交通建设管理	交通建设管理支出	交通建设市场监督管理经费	用于交通建设市场监督管理支出	相关单位（部门）
			交通基建档案管理经费	用于交通基建档案管理经费	
			征地拆迁管理经费	用于交通建设工程征地拆迁管理支出	
			重大建设项目简报编制经费	用于交通重大建设项目简报编制费用	
			工程项目组织实施与监督经费	用于交通建设工程项目组织实施与监督支出	
			重大建设项目推进经费	用于交通重大建设项目推进支出	
			交通建设工程专业技术劳务派遣服务经费	用于交通建设工程专业技术劳务派遣服务支出	
			工程管理与招标业务经费	用于交通建设工程管理与招投标业务支出	
			其他交通建设管理经费	用于上述科目未包括的其他交通建设交通管理支出	
	交通工程质量监督管理	交通工程质量监督支出	工程质量监督业务经费	用于交通工程质量监督管理费用支出	相关单位（部门）
			工程造价协审经费	用于交通工程造价管理支出	
			工程安全监督经费	用于交通工程施工安全监管支出	
			工程质量检测设备购置经费	用于交通工程检测设备购置支出	
			其他交通工程质量监督经费	用于上述科目未包括的其他交通工程质量监督支出	
	交通信息咨询管理	交通信息咨询管理支出	投诉受理及网络处理经费	用于投诉受理及网络处理支出	相关单位（部门）
			投诉信息发布经费	用于投诉信息发布支出	

续上表

国家功能科目	履职一级	履职二级	履职三级(预算项目名称)		支出内容	适用单位(部门)
公路运输管理(2140112)	交通信息咨询管理	交通信息咨询管理支出	信访报表统计经费		用于信访报表统计支出	相关单位(部门)
			信息分析通报经费		用于信息分析通报支出	
			其他交通信息咨询管理经费		用于上述科目未包括的其他交通信息咨询管理支出	
其他交通运输支出(2149999)	道路交通事务管理	路边临时停车管理支出	系统运营及维护经费	道路停车业务信息及网络通信费	用于路边临时停车业务所产生的信息及网络通信费	相关单位(部门)
				第三方支付服务手续费	用户在道交中心手机宜停车App客户端、96001客服专线和网站使用第三方支付服务商进行停车费充值,以及后付费模式过程中产生的支付给第三方服务商(包括银盛、财付通、银联在线、银联语音、支付宝、微信支付等)的服务手续费	
				路边停车设施及信息化系统维护	用于路边停车信息化系统维护项目及路边停车设施维护费项目等费用	
			路边临时停车业务及执法管理经费	路边临时停车业务及执法管理经费	用于路边临时停车业务及执法管理支出	
			办公及其他设备购置	办公及其他设备购置费用	用于办公及其他设备购置支出	
			办公场所安全整治、修缮经费	办公场所安全整治、修缮费用	用于办公场所安全整治、修缮费用支出	
			路边临时停车辅助管理服务经费	路边临时停车辅助管理服务费用	用于路边临时停车辅助管理服务支出	
			其他路边临时停车管理经费	其他路边临时停车管理费用	用于上述科目未包括的其他路边临时停车管理支出	
		小汽车增量调控运行支出	小汽车增量调控竞价服务费	竞价服务费	用于小汽车增量调控竞价服务支出	

续上表

国家功能科目	履职一级	履职二级	履职三级（预算项目名称）		支出内容	适用单位（部门）
其他交通运输支出（2149999）	道路交通事务管理	小汽车增量调控运行支出	小汽车增量调控业务经费	调控业务经费	用于小汽车增量调控业务支出	相关单位（部门）
			其他小汽车增量调控运行经费	其他调控运行经费	用于上述科目未包括的其他小汽车增量调控支出	
		其他道路交通事务管理支出	立体停车库运营管理经费	立体停车库运维费用	用于深圳市范围内立体车库规划及建设的前期费用支出	
			互联网租赁自行车管理经费	互联网租赁自行车管理业务经费	用于深圳市互联网自行车管理业务专项费用的支出	
			其他道路交通事务管理经费	其他道路交通事务管理经费	用于上述科目未包括的其他道路交通事务管理支出	
			预算准备金	预留机动经费	用于本单位在年度预算执行中因临时增加的政府工作或重要任务确需要安排的资金需求	
公路和运输技术标准化建设（2140114）	交通规划及课题研究	交通规划及课题研究支出	交通规划研究经费		用于交通规划研究支出	相关单位（部门）
			其他课题研究经费		用于交通规划外的其他课题研究支出	
公路运输管理（2140112）	办公设备购置	办公设备购置	办公设备购置（明细）		用于购置办公设备的支出	
按金财系统功能科目	前期费	前期费	前期费（明细）		用于在金财系统下达的政府投资项目前期费	
其他公路水路运输支出（2140199）	待支付以前年度采购项目	待支付以前年度采购项目	待支付以前年度采购项目经费		用于以前年度政府采购项目支出	
公路运输管理（2140112）	严控类项目	因公出国（境）	因公出国（境）费		用于因公出国（境）的支出	
		公务接待	公务接待费		用于公务接待方面的支出	
		公务用车购置及运行	公务用车购置及运行经费		用于公务车辆购置及运行支出	
		晚会	晚会		用于晚会的支出	
		展览	展览		用于展览的支出	

续上表

国家功能科目	履职一级	履职二级	履职三级（预算项目名称）	支出内容	适用单位（部门）
公路运输管理（2140112）	严控类项目	庆典	庆典	用于庆典的支出	相关单位（部门）
		论坛	论坛	用于论坛的支出	
		其他	其他	用于其他严控类支出	
	预算准备金	预算准备金	预算准备金	在一般性项目支出中，按一定比例预留的部门机动经费主要用于年度中因临时增加工作的资金需要	
其他公路水路运输支出（2140199）	其他项目	离退休人员工资补差	离退休人员工资补差	用于离退休人员工资补差经费	相关单位（部门）
		其他项目	其他项目	用于上述科目未包括的其他公路水路运输支出	
其他城乡社区公共设施（2120399）			高速公路政府回购资金相关费用	高速公路政府回购资金相关费用支出	

现代物流业发展专项资金预算编制科目表

表 11-3

功能科目	履职一级	履职二级	履职三级（预算项目名称）	适用单位（部门）
其他公路水路运输支出	财政专项资金	财政专项资金	物流子项	物流处
其他民用航空运输支出	财政专项资金	财政专项资金	航空子项	民航处
其他公路水路运输支出	财政专项资金	财政专项资金	港航子项	港航处

注：1. 功能科目根据业务特点，在《政府收支分类科目》中选用。

2. 履职一级、二级科目由财政设立。

3. 履职三级（预算项目名称）由市交通运输管理部门根据业务特点设立。

循环经济与节能减排专项资金预算编制科目表

表 11-4

功能科目	履职一级	履职二级	履职三级（预算项目名称）	适用单位（部门）
其他公路水路运输支出	财政专项资金	财政专项资金	船舶岸电与低硫油使用推广补贴	港航处
其他公路水路运输支出	财政专项资金	财政专项资金	LNG 汽车推广财政补贴	物流处、公共交通局

注：1. 功能科目根据业务特点，在《政府收支分类科目》中选用。

2. 履职一级、二级科目由财政设立。

3. 履职三级（预算项目名称）由市交通运输管理部门根据业务特点设立。

表 11-5

港口建设费分成资金预算编制科目表

功能科目	履职一级	履职二级	履职三级（预算项目名称）	适用单位（部门）
其他港口建设费安排的支出	政府性基金	政府性基金	××公共航道疏浚维护费	公用设施处
	政府性基金	政府性基金	××公共航道管理费	公用设施处
	政府性基金	政府性基金	雷达站维护管理费	公用设施处
	政府性基金	政府性基金	雷达站维修专项费用	公用设施处
	政府性基金	政府性基金	雷达站雷达设备及信号维护费用	公用设施处
	政府性基金	政府性基金	码头×年度日常维护费用	公用设施处
	政府性基金	政府性基金	执法巡逻艇管理和维护费用	执法管理部门
	政府性基金	政府性基金	待支付以前年度采购项目（港建费分成资金）	相关单位

注：1. 功能科目根据业务特点，在《政府收支分类科目》中选用。
2. 履职一级、二级科目由财政设立。
3. 履职三级（预算项目名称）由市交通运输管理部门根据业务特点设立。

表 11-6

国土基金交通前期费预算编制科目表

功能科目	履职一级	履职二级	履职三级（预算项目名称）	适用单位（部门）
土地出让业务支出	政府性基金	政府性基金	交通规划及课题研究经费（具体项目名称）	相关单位（部门）
土地出让业务支出	政府性基金	政府性基金	待支付以前年度采购项目（国土基金交通前期费）	相关单位（部门）

注：1. 功能科目根据业务特点，在《政府收支分类科目》中选用。
2. 履职一级、二级科目由财政设立。
3. 履职三级（预算项目名称）由交通运输局根据业务特点设立。

附录1　交通场站(含枢纽)运营管理费用标准

1　总则

1.1　为了规范交通场站(含枢纽)运营管理活动,提升交通场站(含枢纽)运营管理和服务水平,维护投资者、使用者和运营管理服务单位的合法权益,改善交通场站(含枢纽)的使用环境,提高使用效率,制定本标准。

1.2　本标准是以满足地方关于交通场站(含枢纽)运营管理服务标准的有关规定中所约定的服务标准而需要投入的资源(人员、耗材等)为基础所制定。

1.3　本标准是依据往年交通场站(含枢纽)年度运营管理费用审计数据进行测算,同时已考虑交通场站(含枢纽)运营管理的实际情况和特殊性。

1.4　本标准的测算结果对应每平方米建筑面积或管理面积的每月运营管理费用标准。

1.5　本标准所称的交通场站(含枢纽)是指地方利用政府财政投资或社会投资,建成后由政府管理的交通枢纽、公交首末站。

1.6　本标准所称交通场站(含枢纽)运营管理,是指政府部门委托相关单位对交通场站(含枢纽)的房屋建筑、配套设施设备等进行维修、养护、管理,以及维持交通场站(含枢纽)区域内的公共秩序、安全和环境卫生等满足枢纽场站正常运行的活动。

1.7　本标准适用于地方政府管理的交通场站(含枢纽)运营维护费用测算

2　术语与定义

2.1　综合管理费是指包括从事交通枢纽场站运营管理人员的人工费、办公费、企业文化建设费、节假日摆花和保险购置费(财产险及安全险等)等费用。

2.2　交通枢纽场站运营管理人员是除保安、保洁、绿化、客流组织及指挥调度、公交站务管理、客服人员等操作层以外的交通枢纽场站全日制运营管理人员。

2.3　设施设备维护费是指维持房屋建筑及配套设备设施正常运作的小修和日常养护费用,主要包括人工费、材料费、器械费和其他耗材费等。房屋建筑及设施设备的大、中修费用采用“一事一议”方式,单独申报维修费用。

2.4　清洁卫生费是指维持管理区域整洁、卫生的管理费用,主要包括清洁卫生人员的人工费、清洁器械及材料费用、卫生间用品费、垃圾清运费和消除四害费等费用,不包括清洁卫生的水电费。

2.5　园林绿化费是指维护管理区域日常绿化美观的管理费用,主要包括园林绿化人员人工费、器械和材料费、日常摆花等费用,不包括园林绿化的水电费。

2.6　公共秩序维护费是指维持管理区域的公共安全和秩序的管理费用,包括公共秩序维护人员的人工费、安防设施设备购置费、安全管理的宣传、教育、培训费、各类应急救援演练费、重大安全活动费、安全生产检查评估费及其他与公共秩序及安全相关的管理费用,不包括公共秩序维护的水电费。

2.7　客流组织及指挥调度费是指交通枢纽的乘客服务费(客户咨询、便民服务、路线指引、商业咨询、兑换零钞、设备报修、投诉受理等)、客流组织费(现场客流组织和疏散,特别是在节假日和春运期间,避免乘客大量聚集和长时间滞留)、指挥调度费(客伤、大客流等各类突发事件应急指挥和处置；与街道城管、地铁执法大队、口岸执法等单位协调联动）等费用。

2.8　公交站务管理费是指公交首末站内协调各车队关系、车辆宏观调度、车辆进出站秩序维护等管理费用，主要包括人工费。

2.9　利润是指交通场站（含枢纽）受委托管理企业应当获得的合理收益，已包含在各项目费用标准中。

2.10　交通场站（含枢纽）受委托运营管理企业执行相关的税费规定，主要包括营业税、城市维护建设税、教育费、附加印花税等，已包含在各项目费用标准中。

3　交通枢纽费用构成

3.1　功能分区

交通枢纽按功能区划分为7个功能区，具体包括换乘大厅及公共通道等公共建筑、办公设备用房等配套建筑、室内停车场（含的士场站）、室外停车场、配套公交场站、室外广场道路等、公共绿化场地。

换乘大厅及公共通道等公共建筑是指换乘大厅、问讯处、公共卫生间等以及室内公共通道的客流区域；办公设备用房等配套建筑是指办公室、监控室、机房等以及连接各办公设备用房的公共走道的工作人员区域；室内停车场（含的士场站）是指全部或部分有上盖建筑物的小汽车停车场、室外停车场是指无上盖建筑物的小汽车停车场；配套公交场站是指接驳交通枢纽客流使用的公交场站区域，具体包括公交车辆回转和停放区域、站务用房、上下客区以及场站内的人行通道；室外广场道路等是指无上盖建筑物的广场和邻接广场和枢纽各进出口的道路（不包括市政道路）等；公共绿化场站是指交通枢纽管理范围内绿植养护区域。

3.2　换乘大厅及公共通道等费用构成

3.2.1　综合管理是指制定换乘大厅及公共通道等公共建筑的管理计划并组织实施，配置管理客服人员，配置其他管理资源，开展日常管理、旅客服务、出租管理、节假日摆花等工作。

3.2.2　设备设施维护是指制定换乘大厅及公共通道等公共建筑范围内的房屋建筑及配套设施的日常维护和故障应急处理计划并组织实施，定时养护、检修，及时处理故障等。

3.2.3　清洁卫生是指制定换乘大厅及公共通道等公共建筑范围内的地面、墙面、卫生间、服务台等设施设备的清洁计划并组织实施，定时清洁、更换清洁用品及卫生间用品等。

3.2.4　园林绿化是指制定换乘大厅及公共通道等公共建筑范围内的日常摆花工作计划并组织实施，定期养护和更换花卉品种。

3.2.5　公共秩序维护是指制定换乘大厅及公共通道等公共建筑范围内的安全管理计划和突发事件处置预案并组织实施，包括保安人员巡逻，消防安全监控，消防安全培训、演练，公共安全和秩序维护等。

3.2.6　客流组织及指挥调度是指制定换乘大厅及公共通道等公共建筑范围内乘客服务方案、客流组织方案和指挥调度方案并组织实施。其中，乘客服务包括客户咨询、便民服务、路线指引、商业咨询、兑换零钞、设备报修、投诉受理等；客流组织包括现场客流组织和疏散，特别是在节假日和春运期间，避免乘客大量聚集和长时间滞留；指挥调度包括客伤、大客流等各类突发事件应急指挥和处置；与街道城管、地铁执法大队、口岸执法等单位协调联动。

3.2.7　换乘大厅及公共通道等公共建筑费用适用于交通枢纽换乘大厅、候车厅、售票厅、托运中心、问讯处、公共卫生间、公共走道通道等公共建筑部分的运营管理服务费用测算，以相应的公共建筑的管理面积为取费基数。

3.3　办公设备用房等配套建筑费用构成

3.3.1　综合管理是指制定办公设备用房等配套建筑的管理计划并组织实施，配置管理人员以及其他管理资源，日常管理等。

3.3.2　设备设施维护是指制定办公设备用房等配套建筑范围内的房屋建筑及配套设施设备日常维护和故障应急处置计划并组织实施，定时养护、检修，及时处理故障等。

3.3.3　清洁卫生是指制定办公设备用房等配套建筑范围内的地面、墙面、卫生间、办公桌等设施设备的清洁计划并组织实施，定时清洁、更换清洁用品及卫生间用品等。

3.3.4　园林绿化是指制定办公设备用房等配套建筑范围内的日常摆花工作计划并组织实施，定时养护和更换花卉品种。

3.3.5　公共秩序维护是指制定办公设备用房等配套建筑范围内的安全管理计划和突发事件处置预案并组织实施，包括保安人员巡逻，消防安全监控，消防安全培训、演练，安全秩序维护等。

3.3.6　办公设备用房等配套建筑费用适用于交通枢纽办公区、设备区及其他配套建筑的运营管理服务费用测算，以相应的配套管理面积为取费基数。配套商业建筑面积、政策性房屋租赁面积等不计入取费基数。

3.4　室内停车场(含的士场站)费用构成

3.4.1　综合管理是指制定室内停车场(含的士场站)的管理计划并组织实施，配置管理人员以及其他管理资源，日常管理等。

3.4.2　设施设备维护是指制定室内停车场(含的士场站)范围内的房屋建筑及配套设施的日常维护和故障应急处置计划并组织实施，定时养护、检修，及时处理故障等。

3.4.3　清洁卫生是指制定室内停车场(含的士场站)范围内的地面、墙面、卫生间等设施设备的清洁计划并组织实施，定时清洁、更换清洁用品及卫生间用品等。

3.4.4　公共秩序维护是指制定室内停车场(含的士场站)范围内的安全管理计划和突发事件处置预案并组织实施，包括保安人员巡逻，消防安全监控，消防安全培训、演练，安全秩序维护等。

3.4.5　客流组织及指挥调度是指制定的士场站范围内的乘客服务方案、客流组织方案和指挥调度方案并组织实施。其中，乘客服务包括客户咨询、便民服务、路线指引、商业咨询、兑换零钞、设备报修、投诉受理等；客流组织包括现场客流组织和疏散，特别是在节假日和春运期间，避免乘客大量聚集和长时间滞留；指挥调度包括客伤、大客流等各类突发事件应急指挥和处置；与街道城管、地铁执法大队、口岸执法等单位协调联动。

3.4.6　室内停车场(含的士场站)的综合管理费、配套设施设备维护费、清洁卫生费、公共秩序维护费等费用以室内停车场、的士场站的管理面积为取费基数；客流组织及指挥调度费用以的士场站管理面积作为取费基础，不计室内停车场管理面积。

3.5　室外停车场费用构成

3.5.1　综合管理是指制定室外停车场的管理计划并组织实施，配置管理人员以及其他管理资源，日常管理等。

3.5.2 设施设备维护是指制定室外停车场范围内的房屋建筑及配套设施的日常维护和故障应急处置计划并组织实施，定时养护、检修，及时处理故障等。

3.5.3 清洁卫生是指制定室外停车场范围内的地面、卫生间等设施设备的清洁计划并组织实施，定时清洁、更换清洁用品及卫生间用品等。

3.5.4 公共秩序维护是指制定室外停车场范围内的安全管理计划和突发事件处置预案并组织实施，包括保安人员巡逻，消防安全监控，消防安全培训、演练，安全秩序维护等。

3.5.5 室外停车场费用（含无围护结构上下乘客区域）以室外停车场、含无围护结构上下乘客区域的面积为取费基数。

3.6 室外广场道路等费用构成

3.6.1 综合管理是指制定室外广场、道路等的管理计划并组织实施、配置管理人员、配置其他管理资源、日常管理等。

3.6.2 设施设备维护是指制定室外广场、道路等范围内的设施日常维护和故障应急处理计划并组织实施，定时检修，及时处理故障等。

3.6.3 清洁卫生是指制定室外广场、道路等范围内的地面、小品设施等的清洁计划并组织实施，定时清洁、更换清洁用品等。

3.6.4 园林绿化是指制定室外广场、道路等范围内的日常摆花和节假日摆花工作计划并组织实施，定时养护和更换花卉品种。

3.6.5 公共秩序维护是指制定室外广场、道路等范围内的安全管理计划和突发事件处理预案并组织实施，包括保安巡逻，安全监控，消防安全培训、演练，安全秩序维护等。

3.6.6 室外广场等费用适用于交通枢纽广场、与广场相连的内循环道路等除室外停车场和绿化场地之外室外部分运营维护费用测算，以相应的管理面积为取费基数。

3.7 公共绿化场地费用构成

3.7.1 园林绿化是指制定公共绿化场地的养护计划并组织实施，定时洒水、剪枝、杀虫、更换死苗、清洁以及绿化区域的日常摆花和节假日摆花的养护等。

3.7.2 公共秩序维护是指制定公共绿化场地内的安全管理计划和突发事件处理预案并组织实施，还包括保安巡逻、安全监控、安全秩序维护等。

3.7.3 公共绿化场地费用适用于交通枢纽公共绿化场地的运营维护费用测算，以相应的绿化面积为取费基数，连排树木可按排计算绿化面积，单棵的树木可按冠幅计算绿化面积。

3.8 配套公交场站

3.8.1 综合管理是指制定配套公交场站的管理计划并组织实施，配置管理人员以及其他管理资源，日常管理等。

3.8.2 设施设备维护是指制定配套公交场站范围内的房屋建筑配套设施设备的日常维护和故障应急处置计划并组织实施，定时养护、检修，及时处理故障等。

3.8.3 清洁卫生是指制定配套公交场站范围内的地面、墙面、卫生间等设施设备的清洁计划并组织实施，定时清洁、更换清洁用品及卫生间用品等。

3.8.4 公共秩序维护是指制定配套公交场站范围内的安全管理计划和突发事件处置预案并组织实施，包括保安人员巡逻，消防安全监控，消防安全培训、演练，安全秩序维护等。

3.8.5　客流组织及指挥调度是指制定配套公交场站范围内的乘客服务方案、客流组织方案和指挥调度方案并组织实施。其中,乘客服务包括客户咨询、便民服务、路线指引、商业咨询、兑换零钞、设备报修、投诉受理等;客流组织包括现场客流组织和疏散,特别是在节假日和春运期间,避免乘客大量聚集和长时间滞留;指挥调度包括客伤、大客流等各类突发事件应急指挥和处置,以及与街道城管、地铁执法大队、口岸执法等单位协调联动。

3.8.6　配套公交场站费用以配套公交场站管理面积为取费基数。

4　交通枢纽费用标准

4.1　交通枢纽费用标准是基于对应的服务标准测算的费用标准区间值。

4.2　交通枢纽费用标准以交通枢纽各功能分区建筑面积或管理面积为取费基数,对照各取费子项按月进行计算。地方关于交通枢纽运营管理费用标准见表1。

$$P = 12\sum_{i=1}^{6}\sum_{j=1}^{7}x_{ij}y_j \tag{1}$$

式中:x_{ij}——第 i 个取费项里的第 j 个功能分区所对应的费用标准;

y_j——第 j 个功能分区所对应的建筑面积或管理面积。

地方关于交通枢纽运营管理费用标准　　表1

单位:元/平方米·月

取费项		功能分区						
		换乘大厅、公共通道等	办公设备用房等	室内停车场(的士场站)	室外停车场	配套公交场站	室外道路广场等	公共绿化场地
综合管理费	标准区间							
	标准值							
设施设备维护费	标准区间							
	标准值							
清洁卫生费	标准区间							
	标准值							
园林绿化费	标准区间							
	标准值							
公共秩序维护费	标准区间							
	标准值							
客流组织及指挥调度费	标准区间							
	标准值							

4.3　政府在管交通枢纽的年度运营管理费用应在标准值区间内选择适当的费用标准值进行计算。

4.4　政府新接收交通枢纽在计算年度运营管理费用时,费用标准值建议采用:综合管理费取标准值,设施设备维护费取标准区间下限值,清洁卫生费取标准值,园林绿化费取标准值,公共秩序维护费取标准值,客流组织及指挥调度费取标准值。同时,根据新接收交通枢纽的实际情况,其年度运营管理费用标准值可参照在管交通枢纽进行适当调整。

4.5　根据交通枢纽实际客流量情况,综合管理费、公共秩序维护费、客流组织及指挥调度费计费调整系数;换乘大厅等各功能分区投入使用年限3年以内,相应的设施设备维护费计费时调整系数。

4.6　交通枢纽费用标准应根据交通枢纽场站监管平台收集的运营管理数据以及物价变化情况、客流变化情况等多方面因素,结合各交通枢纽年度运营管理费用的审计数据,按规定期限进行一次更新。

5　公交首末站费用构成

5.1　功能分区

5.1.1　公交首末站按功能区划分4个功能区,具体包括配套建筑及公共通道等、室内停车场、室外停车场、公共绿化场地。

配套建筑及公共通道等是指站务用房、上落客区及其他人行通道等区域;室内停车场是指公交车回转和停放区域全部或部分有上盖建筑物的;室外停车场是指公交车回转和停放区域无上盖建筑物的;公共绿化场站是指站内绿化区域。

5.2　配套建筑及公共通道等费用构成

5.2.1　综合管理是指制定配套建筑及公共通道等的管理计划并组织实施,配置管理客服人员,配置其他管理资源,开展日常管理、旅客服务、出租管理等工作。

5.2.2　设施设备维护是指制定配套建筑及公共通道等的房屋建筑及配套设施的日常维护和故障应急处理计划并组织实施,定时养护、检修,及时处理故障等。

5.2.3　清洁卫生是指制定配套建筑及公共通道等的地面、墙面、卫生间、服务台等设施设备的清洁计划并组织实施,定时清洁、更换清洁用品及卫生间用品等。

5.2.4　园林绿化是指制定配套建筑及公共通道等的日常摆花和节假日摆花工作计划并组织实施,定期养护和更换花卉品种。

5.2.5　公共秩序维护是指制定配套建筑及公共通道等的安全管理计划和突发事件处置预案并组织实施,包括保安人员巡逻,消防安全监控,消防安全培训、演练,公共安全和秩序维护等。

5.2.6　配套建筑及公共通道等包括场站管理办公室、监控室、会议室、休息室、值班室、餐厅、厕所、上落客区及其他人行通道等区域等建筑,以相应的建筑面积(管理面积)为取费基数。

5.3　室内停车场费用构成

5.3.1　综合管理是指制定室内停车场的管理计划并组织实施,配置管理人员以及其他管理资源,日常管理等。

5.3.2　设施设备维护是指制定室内停车场范围内的设施设备的日常维护和故障应急处置计划并组织实施,定时养护、检修,及时处理故障等。

5.3.3　清洁卫生是指制定室内停车场范围内的地面、墙面、卫生间等设施设备的清洁计划并组织实施,定时清洁、更换清洁用品及卫生间用品等。

5.3.4　园林绿化是指制定室内停车场范围内的日常绿植摆放工作计划并组织实施,定时养护和更换绿植品种。

5.3.5　公共秩序维护是指制定室内停车场范围内的安全管理计划和突发事件处置

预案并组织实施,包括保安人员巡逻,消防安全监控,消防安全培训、演练,安全秩序维护等。

5.3.6 室内停车场费用室内停车场管理面积为取费基数。

5.4 室外停车场费用构成

5.4.1 综合管理是指制定室外停车场的管理计划并组织实施,配置管理人员以及其他管理资源,日常管理等。

5.4.2 设施设备维护是指制定室外停车场范围内的设施设备的日常维护和故障应急处置计划并组织实施,定时养护、检修,及时处理故障等。

5.4.3 清洁卫生是指制定室外停车场范围内的地面、卫生间等设施设备的清洁计划并组织实施,定时清洁、更换清洁用品及卫生间用品等。

5.4.4 园林绿化是指制定室外停车场范围内的绿化种植、日常摆花、节假日摆花工作计划并组织实施,定期养护和更换花卉品种。

5.4.5 公共秩序维护是指制定室外停车场范围内的安全管理计划和突发事件处置预案并组织实施,包括保安人员巡逻,消防安全监控,消防安全培训、演练,安全秩序维护等。

5.4.6 室外停车场费用以室外停车场管理面积为取费基数。

5.5 公共绿化场地费用构成

5.5.1 园林绿化是指制定公共绿化场地的养护计划并组织实施,定时洒水、剪枝、杀虫、更换死苗、清洁,以及绿化区域的日常摆花和节假日摆花的养护等。

5.5.2 公共秩序维护是指制定公共绿化场地内的安全管理计划和突发事件处理预案并组织实施,还包括保安巡逻,安全监控,安全秩序维护等。

5.5.3 公共绿化场地的运营维护费用测算,以相应的绿化面积为取费基数,连排树木可按排计算绿化面积,单棵的树木可按冠幅计算绿化面积。

5.6 公交站务管理费用构成

5.6.1 公交站务管理是指为乘客提供问询、求助、候车、乘车等服务,以及投诉受理、失物招领等其他服务;督促进站车辆做好车辆清洁卫生工作;督促进站车辆控制车速;督促进驻车辆有序停放;督促入驻单位做好自身运营安全,定期巡查,消除安全隐患等。

5.6.2 公交站务管理费用测算,以公交首末站总管理面积(公共绿化场地面积除外)作为计算基数。

6 公交首末站费用标准

6.1 公交首末站费用标准

6.1.1 公交首末站费用标准是基于对应的服务标准测算的费用标准值。

6.1.2 公交首末站费用标准以公交首末站各功能分区建筑面积或管理面积为取费基数,对照各取费子项按月进行计算。地方关于公交首末站年度运营管理费用标准见表2。

$$P = 12\sum_{i=1}^{6}\sum_{j=1}^{4} x_{ij} y_j \tag{2}$$

式中:x_{ij}——第 i 个取费项里的第 j 个功能分区所对应的费用标准。

y_j——第 j 个功能分区所对应的建筑面积或管理面积。

地方关于公交首末站年度运营管理费用标准　　表2

单位:元/平方米·月

取费项	功能分区			
	配套建筑及公共通道等	室内停车场	室外停车场	公共绿化场地
综合管理费				
设施设备维护费				
清洁卫生费				
园林绿化费				
公共秩序维护费				
公交站务管理费				

6.1.3　政府在管和新接收使用的公交首末站可参考本费用标准执行。

6.1.4　公交首末站费用标准应根据交通枢纽场站监管平台收集的运营管理数据以及物价变化情况、客流变化情况等多方因素,结合公交首末站年度运营管理费用的审计数据,按规定期限进行一次更新。

6.2　公交首末站费用标准修正

6.2.1　单个公交首末站公共秩序维护费、公交站务管理费的测算结果低于最低人员配置所需费用时,应采用最低人员配置对应的费用标准。地方关于公交首末站运营管理岗位和人员最低配置需求表见表3。

地方关于公交首末站运营管理岗位和人员最低配置需求表　　表3

序号	场站面积(m^2)	项目	岗位	人数	费用标准(万元)	年费用(万元)	备注
1	5000以下	站务管理员					
		保安员					
2	5000~10000	站务管理员					
		保安员					
3	10000以上	站务管理员					
		保安员					

6.3　公交首末站内配套建筑采用临时板房,则配套建筑及公共通道等区域计费时要调整系数;根据公交首末站内上下客设置情况,站务管理费计费时要调整系数;公交首末站移交接收3年内,设施设备维护费计费时调整系统。

7　其他

7.1　本标准试行期3年,在试行期内原则上不再进行标准更新,若遇到市场价格水平明显波动,则应进行专项论证分析,根据分析结果对本标准进行修编。

附录2　公交综合车场运营管理费用标准

1　总则

1.1　为了规范公交综合车场运营管理活动,提升公交综合车场运营管理服务水平,维护投资者、使用者和运营管理服务单位的合法权益,提高公交综合车场使用效率,制定本标准。

1.2　本标准是以满足地方公交综合车场运营管理需求所提供的服务与投入的资源(人员、耗材等)为基础制定的。

1.3　本标准依据相关服务与收费类规范以及对比同行业调研情况制定,同时已考虑公交综合车场运营管理的实际情况和特殊性。

1.4　本标准所称公交综合车场是指地方利用政府投资或社会投资,建成后由政府管理的为公交车辆提供停放、清洗、充电等服务的综合场站。

1.5　本标准所称公交综合车场运营管理是指政府部门委托相关单位对公交综合车场的主体建筑、配套设施、设备进行维修、养护、管理,以及维持公交综合车场区域内的公共秩序、安全和环境卫生等从而满足公交综合车场正常运营的活动。

1.6　本标准适用于地方政府管理的公交综合车场运营管理服务指导与费用测算。

2　公交综合车场费用构成

2.1　管理人员费用是指包括从事公交综合车场运营管理人员的人工费(不包括外包人工费,如保安、清洁、绿化人工费)、社会保险和按规定提取的福利费等费用。

2.2　办公费用是指包括通信费、交通费、低值易耗品、办公设备保养费、文具、纸张印刷品费、会务费等。

2.3　配套设施设备维护费是指维护人员所进行的经常性的保养工作,使设施设备能够达到完好状态所产生的费用,主要包括定期检查、清洁润滑、排除故障、设备维护以及必要的记录等工作。主体建筑及设施设备大修费用采用一事一议的方式单独申报。

已包括电梯、洗车机、空调、消防等设施设备的日常维护和材料费用;

已包括配电室、电梯、消防、水箱等设施设备的检验检测费用;

已包括公交综合车场的财产一切险和第三方责任险费用。

2.4　清洁卫生费用是指维持管理区域整洁、卫生产生的管理费用,包括清洁卫生人员人工费、清洁器械及材料费用、垃圾清运费和消除四害费等费用。

清洁卫生人员是指清洁卫生管理人员、清洁工等;

已综合考虑清洁卫生人员的人工费、清洁器械费、材料费、垃圾清运费、四害消杀费;

未包括清洁卫生的水电费。

2.5　绿化养护费用是指维护管理区域日常绿化美观的管理费用,包括绿化养护人员人工费、器械和材料费。

已综合考虑绿化养护人员的人工费、器械费、材料等;

仅考虑日常养护,不包括施工养护和施工存活养护;

未包括绿化养护的水电费。

2.6　车场秩序维护费用是指维持管理区域安全和秩序的管理费用,包括公共秩序维护人员人工费、安防设施设备购置费及维护费和其他安全管理费用。

车场秩序维护(保安)人员是指公共秩序维护主管、公共秩序维护员等;

已综合考虑公共秩序人员的人工费、安防设施设备购置费及维护费用;

已综合考虑安全管理宣传、教育、培训费、各类应急救援演练费、重大安全活动费、安全生产检查评估费及其他与公共秩序及安全相关的管理费用;

未包括公共秩序维护的水电费。

2.7 系统维护费用主要包括以下四项内容:

硬件运维费:包括服务器设备、存储设备、网络设备、安全防火墙的维护;

软件运维费:包括系统软件、应用软件及运维支撑系统运维;

基础环境运维费:包括机房维护、音视频设备运维及局域网综合布线;

新增软件开发费:为适应智能化、信息化运营管理要求而增加的软件开发费用。

2.8 由于本标准未涉及公交综合车场收入相关内容,因此所委托运营管理企业运营管理过程中产生的相关税,主要包括营业税、城市维护建设税、教育费、附加印花税等,未纳入费用标准中。

3 公交综合车场服务指导标准

3.1 公交综合车场各部门相关业务人员配置参考地方同类公交场站人员配置情况合理安排。

3.2 清洁卫生与绿化养护人员配置依据单人平均服务面积确定。

3.3 与公交综合车场运营管理服务相关的专业技术岗位,员工需具备岗位所要求的相应资格与资质,保证持证上岗率达到100%。

3.4 公交综合车场管理处与安保处需保证24小时均有人值班。

3.5 负责秩序维护及安保工作基层类员工年龄要求18周岁以上,40周岁以下。

3.6 公交综合车场各级管理与服务人员均应按照表1中相关服务内容与要求开展日常工作。

公交综合车场服务指导标准 表1

	岗位	人员	基本要求	服务内容	服务要求
运营	场站主管	2~3人	(1)管理人员着装统一、仪表整洁、挂牌上岗、行为规范; (2)专业技术人员具有相应资格,持证上岗率达到100%; (3)综合车场管理处24小时有人值班; (4)各级管理人员接受相关法律法规培训,熟悉综合车场管理服务的基本法律知识; (5)管理档案资料齐全、分类科学、易于检索	负责统筹场站日常运营管理	(1)强化制度建设,提高职工业务素质; (2)审定各部门工作计划,操作规程、技术管控等; (3)参与各部门安全检查,随时掌握运营动态,对各场站的安全和组织情况给予通报,并及时监督落实整改

续上表

<table>
<tr><th></th><th>岗位</th><th>人　员</th><th>基本要求</th><th>服务内容</th><th>服务要求</th></tr>
<tr><td rowspan="5">运营</td><td>部门主管</td><td>1~2人</td><td rowspan="6">(1)管理人员着装统一、仪表整洁、挂牌上岗、行为规范；
(2)专业技术人员具有相应资格，持证上岗率达到100%；
(3)综合车场管理处24小时有人值班；
(4)各级管理人员接受相关法律法规培训，熟悉综合车场管理服务的基本法律知识；
(5)管理档案资料齐全、分类科学、易于检索</td><td>负责部门管理</td><td>(1)定期主持召开部门工作会议；
(2)协调处理各类突发事件；
(3)重大事件及时上报场站负责人</td></tr>
<tr><td>监控</td><td>3~4人</td><td>负责高压配电室监控</td><td>(1)配电器件功能正常，操作响应及时；
(2)设备箱、柜外观完好，无破损，无锈蚀；
(3)突发事件响应迅速，处理及时</td></tr>
<tr><td>运营</td><td>4~6人</td><td>负责场站内部作业流程调度</td><td>(1)作业流程通畅有序，各作业项目之间无明显冲突；
(2)按时记录运营数据、工作日志、跟踪事项，台账完整率100%</td></tr>
<tr><td>站务</td><td>8~10人</td><td>负责车辆进出站后现场指挥引导</td><td>(1)引导进站车辆按规定停入指定区域，严禁占用消防通道；
(2)引导车辆按规定路线驶出场站，禁止超速；
(3)车辆出入无刮擦、碰撞</td></tr>
<tr><td>消防</td><td>3~4人</td><td>(1)负责建筑及配套设施消防安全监控；
(2)负责车辆及充电设施消防安全管控</td><td>(1)消防设备完好率100%；
(2)应急通信系统工作正常；
(3)疏散指示标志齐全，指示内容清晰无误；
(4)强化车辆“日检”“三检”等制度，重点对电源、线路、车载设备等关键部位排查；
(5)检查并督导各单位防范车辆及设施消防事故</td></tr>
<tr><td>财务</td><td>部门主管</td><td>2人</td><td>负责财务管理</td><td>(1)收支明细记录翔实无误，准确率100%；
(2)按规定完成填制记账凭证、签章装订、整理归档工作，做到记账及时，程序规范</td></tr>
</table>

续上表

	岗位	人　员	基 本 要 求	服 务 内 容	服 务 要 求
安保	部门主管	1～2人	（1）管理人员着装统一、仪表整洁、挂牌上岗、行为规范； （2）专业技术人员具有相应资格，持证上岗率达到100%； （3）综合车场管理处24小时有人值班； （4）各级管理人员接受相关法律法规培训，熟悉综合车场管理服务的基本法律知识； （5）管理档案资料齐全、分类科学、易于检索	负责充电安全管理	（1）充电设施功能正常，无异常响动，无漏电，绝缘良好； （2）充电过程严格执行操作规程，检查车辆信息，记录异常情况； （3）按时填写工作日志、跟踪事项，台账完整率100%； （4）突发情况响应迅速，维修及时
工程	部门主管	1～2人		负责部门管理	（1）定期主持召开部门工作会议； （2）协调处理各类突发事件； （3）重大事件及时上报场站负责人
	电气工	2～4人		负责电燃气设备的运行维护巡查和监视调整工作	（1）定期巡查电燃气设备工作与维保状况； （2）按时填写工作日志、跟踪事项，台账完整率100%； （3）系统报警信息及故障处理及时
	信息工	2～4人		负责电话、计算机、网络系统维护维修	（1）定期检测通信网络系统工作情况，保证通信稳定流畅； （2）按时填写工作日志、跟踪事项，台账完整率100%； （3）系统报警信息及故障处理及时
	弱电工	2～4人		负责弱电系统日常小修	（1）定期检测弱电系统工作情况，保证设备正常运行； （2）按时填写工作日志、跟踪事项，台账完整率100%； （3）系统报警信息及故障处理及时
	空调工	2～4人		负责暖通系统日常小修	（1）定期检测暖通系统工作情况，保证设备正常运行；

续上表

	岗位	人　员	基本要求	服务内容	服务要求
工程	空调工	2~4人	（1）管理人员着装统一、仪表整洁、挂牌上岗、行为规范； （2）专业技术人员具有相应资格，持证上岗率达到100%； （3）综合车场管理处24小时有人值班； （4）各级管理人员接受相关法律法规培训，熟悉综合车场管理服务的基本法律知识； （5）管理档案资料齐全、分类科学、易于检索	负责暖通系统日常小修	（2）按时填写工作日志、跟踪事项，台账完整率100%； （3）系统报警信息及故障处理及时
	建筑工	2~4人		负责道路、外墙修缮	（1）处理墙面裂缝、起鼓、脱落和渗透等问题； （2）处理道路地鼓、起裂、积水等其他异常； （3）巡查、维修、保养记录和台账完整率100%； （4）不因道路、外墙损坏引发安全事故
	水工	2~4人		负责给排水系统、污水处理系统运行维护、巡查和监视	（1）系统功能正常、设备无腐蚀，阀门启闭灵活，无跑冒滴漏； （2）按时填写工作日志、跟踪事项，台账完整率100%； （3）系统报警信息及故障处理及时
行政后勤	部门主管	1~2人		负责部门管理	（1）定期主持召开部门工作会议； （2）协调处理各类突发事件； （3）重大事件及时上报场站负责人
	统筹	2~3人		负责对清洁、绿化、宿舍配房、食堂、维保管理协调	（1）定期检查清洁、绿化工作； （2）分配协调工作科学合理，满意率95%以上； （3）及时处理投诉和反馈的意见； （4）工作记录和台账完整率100%
	洗车	2~4人		负责操作洗车机	（1）严格遵照规程操作洗车设备； （2）车辆清洗做到干净无垢、无刮痕、无残留； （3）工作记录和台账完整率100%

续上表

	岗位	人员	基本要求	服务内容	服务要求
清洁卫生	清洁	每人负责 8000~10000m^2	(1)工作人员着装统一、仪表整洁、行为规范; (2)安保人员年龄要求18周岁以上,40周岁以下; (3)安保处须24小时有人值班,严格执行交接班制度; (4)了解场站物业管理有关规定,熟悉自身服务内容与范围	负责管理及配套用房与停车间卫生清洁保持工作	(1)按时按量完成卫生保洁与垃圾清运工作,环境卫生达标率100%; (2)定期进行“四害”消杀,消杀达标率100%; (3)清洁卫生台账完整,准确率100%
绿化养护	绿化	每人负责6000m^2 室外面积		(1)负责苗木识别、花灌木栽植、乔木栽植、大树移植等; (2)负责病虫防治、修剪定型、水肥管理等	(1)绿化损坏率少于5%; (2)无严重病虫害; (3)死苗率低于10%; (4)绿化台账完整、准确率100%
秩序维护	安全维稳	30万m^2以下应配置保安班长3~4人; 每5万m^2应至少设置巡逻保安1组(2人1组)		负责场站内进出口的安保工作,维护场站的秩序及消防、安全与稳定	(1)重大责任安全事故零发生; (2)做好书面安检记录,台账完整率100%; (3)紧急情况下协助管理人员做好疏散抢修工作,维持现场秩序

4 公交综合车场费用标准

4.1 公交综合车场费用标准是基于对应服务与投入资源(人员、耗材等)测算得到的区间值。

4.2 公交综合车场费用标准以公交综合车场各功能分区配套用房面积、公交车位数量、地块出入口数量为取费基数,对照各取费子项测算公交综合车场年度运营管理费用。其计算公式如下:

$$\text{年度运营管理费用}=\sum_{i=1}^{n}\text{办公与配套用房输入项}\times\text{单价标准}+\sum_{i=1}^{n}\text{车间输入项}\times\text{单价标准}+\text{一次性费用}$$

4.3 停车间是指为公交车提供停放、充电、清洗等服务的车位空间。

4.4 政府在管公交综合车场的运营管理费用测算应在单价标准区间内综合考虑项目规模、服务需求、管理难易程度等因素选取适当的值进行计算。

4.5 在表2中“输入项”一列中输入公交综合车场相应的参数测算年度运营管理费用。

地方公交综合车场服务指导标准 表2

费用名称	费用组成	功能区	输入项	单价标准①(元)	合计(元)
日常支出费用	管理人员费	管理及配套用房	<配套面积(m^2)>		
		停车间	<公交车位数(个)>		

续上表

费用名称	费用组成	功能区	输入项	单价标准①(元)	合计(元)
日常支出费用	办公费	管理及配套用房	<配套面积(m^2)>		
	设施设备维护	管理及配套用房	<配套面积(m^2)>		
		停车间	<公交车位数(个)>		
	清洁卫生费	管理及配套用房	<配套面积(m^2)>		
		停车间	<公交车位数(个)>		
	园林绿化	管理及配套用房	<配套面积(m^2)>		
	秩序维护	管理及配套用房	<配套面积(m^2)>		
			<地块出入口(个)>		
		停车间	<地块出入口(个)>		
			<公交车位数(个)>		
一次性支出费用	车场秩序维护				
	管理系统维护				
总计					

注:1. 单价标准①中不计入运营管理费中的一次性费用。

2. 在综合车场配套设施设备维保期内(一般2年),维保费用的单价标准作50%折减。

3. 在综合车场管理系统维保期内(一般2年),维保费用作70% ~75%折减。

5 其他

5.1 本标准试行期×年,在试行期内原则上不再进行标准更新,若遇市场价格水平明显波动等情况,则需进行专项论证分析之后根据分析结果对本标准进行修编。

5.2 本标准最终解释权归地方交通运输管理部门所有。

附录3　名词解释

一般公共预算：以税收为主体的财政收入，安排用于保障和改善民生、推动社会经济发展、维护国家安全、维持国家机构正常运转等方面的收支预算。

政府性基金预算：对依照法律、行政法规的规定在一定期限内向特定对象征收、收取或者以其他方式筹集的资金，专项用于特定公共事业发展的收支预算。

国有资本经营预算：政府以所有者身份依法取得国有资本收益，将国有资本收益作为支出安排的收支预算。

部门预算：指与财政部门直接发生预算缴款、拨款关系的政府机关、社会团体和其他单位，依据国家有关法律、法规规定及其履行职能的需要的本部门年底收支计划，涵盖部门各项收支，实行一个部门一本预算。

结转资金：指预算安排的项目支出年终尚未执行完毕，或者因故未执行且下一年需要按原用途继续使用的资金。

结余资金：年度执行终了，预算项目执行完毕或者项目不再执行的剩余资金。

基本支出：预算单位为保障其机构正常运转和完成其日常工作任务所必需的支出，具体包括在职人员工资薪金支出（工资福利支出）、公用经费支出（商品和服务支出）、离退休经费以及住房公积金和住房补贴支出等（对个人和家庭的补助）。

定额定员标准：按照既定的人数和标准核定部门基本支出，包括人员经费定额标准和公用经费定额标准。人员经费定额项目包括基本工资、津/补贴及奖金、社会保障缴费、离退休费、助学金、医疗费、住房补贴及其他人员经费等8个具体项目。公用经费定额项目包括办公及印刷费、办公用房水电费、邮电费、办公用房物业管理费、公务用车运行维护费、会议费、专用材料费、一般购置费、福利费和其他费用等项目。定额定员标准的制订依据国家、省（区、市）的政策规定和有关财务制度，同时统筹考虑实际支出因素变化。

项目支出：指预算单位为完成特定行政工作任务或事业发展目标而发生的支出。

存量项目：指剔除年度一次性因素后的预算存量盘子内安排的项目。

新增项目：指满足新增项目申报条件，经财政部门审核同意，增加单位年度预算基数的项目。

项目年度总预算：指预算单位单个项目的总投资规模（含政府采购、非政府采购预算）。

招标规模（虚拟指标）：指预算单位单个项目当年的政府采购规模。该指标为年度采购项目完成的考核数。

项目年度支出预算：指预算单位单个项目当年需要支付的金额。该预算为年度预算支付的考核数。

待支付以前年度采购项目：指当年需支付的往年政府采购待支付项目（不含往年非政府采购项目未支付款项，非政府采购项目预算原则上应在年度内完成支付，确实无法完成支付的，在下一年度单位存量盘子中消化，即占用单位的存量盘子）。

项目库：指对申请使用财政资金的项目进行收集储备、分类筛选、评审论证、排序择优和预算编制的数据库系统。

项目库管理:指在编制预算的过程中,提前挑选项目入库,入库项目编列一年或跨年滚动预算计划,细化至具体项目、金额、项目单位。

国库集中支付:以国库单一账户体系为基础,以健全的财政支付信息系统和银行间实时清算系统为依托,支付款项时,由预算单位按照批复的部门预算和资金使用计划提出申请,经规定审核机构(国库支付中心或预算单位)审核后,将资金通过单一账户体系支付给收款人的制度。

转移支付:上级政府按照有关法律法规、财政体制和政策规定,给予地方政府的补助资金。现行上级政府对地方政府的转移支付包括一般性转移支付和专项转移支付。

一般性转移支付:上级政府安排给下级政府不指定具体用途,由下级政府同意安排,统筹解决本地区机构运转和社会经济等方面事业发展所需资金的转移支付。

专项转移支付:上级政府安排下级政府的具体专门用途,用于支持和帮助下级政府发展特定事业,下级政府需要将补助资金按上级政府制定方向和用途使用的转移支付。

"三公"经费:指因公出国(境)经费、公务用车购置及运行维护费、公务接待费。其中,因公出国(境)经费是指公务出国(境)的住宿费、旅费、伙食补助费、杂费、培训费等支出;公务用车购置是指购置公务用车的支出(含车辆购置税),包括黄标车淘汰更新、执法执勤用车、特种专业技术用车和一般公务用车车辆报废更新等;公务用车运行维护费是指为解决工作人员因公出差、参加会议、开展调查研究及检查核查等业务过程中的交通问题所需的公务用车租用费、燃料费、维修费、过桥过路费、保险费等支出;公务接待费是指按规定开支的各类公务接待(外宾接待)费用。

附录4　费 用 标 准

一、国家出台的标准

国家出台的预算费用相关标准主要涉及交通费、节能与新能源公交车运营补助标准、会议费、培训费、讲课费等方面。

（1）财政部关于印发《中央和国家机关差旅费管理办法》的通知（财行〔2013〕531 号）。

（2）财政部、工业和信息化部、交通运输部《关于完善城市公交车成品油价格补助政策加快新能源汽车推广应用的通知》（财建〔2015〕159 号）。

（3）财政部国家机关事务管理局中共中央直属机关事务管理局关于印发《中央和国家机关会议费管理办法》的通知（财行〔2016〕214 号）。

（4）财政部 中共中央组织部 国家公务员局关于印发《中央和国家机关培训费管理办法》的通知（财行〔2016〕540 号）。

（5）财政部关于印发《在华举办国际会议经费管理办法》的通知（财行〔2015〕371 号）。

（6）财政部、中央直属机关工委、中央国家机关工委关于印发《中央和国家机关基层党组织党建活动经费管理办法》的通知（财行〔2017〕324 号）。

（7）财政部、国家外国专家局关于印发《因公短期出国培训经费管理办法》的通知（财行〔2014〕4 号）。

（8）《城乡道路客运成品油价格补助专项资金管理暂行办法》（财建〔2009〕1008 号）。

（9）《关于调整农村客运 出租车、远洋渔业、林业等行业油价补贴政策的通知》（财建〔2016〕133 号）。

（10）《市政工程设施养护维修估算指标》（建标〔2011〕187 号）。

（11）《建设工程工程量清单计价规范》（GB 50500—2013）。

（12）《公路基本建设工程概、预算编制办法》（JTG/T 3831—2018）。

（13）《公路工程预算定额》（JTG/T 3832—2018）。

（14）《公路工程机械台班费用定额》（JTJ/T 3832—2018）。

（15）《港口建设费征收使用管理办法》（财综〔2011〕29 号）。

（16）水运工程工程量清单计价规范（JTJ/T 271—2020）。

（17）《沿海港口建设工程概算预算编制规定》（交水发〔2004〕247 号）及其配套定额。

（18）《疏浚工程概算、预算编制规定》（交水发〔1997〕246 号）、《疏浚工程预算定额》（JTJ/T 278-1—2019）、《疏浚工程船舶艘班费用定额》（JTJ/T 278-2—2019）。

（19）《国家发展和改革委、财政部关于重新核定废弃物海洋倾费收费标准的通知》（发改价格〔2005〕2648 号）。

（20）《运维费预算定额采购标准》。

（21）《信息系统运行维护定额标准（试行）（2009）》。

二、广东省出台的标准

(1)广东省交通运输厅《广东省公路养护工程预算编制办法》《广东省公路养护工程预算编制方法和预算定额》(粤交基〔2009〕1350号)。

(2)《广东省交通运输厅关于明确交通行政执法服装定点生产企业和指导价格的通知》(粤交执函〔2014〕243号)。

(3)《关于印发广东省财政厅、广东省交通运输厅〈广东省省级港口建设费管理办法〉的通知》(粤财综〔2014〕71号)。

(4)广东省交通厅粤交基函(2004)1654号《关于印发〈我省执行部颁沿海港口建设工程概算预算编制规定的补充规定〉的通知》。

(5)《特种设备检验检测新增项目收费标准》。

三、深圳市出台的标准

深圳市出台的预算费用相关标准主要涉及公务接待、公务用车、设施配置、定额公用、差旅费、会议费、培训费、市内误餐及交通费、物业收费办公家具配置、外宾接待、出国等方面,涉及的制度包括:

(1)中共深圳市委办公厅、深圳市人民政府办公厅关于印发《市直机关事业单位公务接待管理规定》的通知(深办〔2004〕63号)。

(2)《中共深圳市委办公厅、深圳市人民政府办公厅关于印发〈深圳市深化公务用车制度改革总体方案〉和〈深圳市深化市直机关公务用车制度改革实施方案〉的通知》(深办发〔2016〕2号)。

(3)《深圳市财政局关于印发〈深圳市市直党政机关公用设施配置标准〉的通知》(深财〔2004〕17号)。

(4)2018年深圳市本级行政事业单位经费支出定额标准。

(5)《深圳市财政委员会关于市直党政机关和事业单位差旅费管理问题的补充通知》(深财行〔2016〕92号)。

(6)《深圳市市直党政机关和事业单位会议费管理办法》(深财行〔2016〕140号)。

(7)《深圳市财政委员会 中共深圳市委组织部 深圳市人力资源和社会保障局 关于印发〈深圳市市级机关培训费管理办法〉的通知》(深财行〔2017〕75号)。

(8)《深圳市财政委员会关于印发〈深圳市市直党政机关办公家具配置标准〉的通知》(深财资〔2018〕45号)。

(9)深圳市政府物业收费指导标准测算表。

(10)《深圳市财政委员会关于印发〈深圳市党政机关外宾接待经费管理办法〉的通知》(深财行〔2014〕48号)。

(11)《深圳市财政委员会深圳市人民政府外事办公室转发财政部外交部关于印发〈因公临时出国经费管理办法〉的通知》(深财行〔2014〕49号)。

(12)《深圳市财政委员会深圳市人民政府外事办公室转发财政部外交部关于调整因公

临时出国住宿标准等有关事项的通知》(深财行〔2018〕4 号)。

(13)《深圳市人民政府关于印发〈深圳市电子政务项目建设管理暂行办法〉的通知》(深府〔2007〕142 号)。

(14)《深圳市政务服务数据管理局 深圳市发展改革委关于进一步加强市电子政务项目前期审核工作的通知》(深政数〔2019〕19 号)。

(15)《深圳市电子政务项目运行维护经费指导意见》(深经贸信息信息字〔2007〕201 号)。

(16)《深圳市公共交通运营定额补贴政策实施方案(2018—2019)》及配套文件的通知(深交〔2019〕9 号)。

(17)《深圳市物价局 深圳市交通局〈关于降低公交大巴票价〉的通知》(深价联字〔2007〕51 号)。

(18)《深圳市发展和改革委 深圳市交通运输委〈关于修改公交换乘优惠相关规定〉的通知》(深发改〔2011〕261 号)。

(19)《〈深圳市 2007—2008 年公交大中小巴燃油价格补贴方案〉的通知》(深财企〔2008〕11 号)。

(20)《市交通运输委 市发展改革委 市财政委关于印发〈深圳市纯电动巡游出租车超额减排奖励试点实施方案(2017—2018 年度)〉的通知》(深交规〔2017〕8 号)。

(21)《深圳市物价局、深圳市交通局关于优化我市出租小汽车运价结构和油价运价联动机制的通知》(深价联字〔2009〕44 号)。

(22)2019 年 3 月 9 日印发的陈如桂市长主持召开市政府六届一百六十次常务会议审议通过的《关于加快解决纯电动无障碍巡游出租车有关问题的请示》。

(23)《深圳市建设工程计价规程(2017)》。

(24)《深圳市建设工程计价费率标准(2018)》。

(25)深圳市建设工程造价管理站发布《深圳市环卫工程消耗量标准(2005)》(深建字〔2005〕152 号)。

(26)深圳市建设工程造价管理站发布《深圳市市政工程综合价格(2002)》(深建字〔2003〕5 号)。

(27)深圳市建设工程造价管理站发布《深圳市建设工程计价费率标准(2009)》(深建价〔2009〕35 号)。

(28)《深圳市交通场站运营维护费用标准(试行)》。

(29)深圳市信息工程协会《信息系统工程造价指导书(2010)》。

(30)《深圳市轨道接驳公交总站建设标准指引》。

(31)《深圳市建筑工程价格信息》2019 年第 3 期。

(32)《物业公司服务中心人员劳动定额参考标准》。

(33)《深圳市在职人员社保保险缴费比例及缴费基数规定》。

(34)《深圳市住房公积金管理暂行办法》。

(35)《深圳市 2016 年城镇单位平均工资数据公报》。

(36)《深圳市有害生物防治有偿服务指导价(2016)》。

(37)《绿化养护标准及收费办法》。

四、市交通运输局出台的标准

市交通运输局出台的预算费用相关标准主要涉及临聘人员工资福利、接待费、交通费、伙食费、误餐费、会议费、培训费、师资费等方面,涉及的制度包括:

(1)深圳市交通运输委员会关于明确我委临聘人员工资福利性经费标准的通知(深交〔2014〕219号)。

(2)深圳市交通运输委员会接待费管理细则(深交〔2014〕420号)。

(3)《深圳市交通运输委员会误餐费管理细则(2016年修订)》(深交〔2016〕500号)。

(4)深圳市交通运输委员会差旅费管理细则(2016年修订)(深交〔2016〕500号)。

(5)深圳市交通运输委员会会议费管理细则(深交〔2018〕105号)。

(6)深圳市交通运输委员会培训费管理细则(深交〔2018〕105号)。

(7)《深圳市交通运输委员会交通规划及课题研究类项目预算编制指引》(深交〔2018〕195号)。

(8)《深圳市交通运输委员会交通规划及课题研究类项目预算评审标准》的通知。

五、预算标准的执行

(1)只有唯一标准的按此标准执行。

(2)不是唯一标准的,基于地方标准是结合本单位和地区情况对国家标准的细化,执行优先次序是:局内标准、深圳市标准、广东省标准、国家标准。

六、预算标准汇总表

预算标准汇总表

序号	费用类型		国标		省标		市标		局标	
			标准	文件依据	标准	文件依据	标准	文件依据	标准	文件依据
一、通用类标准										
1	会议费	一类会议	（1）住宿费：500元每人每天。（2）伙食费：150元每人每天。（3）其他费用：110元每人每天	财政部、国家机关事务管理局、中共中央直属机关事务管理局《关于印发〈中央和国家机关会议费管理办法〉的通知》（财行〔2016〕214号）	—	—	—	—	—	—
2		二类会议	（1）住宿费：400元每人每天。（2）伙食费：150元每人每天。（3）其他费用：100元每人每天		—	—	—	—	—	—
3		三、四类会议	（1）住宿费：340元每人每天。（2）伙食费：130元每人每天。（3）其他费用：80元每人每天		—	—	—	—	—	—
4		备注	—	—	—	—	—	—	—	—
5	国际会议费	一类国际会议	（1）场地租金：人均定额标准为每天300元。（2）宴请（含酒水及服务）：人均定额标准为200元	《财政部关于印发〈在华举办国际会议经费管理办法〉的通知》（财行〔2015〕371号）	—	—	—	—	—	—

续上表

序号	费用类型		国标		省标		市标		局标	
			标准	文件依据	标准	文件依据	标准	文件依据	标准	文件依据
6	国际会议费	二类国际会议	（1）场地租金：人均定额标准为每天200元。 （2）宴请（含酒水及服务）：人均定额标准为180元	《财政部关于印发〈在华举办国际会议经费管理办法〉的通知》（财行〔2015〕371号）	—	—	—	—	—	—
7	国际会议费	三类国际会议	（1）场地租金：人均定额标准为每天150元。 （2）宴请（含酒水及服务）：人均定额标准为180元	《财政部关于印发〈在华举办国际会议经费管理办法〉的通知》（财行〔2015〕371号）	—	—	—	—	—	—
8	国际会议费	租车费用	（1）大巴士（25座以上）：1500元每辆每天。 （2）中巴士（25座及以下）：1000元每辆每天。 （3）小轿车（5座及以下）：800元每辆每天	《财政部关于印发〈在华举办国际会议经费管理办法〉的通知》（财行〔2015〕371号）	—	—	—	—	—	—
9	国际会议费	工作人员食宿费用	450元每人每天	《财政部关于印发〈在华举办国际会议经费管理办法〉的通知》（财行〔2015〕371号）	—	—	—	—	—	—

续上表

序号	费用类型		国标		省标		市标		局标	
			标准	文件依据	标准	文件依据	标准	文件依据	标准	文件依据
10	国际会议费	志愿人员餐费	100 元每人每天	《财政部关于印发 < 在华举办国际会议经费管理办法 > 的通知》(财行〔2015〕371号)	—	—	—	—	—	—
11		翻译费用	(1)联合国官方语言同声传译:5000 元每人每天。 (2)联合国官方语言以外的其他语言同声传译:6000 元每人每天。 (3)笔译:200 元每千字。 (4)对于境外同声传译人员,我方只承担同声传译人员乘坐经济舱的国际旅费,据实结算。		—	—	—	—	—	
12		同声传译设备和办公设备租金	人均定额标准为每天 100 元		—	—	—	—	—	—
13		其他费用	办公用品、消耗材料、印刷、会议文件、会议代表及工作人员的制证费用:100 元每人每天		—	—	—	—	—	—

续上表

序号	费用类型		国标		省标		市标		局标	
			标准	文件依据	标准	文件依据	标准	文件依据	标准	文件依据
14	培训费	一类培训费	(1)住宿费：500元每人每天。(2)伙食费：150元每人每天。(3)场地、资料、交通费:80元每人每天。(4)其他费用：30元每人每天	财政部、中共中央组织部、国家公务员局《关于印发〈中央和国家机关培训费管理办法〉的通知》(财行〔2016〕540号)	—	—	—	—	—	—
15		二类培训费	(1)住宿费：400元每人每天。(2)伙食费：150元每人每天。(3)场地、资料、交通费:70元每人每天。(4)其他费用：30元每人每天		—	—	—	—	—	—
16		三类培训费	(1)住宿费：340元每人每天。(2)伙食费：130元每人每天。(3)场地、资料、交通费:50元每人每天。(4)其他费用：30元每人每天		—	—		—	—	—

续上表

序号	费用类型		国标		省标		市标		局标	
			标准	文件依据	标准	文件依据	标准	文件依据	标准	文件依据
17	培训费	备注	(1)30天以内的培训按照综合定额标准控制。 (2)超过30天的培训,超过天数按照综合定额标准的70%控制。 (3)上述天数含报到撤离时间,报到和撤离时间分别不得超过1天	财政部、中共中央组织部、国家公务员局《关于印发〈中央和国家机关培训费管理办法〉的通知》(财行〔2016〕540号)	—	—	—	—	—	—
18	培训费	讲课费(税后)	(1)副高级技术职称专业人员:每学时最高不超过500元。 (2)正高级技术职称专业人员:每学时最高不超过1000元。 (3)院士、全国知名专家:每学时一般不超过1500元	财政部、中共中央组织部、国家公务员局《关于印发〈中央和国家机关培训费管理办法〉的通知》(财行〔2016〕540号)	—	—	—	—	—	—

续上表

序号	费用类型		国标		省标		市标		局标	
			标准	文件依据	标准	文件依据	标准	文件依据	标准	文件依据
19	培训费	备注	授课教师的城市间交通费按照中央和国家机关差旅费有关规定和标准执行，住宿费、伙食费按照本办法标准执行，原则上由培训举办单位承担	财政部、中共中央组织部、国家公务员局《关于印发〈中央和国家机关培训费管理办法〉的通知》（财行〔2016〕540号）	—	—	—	—	—	—
20	差旅费	城市间交通费	（1）部级及相当职位人员：火车软席（软座、软卧）、高铁/动车商务座、全列软席列车一等软座、轮船一等舱、飞机头等舱。（2）司局级及相当职位人员：火车软席（软座、软卧）、高铁/动车一等座、全列软席列车一等软座、轮船二等舱、飞机经济舱。	财政部《关于印发〈中央和国家机关差旅费管理办法〉的通知》（财行(2013)531号）	—	—	—	—	—	—

续上表

序号	费用类型		国标		省标		市标		局标	
			标准	文件依据	标准	文件依据	标准	文件依据	标准	文件依据
20	差旅费	城市间交通费	(3)其他人员：火车硬席（硬座、硬卧）、高铁/动车二等座、全列软席列车二等软座、轮船三等舱、飞机经济舱	财政部《关于印发〈中央和国家机关差旅费管理办法〉的通知》（财行〔2013〕531号）	—	—	—	—	—	—
21		住宿费	财政部分地区制定住宿费限额标准		—	—	—	—	—	—
22		伙食费补助	伙食补助费按出差自然（日历）天数计算，按规定标准包干使用。财政部分地区制定伙食补助费标准		—	—	—	—	—	—
23		市内交通费	按出差自然（日历）天数计算，80元每人每天包干使用		—	—	—	—	—	—
24	接待费	公务接待	—	—	—	—	—	—	—	—
25		备注	—	—	—	—	—	—	—	—

续上表

序号	费用类型		国标		省标		市标		局标	
			标准	文件依据	标准	文件依据	标准	文件依据	标准	文件依据
26	公务用车	职级工资制公务员	—	—	—	—	—	—	—	—
27		薪级制工资公务员	—	—	—	—	—	—	—	—
28	设施配置	装修	—	—	—	—	—	—	—	—
29		基本配置	—	—	—	—	—	—	—	—
30		公共配置	—	—	—	—	—	—	—	—
31	经费支出	综合定额	—	—	—	—	—	—	—	—
32		福利费	—	—	—	—	—	—	—	—
33		工会经费	—	—	—	—	—	—	—	—
34		交通费	—	—	—	—	—	—	—	—

续上表

序号	费用类型		国标		省标		市标		局标	
			标准	文件依据	标准	文件依据	标准	文件依据	标准	文件依据
35	局临聘人员工资福利性经费标准	机关事业单位普通雇员工资福利性经费核发标准	—	—	—	—	—	—	—	—
36	市内误餐费、交通费	误餐费	—	—	—	—	—	—	—	—
37		交通费	—	—	—	—	—	—	—	—
38	物业收费	一级	—	—	—	—	—	—	—	—
39		二级	—	—	—	—	—	—	—	—
40		三级	—	—	—	—	—	—	—	—
41		四级	—	—	—	—	—	—	—	—
42	外宾接待标准	住宿费	—	—	—	—	—	—	—	—
43		日常伙食费	—	—	—	—	—	—	—	—
44		宴请费	—	—	—	—	—	—	—	—
45		交通费	—	—	—	—	—	—	—	—
46		对外赠礼	—	—	—	—	—	—	—	—
47		备注	—	—	—	—	—	—	—	—

续上表

序号	费用类型		国标		省标		市标		局标	
			标准	文件依据	标准	文件依据	标准	文件依据	标准	文件依据
48	出国经费标准	国际旅费	—	—	—	—	—	—	—	—
49		住宿费	—	—	—	—	（1）正市级及相当级别人员可安排普通套房，住宿费据实报销。 （2）副市级及以下人员安排标准间，在规定的住宿费标准之内予以报销	—	—	—
50		备注	—	—	—	—	—	—	—	—
51	因公临时赴港澳	伙食费	—	—	—	—	—	—	—	—
52		公杂费	—	—	—	—	—	—	—	—
53		备注	—	—	—	—	—	—	—	—
54	短期培训费	因公短期出国培训费	（1）因公短期出国培训，是指各单位选派各类专业技术人员和管理人员到国外进行 90 天以内（不含 90 天）的业务培训。	《财政部、国家外国专家局关于印发〈因公短期出国培训费用管理办法〉的通知》（财行〔2014〕4 号）	—	—	—	—	—	—

续上表

序号	费用类型		国标		省标		市标		局标	
			标准	文件依据	标准	文件依据	标准	文件依据	标准	文件依据
54	短期培训费	因公短期出国培训费	(2)因公短期出国培训费用纳入预算管理。各单位安排因公短期出国培训项目应当实行经费预算先行审核,无预算或超预算的不得安排出国培训。 (3)因公短期出国培训费用开支范围包括培训费、国际旅费、国外城市间交通费、住宿费、伙食费、公杂费和其他费用。其中,培训费是指出国培训团组用于授课、翻译、场租资料、课程设计、对口业务考察或业务实践活动等在国外培训所必须发生的费用。	《财政部、国家外国专家局关于印发〈因公短期出国培训费用管理办法〉的通知》(财行〔2014〕4号)	—	—	—	—	—	—

续上表

序号	费用类型		国标		省标		市标		局标	
			标准	文件依据	标准	文件依据	标准	文件依据	标准	文件依据
54	短期培训费	因公短期出国培训费	(4)国际旅费、国外城市间交通费、住宿费、伙食费、公杂费、其他费用的管理要求和开支标准参照《财政部、外交部印发的因公临时出国经费管理办法》(财行〔2013〕516号)执行。培训费开支按本办法所附分国家和地区标准执行,并在规定的标准之内据实报销出国培训团组需在国内开展预培训和培训总结所发生的费用,参照国内培训费相关规定执行。	《财政部、国家外国专家局关于印发〈因公短期出国培训费用管理办法〉的通知》(财行〔2014〕4号)	—	—	—	—	—	—

续上表

序号	费用类型		国标		省标		市标		局标	
			标准	文件依据	标准	文件依据	标准	文件依据	标准	文件依据
54	短期培训费	因公短期出国培训费	（5）组团单位和培训项目境外承办机构双方应当签订培训协议，明确培训费用的明细支出项目。国家外国专家局对培训项目境外承办机构定期进行资格认定和监督检查，认定结果予以公开。 （6）中央财政安排出国培训专项经费，对专业技术人才、高技能人才、农村实用及社会工作人才类培训予以重点资助。	《财政部、国家外国专家局关于印发〈因公短期出国培训经费管理办法〉的通知》（财行〔2014〕4号）	—	—	—	—	—	—

续上表

序号	费用类型		国标		省标		市标		局标	
			标准	文件依据	标准	文件依据	标准	文件依据	标准	文件依据
54	短期培训费	因公短期出国培训费	（7）由外方资助出国培训经费的，各单位不得重复支付。外方对费用开支有明确规定的，按其规定执行；没有规定的，参照本办法规定的标准和要求执行。外方资助经费不足以弥补规定培训费用开支的，可以按照本办法的开支标准，由各单位补足其费用差额部分。	《财政部、国家外国专家局关于印发〈因公短期出国培训经费管理办法〉的通知》（财行〔2014〕4号）	—	—	—	—	—	—

续上表

序号	费用类型		国标		省标		市标		局标	
			标准	文件依据	标准	文件依据	标准	文件依据	标准	文件依据
54	短期培训费	因公短期出国培训费	(8)培训人员回国报销费用时,应当凭出国任务批件和出国培训审核件,填报“因公短期出国培训费用报销单”,并附各项经费开支有效票据。各单位财务部门应当对因公短期出国培训团组提供的出国任务批件、护照(包括签证和出入境记录)复印件及有效费用明细票据进行认真的审核,严格按照批准的出国培训团组人员、天数、路线、经费预算及开支标准核销经费,超出部分不得核销。	《财政部、国家外国专家局关于印发〈因公短期出国培训经费管理办法〉的通知》(财行〔2014〕4号)	—	—	—	—	—	—

续上表

序号	费用类型		国标		省标		市标		局标	
			标准	文件依据	标准	文件依据	标准	文件依据	标准	文件依据
54	短期培训费	因公短期出国培训费	（9）各单位不得组织计划外或营利性出国培训项目，也不得安排照顾性质、无实质内容、无实际需要及参观考察等一般性出国培训项目。 （10）培训团组在国外期间，原则上不赠送礼品，一律不安排宴请。培训团组严禁接受或变相接受企事业单位资助，严禁向同级机关、下级机关、所属单位、我驻外机构等摊派或转嫁出国培训费用	《财政部、国家外国专家局关于印发〈因公短期出国培训经费管理办法〉的通知》（财行〔2014〕4号）	—	—	—	—	—	—

续上表

序号	费用类型		国标		省标		市标		局标	
			标准	文件依据	标准	文件依据	标准	文件依据	标准	文件依据
55	短期培训费	备注	(1)各单位因公短期赴香港、澳门、台湾地区培训的，适用本办法。 (2)确有必要到未列培训费开支标准的国家(地区)开展因公培训的，可按照经济社会发展水平相近的国家标准执行。 (3)国有企业和其他机构因公短期出国培训参照本办法执行	《财政部、国家外国专家局关于印发〈因公短期出国培训经费管理办法〉的通知》(财行〔2014〕4号)	—	—	—	—	—	—

续上表

序号	费用类型		国标		省标		市标		局标	
			标准	文件依据	标准	文件依据	标准	文件依据	标准	文件依据
56	党建活动经费	租车费	(1)大巴士(25座以上)每辆每天不超过1500元。 (2)中巴士(25座及以下)每辆每天不超过1000元。 (3)租车到外地的,可适当增加	《财政部、中央直属机关工委、中央国家机关工委关于印发〈中央和国家机关基层党组织党建活动经费管理办法〉的通知》(财行〔2017〕324号)	—	—	—	—	—	—
57		城市间交通费	参照差旅费有关规定,按标准执行,个人不得领取交通补助		—	—	—	—	—	—
58		伙食费	参照差旅费有关规定,按标准执行,一天仅一次就餐的,人均伙食费不超过40元,个人不得领取伙食补贴		—	—	—	—	—	—
59		住宿费	参照差旅费有关规定,按标准执行		—	—	—	—	—	—

续上表

序号	费用类型		国标		省标		市标		局标	
			标准	文件依据	标准	文件依据	标准	文件依据	标准	文件依据
60	党建活动经费	场地费	每半天人均不得超过50元	《财政部、中央直属机关工委、中央国家机关工委关于印发〈中央和国家机关基层党组织党建活动经费管理办法〉的通知》（财行〔2017〕324号）	—	—	—	—	—	—
61		讲课费	参照培训费有关标准执行		—	—	—	—	—	—
62		资料费	经批准后据实报销		—	—	—	—	—	—
63		备注	（1）实行计划管理。 基层党组织开展党建活动应当按年度编制党建活动计划，报机关党委审核，各单位机关党委汇总并审核所属基层党组织年度党建活动计划，经单位财务部门审核后，报党组（党委）批准。临时增加使用财政资金开展的党建活动，应当报单位机关党委和财务部门批准。		—	—	—	—	—	—

续上表

序号	费用类型		国标		省标		市标		局标	
			标准	文件依据	标准	文件依据	标准	文件依据	标准	文件依据
63	党建活动经费	备注	（2）禁止性事项。 党建活动必须自行组织，不得将活动组织委托给旅行社等其他单位；到常驻地以外开展的党建活动原则上每两年不得超过一次；不得租用轿车；到常驻地以外开展党建活动，一般不得乘坐飞机；严禁借党建活动名义安排公款旅游；严禁到党中央、国务院明令禁止的风景名胜区开展党建活动；严禁借党建活动名义组织会餐或安排宴请；严禁组织高消费娱乐健身活	《财政部、中央直属机关工委、中央国家机关工委关于印发〈中央和国家机关基层党组织党建活动经费管理办法〉的通知》（财行〔2017〕324号）	—	—	—	—	—	—

续上表

序号	费用类型		国标		省标		市标		局标	
			标准	文件依据	标准	文件依据	标准	文件依据	标准	文件依据
63	党建活动经费	备注	动；严禁购置电脑、复印机、打印机、传真机等固定资产以及开支与党建活动无关的其他费用；严禁套取资金设立“小金库”；严禁发放任何形式的个人补助；严禁转嫁党建活动费用	《财政部、中央直属机关工委、中央国家机关工委关于印发〈中央和国家机关基层党组织党建活动经费管理办法〉的通知》（财行〔2017〕324号）	—	—	—	—	—	—
二、专用类标准										
1	节能与新能源公交车运营补助标准	纯电动公交车	（1）6≤车长＜8m：4万元每辆每年。 （2）8≤车长＜10m：6万元每辆每年。 （3）车长≥10m：8万元每辆每年	《财政部 工业和信息化部、交通运输部关于完善城市公交车成品油价格补助政策 加快新能源汽车推广应用的通知》（财建〔2015〕159号）	—	—	—	—	—	—
2		插电式混合动	（1）6≤车长＜8m：2万元每辆每年。		—	—	—	—	—	—

续上表

序号	费用类型		国标		省标		市标		局标	
			标准	文件依据	标准	文件依据	标准	文件依据	标准	文件依据
2	节能与新能源公交车运营补助标准	力(含增值式)公交车	(2)8≤车长<10m:3万元每辆每年。 (3)车长≥10m:4万元每辆每年	《财政部 工业和信息化部 交通运输部关于完善城市公交车成品油价格补助政策 加快新能源汽车推广应用的通知》(财建〔2015〕159号)	—	—	—	—	—	—
3		燃料电池公交车	6万元每辆每年		—	—	—	—	—	—
4		超级电容公交车	2万元每辆每年		—	—	—	—	—	—
5		非插电式混合动力公交车	2万元每辆每年		—	—	—	—	—	—
6	交通规划及课题研究类项目		—	—	—	—	—	—	—	
7	电子政务项目	系统建设费用	—	—	—	—	—		—	—
8		电子政务运维费用	—	—	—	—	—		—	—

续上表

<table>
<tr><th rowspan="2">序号</th><th rowspan="2" colspan="2">费用类型</th><th colspan="2">国标</th><th colspan="2">省标</th><th colspan="2">市标</th><th colspan="2">局标</th></tr>
<tr><th>标准</th><th>文件依据</th><th>标准</th><th>文件依据</th><th>标准</th><th>文件依据</th><th>标准</th><th>文件依据</th></tr>
<tr><td>9</td><td rowspan="2">公交补贴、出租车油补项目</td><td>公交补贴</td><td>—</td><td>—</td><td>—</td><td>—</td><td colspan="2">—</td><td>—</td><td>—</td></tr>
<tr><td>10</td><td>出租车油补</td><td colspan="2">(1)财政部、交通运输部发布《城乡道路客运成品油价格补助专项资金管理暂行办法》(财建〔2009〕1008号)。
(2)《财政部 交通运输部 农业部 国家林业局关于调整农村客运出租车 远洋渔业 林业等行业油价补贴政策的通知》(财建〔2016〕133号)</td><td>—</td><td>—</td><td colspan="2">—</td><td>—</td><td>—</td></tr>
<tr><td>11</td><td colspan="2">道路及设施管养项目</td><td colspan="2">(1)《市政工程设施养护维修估算指标》(建标〔2011〕187号)。
(2)《建设工程工程量清单计价规范》(GB 50500—2013)。
(3)交通部《公路基本建设工程概、预算编制办法》(JTG/T B06-01—2007)、《公路工程预算定额》(JTG/T B06-02—2007)、《公路工程机械台班费用定额》(JTJ/T B06-03—2007)</td><td colspan="2">—</td><td colspan="2">—</td><td>—</td><td>—</td></tr>
<tr><td>12</td><td colspan="2">的士站管理项目</td><td>—</td><td>—</td><td colspan="2">—</td><td colspan="2">—</td><td colspan="2">—</td></tr>
<tr><td>13</td><td colspan="2">公交中途站项目</td><td colspan="2">《建设工程工程量清单计价规范》(GB 50500—2013)</td><td>—</td><td>—</td><td colspan="2">—</td><td>—</td><td>—</td></tr>
</table>

续上表

序号	费用类型	国标		省标		市标		局标	
		标准	文件依据	标准	文件依据	标准	文件依据	标准	文件依据
14	航道疏浚项目	（1）《财政部、交通运输部关于印发〈港口建设费征收使用管理办法〉的通知》（财综〔2011〕29 号）。 （2）水运工程工程量清单计价规范（JTS/T 271—2020）。 （3）交通部发布的《沿海港口建设工程概算预算编制规定》（交水发〔2004〕247 号）及其配套定额。 （4）交通部发布《疏浚工程概算、预算编制规定》（交基发〔1997〕246 号）、《疏浚工程预算定额》、《疏浚工程船舶艘班费用定额》（交水发〔1997〕246 号）。 （5）《国家发展改革委、财政部关于重新核定废弃物海洋倾倒费收费标准的通知》（发改价格〔2005〕2648 号）		—		—		—	
15	交通场站项目	（1）《中央和国家机关会议费管理办法》（财行〔2016〕2114 号）。 （2）《运维费预算定额采购标准》。 （3）水利《信息系统运行维护定额标准（试行）》（2009）		—		—		—	

附录5　国内差旅住宿费限额标准表

序号	地区(城市)	住宿费标准(元/每人每天)			淡旺季浮动标准建议				
					旺季期间	旺季上浮价(元/每人每天)			上浮比例(%)
		正市级及相当职级人员	副市级、正局级及相当职级人员	其余人员		正市级及相当职级人员	副市级、正局级及相当职级人员	其余人员	
1	北京市	1100	650	500					
2	天津市	800	480	380					
3	河北省(石家庄)	800	450	350					
4	山西省(太原)	800	480	350					
5	内蒙古(呼和浩特)	800	460	350					
6	辽宁省(沈阳)	800	480	350					
7	大连市	800	490	350	7—9月	960	590	420	20
8	吉林省(长春)	800	450	350					
9	黑龙江省(哈尔滨)	800	450	350	7—9月	960	540	420	20
10	上海市	1100	600	500					
11	江苏省(南京)	900	490	380					
12	浙江省(杭州)	900	500	400					
13	宁波市	800	450	350					
14	安徽省(合肥)	800	460	350					
15	福建省(福州)	900	480	380					
16	厦门市	900	500	400					
17	江西省(南昌)	800	470	350					
18	山东省(济南)	800	480	380					
19	青岛市	800	490	380	7—9月	960	590	450	20
20	河南省(郑州)	900	480	380					
21	湖北省(武汉)	800	480	350					
22	湖南省(长沙)	800	450	350					
23	广东省(广州)	900	550	450					
24	深圳市	900	550	450					

续上表

序号	地区(城市)	住宿费标准(元/每人每天)			淡旺季浮动标准建议				
					旺季期间	旺季上浮价(元/每人每天)			上浮比例(%)
		正市级及相当职级人员	副市级、正局级及相当职级人员	其余人员		正市级及相当职级人员	副市级、正局级及相当职级人员	其余人员	
25	广西(南宁)	800	470	350					
26	海南省(海口)	800	500	350	11月—次年2月	1040	650	450	30
27	重庆市	800	480	370					
28	四川省(成都)	900	470	370					
29	贵州省(贵阳)	800	470	370					
30	云南省(昆明)	900	480	380					
31	西藏(拉萨)	800	500	350	6—9月	1200	750	530	50
32	陕西省(西安)	800	460	350					
33	甘肃省(兰州)	800	470	350					
34	青海省(西宁)	800	500	350	6—9月	1200	750	530	50
35	宁夏(银川)	800	470	350					
36	新疆(乌鲁木齐)	800	480	350					

附录6　各国家和地区住宿费、伙食费、公杂费开支标准

序号	国家(地区)	城　市	币种	住宿费(每人每天)	伙食费(每人每天)	公杂费(每人每天)
一	亚洲					
1	蒙古国		美元	90	50	35
2	朝鲜		美元	120	40	30
3	韩国	首尔、釜山、济州	美元	180	70	35
4		光州、西归浦	美元	160	70	35
5		其他城市	美元	150	70	35
6	日本	东京	日元	20000	10000	5000
7		大阪、京都	日元	18000	10000	5000
8		福冈、札幌、长崎、名古屋	日元	14000	10000	5000
9		其他城市	日元	9000	10000	5000
10	缅甸		美元	90	50	35
11	巴基斯坦	伊斯兰堡、拉合尔、卡拉奇	美元	135	30	30
12		奎达	美元	70	30	30
13		其他城市	美元	60	30	30
14	斯里兰卡		美元	110	40	30
15	马尔代夫		美元	160	50	30
16	孟加拉		美元	150	50	40
17	伊拉克		美元	170	50	40
18	阿拉伯联合酋长国		美元	200	50	40
19	也门	萨那	美元	110	50	35
20		亚丁	美元	90	50	35
21		其他城市	美元	80	50	35
22	阿曼		美元	150	50	40
23	伊朗		美元	95	50	40
24	科威特		美元	200	70	40
25	沙特阿拉伯	利雅得	美元	200	70	40
26		吉达	美元	140	70	40
27		其他城市	美元	120	70	40

续上表

序号	国家(地区)	城　市	币种	住宿费(每人每天)	伙食费(每人每天)	公杂费(每人每天)
28	巴林		美元	160	55	40
29	以色列		美元	200	70	40
30	巴勒斯坦		美元	180	70	40
31	文莱		美元	130	40	35
32	印度	新德里、加尔各答	美元	175	50	35
33		孟买	美元	200	50	35
34		其他城市	美元	155	50	35
35	不丹		美元	160	50	35
36	越南	河内	美元	90	40	30
37		胡志明市	美元	80	40	30
38		其他城市	美元	70	40	30
39	柬埔寨		美元	100	40	30
40	老挝		美元	90	40	30
41	马来西亚		美元	110	50	35
42	菲律宾		美元	130	50	35
43	印度尼西亚		美元	125	50	35
44	东帝汶		美元	130	40	35
45	泰国	曼谷	美元	140	50	35
46		宋卡	美元	110	50	35
47		清迈、孔敬	美元	90	50	35
48		其他城市	美元	80	50	35
49	新加坡		美元	220	55	40
50	阿富汗		美元	100	38	30
51	尼泊尔		美元	140	50	35
52	黎巴嫩		美元	150	50	35
53	塞浦路斯		美元	100	40	35
54	约旦		美元	120	50	35
55	土耳其	安卡拉	美元	105	45	30
56		伊斯坦布尔	美元	150	45	30
57		其他城市	美元	90	45	30
58	叙利亚		美元	110	50	35
59	卡塔尔		美元	160	60	40
60	香港		港币	1500	500	300

续上表

序号	国家(地区)	城　　市	币种	住宿费(每人每天)	伙食费(每人每天)	公杂费(每人每天)
61	澳门		港币	1200	500	300
62	台湾		美元	150	60	40
二	非洲					
63	马达加斯加	塔那那利佛	美元	130	38	30
64		塔马塔夫	美元	100	38	30
65		其他城市	美元	90	38	30
66	喀麦隆		美元	120	50	35
67	多哥		美元	110	48	35
68	科特迪瓦		美元	120	50	35
69	摩洛哥		美元	130	50	40
70	阿尔及利亚		美元	180	55	35
71	卢旺达		美元	130	32	30
72	几内亚		美元	130	55	35
73	埃塞俄比亚		美元	210	50	35
74	厄立特里亚		美元	110	50	35
75	莫桑比克		美元	170	50	35
76	塞舌尔		美元	240	50	35
77	肯尼亚		美元	195	50	35
78	利比亚		美元	160	50	35
79	安哥拉		美元	400	60	40
80	赞比亚		美元	150	45	35
81	几内亚比绍		美元	135	45	35
82	突尼斯		美元	100	40	35
83	布隆迪		美元	150	40	35
84	莱索托		美元	100	35	30
85	津巴布韦		美元	120	45	33
86	尼日利亚	阿布贾	美元	270	60	35
87		拉各斯	美元	300	60	35
88		其他城市	美元	250	60	35
89	毛里求斯		美元	155	50	35
90	索马里		美元	180	50	35
91	苏丹		美元	130	40	32
92	贝宁		美元	150	35	30

续上表

序号	国家(地区)	城　　市	币种	住宿费(每人每天)	伙食费(每人每天)	公杂费(每人每天)
93	马里		美元	150	50	35
94	乌干达		美元	170	50	35
95	塞拉里昂		美元	155	50	35
96	吉布提		美元	160	60	35
97	塞内加尔		美元	165	50	35
98	冈比亚		美元	170	50	35
99	加蓬		美元	180	60	35
100	中非		美元	140	50	35
101	布基纳法索		美元	140	50	35
102	毛里塔尼亚		美元	130	55	35
103	尼日尔		美元	145	50	35
104	乍得		美元	220	50	35
105	赤道几内亚		美元	200	50	35
106	加纳		美元	200	50	35
107	坦桑尼亚	达累斯萨拉姆	美元	180	50	35
108		桑给巴尔	美元	210	50	35
109		其他城市	美元	160	50	35
110	刚果(金)		美元	220	50	35
111	刚果(布)		美元	170	50	35
112	埃及		美元	170	50	35
113	圣多美和普林西比		美元	170	50	35
114	博茨瓦纳		美元	170	50	35
115	南非	比勒陀尼亚、约翰内斯堡	美元	170	50	35
116		开普敦	美元	210	50	35
117		德班	美元	150	50	35
118		其他城市	美元	130	50	35
119	纳米比亚		美元	140	35	30
120	斯威士兰		美元	150	50	35
121	利比里亚		美元	195	50	35
122	佛得角		美元	120	50	35
123	科摩罗		美元	120	40	35
124	南苏丹		美元	160	40	32

续上表

序号	国家(地区)	城　　市	币种	住宿费(每人每天)	伙食费(每人每天)	公杂费(每人每天)
125	马拉维		美元	130	50	35
三	欧洲					
126	罗马尼亚	布加勒斯特	美元	120	45	40
127		康斯坦察	美元	90	50	40
128		其他城市	美元	80	50	40
129	马其顿		美元	120	50	35
130	斯洛文尼亚		欧元	90	30	25
131	波黑		美元	100	40	35
132	克罗地亚		美元	120	40	35
133	阿尔巴尼亚		美元	150	35	30
134	保加利亚		美元	110	45	35
135	俄罗斯	莫斯科	美元	285	45	40
136		哈巴罗夫斯克	美元	200	45	40
137		叶卡捷琳堡、圣彼得堡	美元	170	45	40
138		伊尔库茨克	美元	150	45	40
139		其他城市	美元	140	45	40
140	立陶宛		美元	120	45	35
141	拉脱维亚		欧元	90	35	25
142	爱沙尼亚		欧元	90	35	25
143	乌克兰	基辅	美元	100	45	40
144		敖德萨	美元	130	45	40
145		其他城市	美元	80	45	40
146	阿塞拜疆		美元	150	45	40
147	亚美尼亚		美元	120	45	40
148	格鲁吉亚		美元	150	45	40
149	吉尔吉斯斯坦	比什凯克	美元	230	45	40
150		其他城市	美元	80	45	40
151	塔吉克斯坦		美元	210	45	40
152	土库曼斯坦		美元	120	45	40
153	乌兹别克斯坦	塔什干	美元	120	40	32
154		撒马尔罕	美元	100	40	32
155		其他城市	美元	90	40	32

续上表

序号	国家(地区)	城　市	币种	住宿费(每人每天)	伙食费(每人每天)	公杂费(每人每天)
156	白俄罗斯		美元	180	45	40
157	哈萨克斯坦	阿斯塔纳	美元	160	45	40
158		阿拉木图	美元	200	45	40
159		其他城市	美元	140	45	40
160	摩尔多瓦		美元	90	45	40
161	波兰	华沙	美元	150	50	40
162		革但斯克	美元	130	50	40
163		其他城市	美元	120	50	40
164	德国	柏林、汉堡	欧元	150	60	38
165		慕尼黑	欧元	130	60	38
166		法兰克福	欧元	180	60	38
167		其他城市	欧元	120	60	38
168	荷兰	海牙	欧元	150	60	38
169		阿姆斯特丹	欧元	170	60	38
170		其他城市	欧元	130	60	38
171	意大利	罗马	欧元	160	65	38
172		米兰	欧元	140	65	38
173		佛罗伦萨	欧元	120	65	38
174		其他城市	欧元	110	65	38
175	比利时		欧元	160	60	38
176	奥地利		欧元	140	60	38
177	希腊		欧元	110	55	35
178	法国	巴黎	欧元	150	60	40
179		马赛、斯特拉斯堡、尼斯、里昂	欧元	130	60	40
180		其他城市	欧元	120	60	40
181	西班牙		欧元	125	60	38
182	卢森堡		欧元	160	55	38
183	爱尔兰		欧元	120	60	38
184	葡萄牙		欧元	130	60	38
185	芬兰		欧元	145	60	40
186	捷克		美元	160	45	50
187	斯洛伐克		欧元	90	35	30

续上表

序号	国家(地区)	城　　市	币种	住宿费(每人每天)	伙食费(每人每天)	公杂费(每人每天)
188	匈牙利		美元	180	45	45
189	瑞典		美元	280	80	50
190	丹麦		美元	200	80	50
191	挪威		美元	200	80	50
192	瑞士		美元	200	70	50
193	冰岛		美元	200	65	50
194	马耳他		欧元	90	38	25
195	塞尔维亚		美元	120	40	30
196	黑山		欧元	90	30	22
197	英国	伦敦	英镑	160	45	35
198		曼彻斯特、爱丁堡	英镑	140	45	35
199		其他城市	英镑	125	45	35
四	美洲					
200	美国	华盛顿	美元	210	55	45
201		旧金山	美元	250	55	45
202		休斯敦	美元	180	55	45
203		波士顿	美元	230	55	45
204		纽约	美元	245	55	45
205		芝加哥	美元	220	55	45
206		洛杉矶	美元	200	55	45
207		夏威夷	美元	195	55	45
208		其他城市	美元	160	55	45
209	加拿大	渥太华、多伦多、卡尔加里、蒙特利尔	美元	210	55	45
210		温哥华	美元	240	55	45
211		其他城市	美元	190	55	45
212	墨西哥	墨西哥	美元	150	50	45
213		蒂华纳	美元	120	50	45
214		其他城市	美元	100	50	45
215	巴西	巴西利亚	美元	160	50	45
216		圣保罗	美元	240	50	45
217		里约热内卢	美元	260	50	45
218		其他城市	美元	150	50	45

续上表

序号	国家(地区)	城　　市	币种	住宿费(每人每天)	伙食费(每人每天)	公杂费(每人每天)
219	牙买加		美元	160	50	45
220	特立尼达和多巴哥		美元	180	50	45
221	厄瓜多尔		美元	120	40	32
222	阿根廷		美元	130	50	45
223	乌拉圭		美元	135	50	45
224	智利	圣地亚哥	美元	135	47	45
225		伊基克	美元	120	47	45
226		安托法加斯塔、阿里卡	美元	110	47	45
227		其他城市	美元	100	47	45
228	哥伦比亚	波哥大	美元	190	40	35
229		麦德林	美元	110	40	35
230		卡塔赫纳	美元	120	40	35
231		其他城市	美元	100	40	35
232	巴巴多斯		美元	250	60	45
233	圭亚那		美元	160	50	45
234	古巴		美元	135	40	37
235	巴拿马		美元	135	45	45
236	格林纳达		美元	190	45	45
237	安提瓜和巴布达		美元	150	60	45
238	秘鲁		美元	140	40	40
239	玻利维亚		美元	110	36	30
240	尼加拉瓜		美元	120	45	45
241	苏里南		美元	110	50	45
242	委内瑞拉		美元	230	45	45
243	海地		美元	180	45	43
244	波多黎各		美元	150	45	45
245	多米尼加		美元	150	45	45
246	多米尼克		美元	120	45	45
247	巴哈马		美元	220	45	45
248	圣卢西亚		美元	200	45	45
249	阿鲁巴岛		美元	200	45	45
250	哥斯达黎加		美元	120	45	40

续上表

序号	国家(地区)	城　　市	币种	住宿费(每人每天)	伙食费(每人每天)	公杂费(每人每天)
五	大洋洲及太平洋岛屿					
251	澳大利亚	堪培拉、帕斯、布里斯班	美元	180	60	50
252		墨尔本、悉尼	美元	200	60	50
253		其他城市	美元	160	60	50
254	新西兰		美元	180	60	45
255	萨摩亚		美元	170	47	45
256	斐济	苏瓦	美元	190	45	50
257		楠迪	美元	120	45	50
258		其他城市	美元	110	45	50
259	巴布亚新几内亚		美元	350	55	50
260	密克罗尼西亚		美元	120	40	30
261	马绍尔群岛		美元	120	55	35
262	瓦努阿图		美元	150	55	35
263	基里巴斯		美元	195	55	35
264	汤加		美元	160	60	35
265	帕劳		美元	180	60	35
266	库克群岛		美元	180	60	35
267	所罗门群岛		美元	200	60	35
268	法属留尼汪		美元	140	60	35
269	法属波利尼西亚		美元	240	60	35

附录7　因公临时出国住宿费标准调整表

序号	国家(地区)	城　　市	币种	住宿费(每人每天)	备　　注
一	亚洲				
1	朝鲜		美元	120	
2	日本	新潟	日元	11000	新增标准
3	巴基斯坦	伊斯兰堡	美元	270	
4		其他城市	美元	170	含拉合尔、卡拉奇、奎达
5	斯里兰卡		美元	140	
6	马尔代夫		美元	200	
7	伊拉克	巴格达	美元	320	新增标准
8		其他城市	美元	290	
9	阿曼		美元	200	
10	伊朗		美元	180	
11	巴林		美元	190	
12	以色列		美元	380	
13	老挝		美元	130	
14	菲律宾	宿务	美元	180	新增标准
15	阿富汗		美元	200	
16	黎巴嫩		美元	400	
17	约旦		美元	160	
18	叙利亚		美元	350	
19	香港		港元	1900	
二	非洲				
20	几内亚比绍		美元	170	
21	布隆迪		美元	220	
22	索马里		美元	200	
23	马里		美元	280	
24	中非		美元	280	
25	加纳		美元	250	
26	利比亚		美元	220	
27	南苏丹		美元	200	

续上表

序号	国家(地区)	城　　市	币种	住宿费(每人每天)	备　　注
三	欧洲				
28	罗马尼亚	康斯坦察	美元	120	
29	斯洛文尼亚		欧元	140	
30	克罗地亚		美元	180	
31	拉脱维亚		欧元	120	
32	爱沙尼亚		欧元	120	
33	乌克兰	基辅	美元	130	
34	哈萨克斯坦	阿斯塔纳	美元	200	
35	波兰	华沙	美元	190	
36	德国	慕尼黑	欧元	170	
37	希腊		欧元	150	
38	法国	巴黎	欧元	180	
39		马赛、斯塔拉斯堡、尼斯、里昂	欧元	160	
40		其他城市	欧元	150	
41	爱尔兰		欧元	160	
42	斯洛伐克		美元	120	
43	瑞士		美元	230	
44	冰岛		美元	260	
45	马耳他		欧元	160	
46	英国	伦敦	英镑	200	
四	美洲				
47	美国	华盛顿、芝加哥	美元	260	
48		纽约	美元	270	
49		洛杉矶	美元	250	
50		其他城市	美元	200	
51	墨西哥	坎昆	美元	160	新增标准
52	厄瓜多尔		美元	150	
53	阿根廷		美元	190	
54	智利	安托法加斯塔	美元	140	
55	古巴		美元	200	
56	格林纳达		美元	280	
57	安提瓜和巴布达		美元	220	
58	苏里南		美元	140	

续上表

序号	国家(地区)	城　市	币种	住宿费(每人每天)	备　注
59	多米尼克		美元	200	
五	大洋洲及太平洋岛屿				
60	澳大利亚	堪培拉	美元	210	
61	瓦努阿图		美元	220	